말법시대! 그래도 **희망**은 있다!

관음주송

정대순 著

圖書出版
正法

저자 정대순(鄭大淳)은

1960년 강원도 삼척에서 출생하여
삼화초등학교, 북평중학교, 강릉고등학교를 거쳐
숭실대학교 법과대학 법학과를 졸업하였다.

대학 졸업 후 사법시험 준비 중 1993년 봄 오대산에서
관음주송 기도수행으로 관세음보살님을 친견하고
무생법인을 얻고는 인생의 행로를 바꾸어
보살행을 실천하며 오늘에 이르고 있다.

머리말

불법의 가르침은 한마디로 절제(節制)되고, 정제(整齊)된 의(意, 마음 씀씀이), 언(言, 말 품새), 행(行, 행동거지)을 하고 살아야 고(苦, 괴로움)가 덜 따른다는 것이다.

우리가 일상적으로 짓는 마음 씀씀이, 말 품새, 행동거지 하나하나가 인과법(因果法)의 진리에 의하여 선인선과(善因善果) 악인악과(惡因惡果)의 결과를 초래하게 되는데, 우리가 짓는 모든 것이 의식적이든 무의식적이든 선보다는 악이 대부분이어서 고통의 바다(苦海)에서 벗어나기가 어려운 것이다.

절제되고 정제된 3업(몸으로 짓는 행동거지, 입으로 짓는 말 품새, 마음 씀씀이)은 10선계를 지키면서 수행을 하여야만 만들어진다는 것이 불법의 가르침이기도 하다.

사람의 마음 쓰는 습관, 말하는 습관, 행동하는 습관은 생각보다도 고치기가 쉽지 않다.
이는 이 모든 습관이 하루 아침에 생긴 것이 아니라, 과거로부터 여러 생을 살면서 마음의 근원(제8아뢰야식, 영혼)에 잠재되어 있던 것이 현재의 삶에서 변형되어 나타나기 때문이다.

이 땅의 사람은 영혼이 맑고 건강하든 덜하든, 다시 말해서 하늘에서 내려왔던, 지옥에서 인간으로 태어나게 되었던, 이 땅에 태어나게 된 연유를 분석하여 보면 사람의 영혼의 질(質)은 거의 비슷하고, 그 사람이 살고 있는 사회의 조건들이 약간의 차이는 있지만 이도 또한 큰 테두리에서 보면 대등하므로, 삶의 고통은 내용적으로 오십 보 백 보로 거의 차이가 없다.

출가자 재가자 구분 없이, 남녀 성 구별 없이, 나이가 많고 적음과 관계없이, 삶의 상황이 좋고 나쁨을 떠나서 수행을 통하여 마음과 몸을 변화시키지 않으면, 고통의 형태는 틀리더라도 종합적으로 보면 일체의 고통 속에서 살아가고 있다는 것이 불법의 가르침이다.

일체의 고통에서 벗어나기 위한 수행방법에는 여러 가지가 있지만, 대부분의 현대인은 빠르고 복잡다단하게 돌아가는 사회생활에 묻혀 살아가고 있으므로, 현실상황에 맞는 합리적이고 적정한 수행방법이 필요하다.

본 책자에서 논하고 있는 '일심칭명(一心稱名) 관세음보살' 하는 '관음주송(觀音呪誦) 기도수행'이 합리적이고 적정한 수행방법인 것은 저자만의 독단적인 견해가 아니라, 이미 천태종 중창조이신 상월원각대조사님께서 50여 년 전에 이 땅에 뿌리를 내리시어, 수많은 스님, 일반인들이 수행 실천하여 각종의 원(願)들을 성취한 검증된 수행법이다.

'법화경'에서는 '일심칭명 관세음보살' 하면 부처님의 가피를 입을 수 있으며 해탈할 수 있다고 가르치고 있고, '비화경'에서는 관세음보살의 서원과 수기와 관세음보살의 수행기간 중에 이미 많은 중생들이 제도된다고 가르치고 있으며, '천수천안대비경'에서는 대다라니 즉 관세음보살을 믿고 따르면 모든 어려움이 해결되고 서원한 바가 성취됨을 가르치고 있으며, '능엄경'에서는 이근원통법으로 백색삼매를 얻어야 함을 가르치고 있으며, '수능엄삼매경'에서는 반야바라밀다를 갈무리하는 수능엄삼매를 가르치고 있으며, '반야심경'에서는 반야바라밀다가 완성되어 이에 의(依)하면 대보살이 되고, 삼세제불이 됨을 가르치고 있으며, '금강경'에서는 사상(四相)이 없어야 진정한 보살임을 가르치고 있으며, '화엄경'에서는 내아공, 외법공, 진공의 구체적 증득 과정을 가르치고 있으므로 '관음주송 기도수행법'의 이론구성에 주로 참고하였다. 또 그 외에 여러 경문들도 두루 참고하였음을 밝힌다. 경전의 경문은 동국대학교 역경연구원에서 발간한 [팔만대장경 번역본]을 주로 인용, 참고 하였다.

 불법 공부는 신해행증(信解行證)으로 단계 하는 것이므로, 제1편 신해편에서는 관세음보살에 대한 믿음(信)과 이해(解)를 돕는 것으로 서술하였고, 제2편 행증편에서는 관음주송 기도수행(行)과 수행을 통한 증득내용(證)을 '법화경'과 '화엄경'을 인용하면서 서술하였고, 내용 중 몇 천(天)이라는 표현과 몇 지(地)라는 표현이 자주 나오므로 일목하여 [부록 1. 2]로 하였고, 최종적인 정리 차원에서 반야심경을 해설하여 [부록 3]으로 하였다.

저자는 일반 사회생활을 하면서 '관음주송 기도수행'을 하여 온 일개 범부일 뿐이지, 전문 수행인이나 스님이나 불교학자가 아닌 관계로 이론 체계의 미흡함이 있음은 어쩌면 당연지사일 것이다. 그러나 불교 인구의 70%가 관음신앙을 가지고 있고, 관음신앙자라면 누구나 '관세음보살' 명호를 부르며 살아가고 있는데도 불구하고, '관음주송 기도수행법'에 대한 제대로 된 이론서조차도 없다는 것은 역사적, 사회적, 문화적 수치라고 판단하였기에 부족함이 있더라도 용기를 내어 책자를 내게 되었다.

향후 '관음주송 기도수행법'에 대하여 많은 선지식님들과 스님들과 불교학자들의 적극적인 의지와 노력으로 더 한층 발전된 훌륭한 이론서가 세상에 빛을 보아, 세상 사람들이 참고하여 삶의 고통에서 벗어나 쾌락하고 안락한 삶의 영위에 큰 도움이 되기를 기원한다.

관음주송 기도수행은 삼라만상의 진리에 계합하는 만사형통(萬事亨通)의 수행법이다. 관음주송 기도수행은 기도수행이 깊어짐에 따라 몸과 마음이 안락하여 지고, 가정생활의 화목이 이루어지고, 사회생활의 윤택함이 따라온다. 또 기도수행의 일정 상태를 지나면 지행합일(知行合一)의 합리적인 인격체로 성장하게 되어 주위에 사랑받는 사람이 되며, 지행합일의 합리적인 이성으로 더욱 수행하여 나아가면 소욕지족(小欲知足)의 마음이 자리 잡게 되어 뭇 사람들로부터 존경받는 사람이 되며, 소욕지족의 마음으로 더욱 수행하여 나아가면 언행일치(言行一致)할 수 있는 대성인(大聖人)이 되어 사람들에게 삶의 참다운 진리를 가르쳐서 행복으로 인도하는 큰 스승이 되는 수행법이다.

 바쁜 사회생활 속에서 주경야선(晝耕夜禪)의 마음으로 일주일에 두세 번, 하루에 3시간 정도 시간을 내어 꾸준히 노력하면 생의 진정한 행복이 따라오는 것이니, 부디 발심하여 '관음주송 기도수행'과 인연하기를 진심으로 권하며, 또 기존의 관음주송 기도수행자들의 큰 성취를 바라며, 특히 지난 20여 년 기간 동안 여러 수행 도량에서 저자와 '관음주송 기도수행'을 함께 한 경험이 있는 수행자들의 큰 진전을 기원한다.

 불도(佛道) 공부는 높아지려는 욕심이 아니고,
 깊어지려는 노력입니다.
 오로지 하심(下心)하시어 일심(一心)을 이루시고,
 관세음부처님 친견하시어 무생법인(無生法忍)을 받으십시오.
 또, 나아가 무심(無心)의 멸진정(滅盡定)을 성취하시고,
 이근원통(耳根圓通)하시어 백색삼매(白色三昧)와 멸수상정(滅受想定)을 체득(体得)하십시오.
 바로 그 자리가 진공(眞空)의 대원경지(大圓鏡智)이며,
 성불의 등각 대보살이니 부디 완성하시기를 기원 드립니다.

南無 觀世音菩薩

2014. 1
정 대 순 씀

목차

머리말 ‥3

 신해(信解)

제1장 신(信) ‥17

제2장 이해(理解)—관세음보살보문품 해설 ‥25

1.관세음 칭호 • 25   2.각종의 재난 • 43

3.삼독(三毒) • 51   4.예경(禮敬) • 55

5.명호수지(名號受持) • 56   6.33응신 • 58

7.법시(法施) • 84   8.대원(大願) • 86

9.관음력 • 94   10.신통력 • 97

11.오관(五觀) • 98   12.오음(五音) • 101

13.정성(淨聖)과 공덕 • 103   14.보문시현(普門示現) • 104

 행증(行證)

제1장 행(行) ‥115

1.개념 • 115

2.마음가짐 • 118

(1)효심 • 118   (2)삼보귀의심 • 121

(3)발심 • 122

3.서원 • 124

4.사섭법과 6바라밀행 • 127

5.관음주송 • 133

(1)관음주송 기도수행 방법 • 133   (2)장소 및 시간 • 137

(3)기도수행 자세 • 139   (4)관음주송 기도수행 중 지켜야 할 사항 • 143

6.참회 기도수행 • 148

   (1)참회 • 148　　　　　　(2)참회 기도수행 • 152

7.하심의 고음 관음주송 • 157

8.심안 • 163

9.자성불 • 166

10.무상경계 • 167

11.부처님 친견 • 173

12.이근원통법(耳根圓通法) • 180

제2장 증(證)　‥201

1.10바라밀 • 207

2.제1단계 • 227

3.제2단계 • 234

   (1)환희지 • 238　　　　　　(2)이구지 • 241

   (3)발광지 • 243　　　　　　(4)염혜지 • 248

   (5)난승지 • 255　　　　　　(6)현전지 • 260

   (7)원행지 • 264

4.제3단계 • 268

   (1)부동지 • 269　　　　　　(2)선혜지 • 277

   (3)법운지 • 285

5.등각의 대보살 • 302

   (1)진공의 대원경지 • 303　　(2)7변과 4기답 • 304

   (3)6신통 • 305　　　　　　(4)사자분신삼매 • 306

6.묘각의 부처님 • 310

   (1)사무소외 • 310　　　　　(2)10력 • 311

   (3)18공 • 312　　　　　　(4)18불공법 • 313

부록

   [1]삼계 • 319　　　　　　[2]보살 52위 • 327

   [3]반야심경 • 341

제1편

신해(信解)

제1장 신(信)
제2장 이해(理解)

'비화경'에 의하면,

과거 무량겁 전에 보장여래 시 전륜성왕과 두 아들이 있었다.

무량정이라는 전륜성왕은 석 달 동안을 보장여래와 스님들께 공양한 선근으로, 부처를 이루어 호는 무량수며, 세계의 이름은 안락이라 하였다.

이 무량수부처님이 아미타불이며, 안락이 서방정토 극락세계이다.

두 아들도 아버지를 따라 불도를 이루어 제1태자가 '관세음'이 되었고, 제2태자가 '대세지'가 되었다.

이 때 관세음의 서원과 수기가 나온다.

서원 – 관세음이 보장여래께 사뢰었다.

"세존이시여, 이제 제가 큰 소리로 모든 중생들에게 외치오리다.

제게 있는 모든 선근을 아뇩다라삼막삼보리에 회향하오니, 원컨대 제가 보살도를 행할 때 만일 어떤 중생이 모든 고뇌와 공포에 사로잡혀 정법을 잃고, 어두운 곳에 떨어져서 슬프고 외로워도 구원할 이 없고 집도 의지도 없이 되었더라도 나를 생각하고 내 이름을 부른다면, 이것을 내가 천이(天耳)로 듣고 천안(天眼)으로 보고 이 모든 중생들의 고뇌를 없이하여 주오리니, 이렇게 되기 전에는 언제까지든지 아뇩다라삼막삼보리를 이루지 않겠나이다.

제가 이제 다시 중생을 위하여 높고 수승한 원을 발하겠나이다.

제가 이제 능히 자기의 이익을 얻는다면,

원컨대 전륜성왕이 제1항하사 아승지 겁을 지나서, 제2항하사 아승지 겁으로 들어갈 시초에 안락세계에서 무량수불이 되시어 세계가 장엄하고 중생도 청정한데, 정법의 왕으로서 무량겁에 있어서 불사(佛事)를 지어 완전히 마치신 뒤에 남음이 없는 열반에 들으시고, 정법만 머물 때에 이르기까지 제가 그 가운데서 불사도를 닦고 불사를 짓다가 이 부처님의 정법이 초야에 다하면, 곧 그 맨 마지막 날 밤에 아녹다라삼먁삼보리를 이루게 하옵소서."

관세음의 서원은 크게 두 가지로 요약할 수 있다.
첫째로는 중생들이 고뇌와 공포에 빠져 헤매일 때, 관세음을 생각하고 관세음을 부른다면 모든 중생의 고뇌를 없게 하여 주시겠다는 것과,
둘째로는 무량수불 아미타불의 정법이 완전히 소진되어 다한 후에 부처님이 되겠다는 것이다.
첫째의 서원으로 인하여 관세음은 고뇌 받는 중생이 있는 한 보살행을 멈추지 않으며, 둘째의 서원으로 인하여 이미 부처님의 경지에 있지만 보살행을 하고 있는데, 여기에서 큰 가르침 중의 하나가 관세음의 부모님에 대한 지극한 효심을 들수 있다.

수기 – 관세음이 보장여래께 사뢰었다.
"세존이시여, 이제 저를 위하여 수기하여 주옵소서.
그리고 또 제가 이제 일심으로 청하오니, 시방의 항하사 같은 현재 제불께옵서도 원컨대 저를 위하여 각각 수기하여 주옵소서."

그 때 보장불께서 그에게 이렇게 수기하셨다.
"선남자여, 네가 천상과 인간과 삼악도의 일체 중생을 보고 대비, 하심을 내어서 중생의 모든 괴로움과 중생의 모든 번뇌를 끊고자 하여 중생들로 하여금 안락하게 살고자 하므로, 이제 네 이름을 관세음(觀世音)이라 하노라.

네가 보살도를 행할 때에 이미 백 천 무량 억 나유타 중생이 있어서 고뇌를 여의고, 네가 보살이 될 때 이미 능히 큰 불사를 지으리라.

무량수불께서 열반하시고 나서 제2항하사 아승지 겁 후분의 맨 첫날밤 중에 정법이 다하면 맨 마지막 밤중에 그 국토의 이름이 일체진보소성취세계(一切珍寶所成就世界)로 바뀌고 갖가지 무량 무변한 장엄은 안락세계에 미칠 바가 아니니라.

네가 그 맨 마지막 밤에 있어서, 갖가지 장엄의 보리수 밑 금강좌에 앉아서 한 생각 가운데에 아뇩다라삼먁삼보리를 이루고 명호를 변출일체광명공덕산왕(邊出一切光明功德山王)여래라 하리라."

제1태자가 보장불로부터 받은 수기의 내용은

첫째로는 천안으로 보고 천이로 들어서 중생의 모든 번뇌를 모두 끊게 하여 주기에 '관세음' 이라는 것과,

둘째로는 '관세음' 이 부처님이 되시기 전, 보살도를 행할 시에 이미 무량한 중생이 제도되는 불사를 짓는 것과,

셋째로는 시기가 도래하게 되면 보살행 마지막 날에 바로 여래가 되신다는 것이다.

그 때 관세음보살이 부처님께 사뢰었다.

"만약 제가 소원을 성취하올진대, 이제 제가 부처님께 예배하겠사오니 시방의 항하사 수와 같은 모든 세계의 현재 제불께서도 저를 위하여 수기하여 주시옵고, 또한 시방 항하사 같은 세계의 대지와 산하가 육종으로 진동하면서 갖가지 음악을 내며 일체 중생이 욕심을 떠나게 하옵소서."

그 때 관세음보살이 곧 보장여래께 절하니, 시방의 항하사 같은 세계가 육종으

로 진동하고 일체 산림에서 갖가지 한량 없는 음악이 나와서 이를 듣는 중생들이
곧 욕심이 없어졌으며, 그 가운데 계신 모든 부처님들께서 수기 하셨다.

제1장 믿음(信)

　세상사 어떤 것에서 이로움을 얻고자 한다면, 그 얻고자 하는 대상에 대하여 믿음으로부터 출발하여야 한다.

　맑고 시원한 물을 얻고자 한다면, 깊은 계곡에 들어간다거나 땅을 깊이 파면 맑고 시원한 물이 있다는 확신이 있어야만 깊은 계곡에 들어간다거나 땅을 깊이 팔 것이다.

　깊은 계곡에 들어간다거나 땅을 깊이 파도 맑고 시원한 물이 있을 것이라는 확신이 들지 않는다면, 다른 방법을 강구하여야지 그럼에도 불구하고 계곡에 들어간다거나 땅을 깊게 파는 행위는 너무나 어리석은 인생의 낭비일 것이다.

　관음주송 기도수행을 통하여 이로움을 얻고자 하는 사람은 '관세음보살'에 대한 믿음이 있어야 한다.

　관세음보살은 현재의 대우주가 성립되기 이전의 대우주 시대, 즉 헤아릴 수 없는 한없이 멀고 먼 과거 장엄겁 시대에 이미 성불하시어 삼라만상의 생이 있는 존재들을 제도하고 계신다.

 현재 지구를 포함한 태양계 내의 생이 있는 존재뿐만 아니라 수많은 은하계, 더 나아가 전 우주의 생이 있는 존재가 일심으로 '관세음보살' 하고 부르면, 그 부르는 음을 듣고 살피시어 자비를 베푸신다.

 이러한 의미에서 관세음보살은 뭇 중생의 어버이라고 칭하여 지고 있는 것이다.

 그러므로 지구상에 살고 있는 우리 인간들은 어려운 곤경에 처했을 때나, 건강을 회복하기를 원할 때나, 목표한 바를 이루기 위해서나, 삼라만상 대우주의 진리를 터득하기 위해서나, 죽은 후 고통이 없는 세상에 나기를 바랄 때 마음을 모아 집중하고 집중하여 '관세음보살' 하고 부르면 바라던 바가 이루어진다는 것을 믿어야 한다.

 관세음보살은 이름이 보살이지 사실은 부처님 중의 부처님이시고, 오로지 생이 있는 존재를 제도하시기 위하여 방편으로 보살의 형색을 지으시는 것이다.

 한 부처님에게 통하면 모든 부처님에게도 통한다는 것이 불법의 정설이므로, 의심을 내지 말고 관세음보살을 믿어야 한다.

 관세음보살에 대한 믿음이 '모든 부처님 세계에 들어가는 관문' 임을 분명히 인식함이 관음주송 기도수행자에게는 첫걸음이다.

 경문 곳곳에 있는 믿음에 대한 말씀을 살펴보면,

'화엄경 현수품' 중에서는
"믿음은 도의 근본이요 공덕의 어머니라
일체의 모든 선한 법을 증장시키고
갖가지 의심 덜고 애착에서 벗어나
가장 높은 열반의 도 이루게 하네.

믿음은 온갖 더러운 집착이 없어 마음이 청정하고
교만한 마음을 없애고 공경의 근본이 되며
또한 부처님 법의 창고에서 제일가는 보물이요
청정한 손이 되어 온갖 행을 받느니라.

믿음은 조건 없이 보시하게 하여 마음에 인색함이 없게 이끌며
믿음은 환희심을 일으키어 부처님 법에 들게 하며
믿음은 지혜를 일으키는 복 밭이 되고
믿음은 반드시 여래의 지위에 이르게 하느니라.

믿음은 모든 이목구비를 깨끗하고 밝고 이롭게 하고
믿음의 힘은 견고하여 능히 깨뜨릴 수 없고
믿음은 기어이 번뇌의 근본을 없애주며
믿음은 오로지 부처님의 공덕으로 향하게 하느니라.

믿음은 나타나는 현상에 집착함이 없고
모든 어려움을 멀리 버려 어렵지 않게 하며

믿음은 온갖 장애의 길에서 벗어나
위없는 해탈의 도를 나타내 보이니라.

이런 까닭에 행을 의지해 차례를 말하건대
믿는 즐거움 비할 데 없이 얻기 어려워
비유하면 온갖 세간 가운데
바람 따라 묘한 보배 구슬 소유함과 같으니라."라고 말씀하시어, 믿음
을 강조하시었다.

  또 '법화경 방편품' 중에서는
"이와 같이 더없이 큰 과보(지혜와 복덕)와
갖가지 본성과 형상의 그 도리는
나와 시방의 부처님만이 능히 이 일을 아시느니라.
이 법은 보여 줄 수도 없고, 언어로 표현할 길도 없으니,
신심 굳은 보살(信力堅固者)들을 제외하고는
그 밖의 온갖 중생들로는 능히 알지 못하느니라."라고 말씀하시어, 대
도인의 경지에 오른 보살들도 믿음으로 이루어졌음을 나타내셨다.

  '법화경 비유품' 중에서는
"이 법화경은 깊은 지혜 있는 이를 위해 설한 것이니,
천박한 지식을 가진 사람은 들어도 미혹해서 알지 못하느니라.
모든 성문과 벽지불은
이 경에는 힘이 미치지 못하느니라.

사리불 너조차도

이 경에서는 믿음으로써 들어와(以信得入) 얻었거니와,

하물며 다른 성문이랴.

다른 성문들도 부처님 말씀을 믿음으로써

이 경에 수순함이요, 자기의 지혜로는 알아지는 분수가

아니니라."라고 말씀하시어, 일반지식에 의한 생각을 쉬고 믿음을 강조

하시었다.

　마하연론(용수 저)에 신십종의(信十種義:신심의 열 가지 공덕)의 내용

이 있다.

1)믿음은 징(澄), 곧 맑히는 기능이 있다.

　믿음이 있으면 그 믿음의 힘으로 우리의 마음에 있는 번뇌가 일정 부

분 스스로 떨어져 나간다. 번뇌가 떨어져 나가기에 우리의 마음이 저절

로 맑고 밝고 깨끗해진다.

2)믿음은 결정(決定)을 잘 내려준다.

　믿음이 우리의 마음을 안정시켜 순수하면서도 견고하게 만들기 때문

에 '이렇게 할까 저렇게 할까' 하는 망설임 속에서 방황하지 않게 해 줄

뿐만 아니라, 어떤 일에서나 번뇌를 줄이어 지혜를 증장시켜 명쾌한 판

단, 결정을 가능하게 하여 준다.

3)믿음은 환희(歡喜)를 불러일으킨다.

　확고한 믿음이 온갖 근심과 번민을 제거해 주어 마음과 몸을 쾌락케

해주기 때문에 기쁘고 즐겁고 편안한 마음으로 살 수 있게끔 해준다.

4)믿음은 무염(無厭), 싫증을 불러일으키지 않게 한다.

　결과를 예측할 수 없고, 시일이 많이 걸리는 일을 하다보면 짜증과 싫증이 나기 마련이다.

　그러나 믿음이 있으면 용기가 생겨나고, 마침내 이룰 수 있다는 확신 속에서 짜증과 싫증없이 목표를 향해 나아갈 수 있다.

5)믿음은 수희(隨喜)하게 만든다.

　믿음은 마음을 넉넉하게 하여 다른 사람의 훌륭한 행동이나 좋은 일에 대해 함께 기뻐하고 좋아하게 한다. 또 타인의 소원 이룸을 보면 시기, 질투보다도 나도 잘 될 수 있다는 확신이 들게 한다.

　나도 잘 될 수 있다는 확신이 있기에 넉넉한 마음으로 상대를 축복해줄 수 있는 것이다.

6)믿음은 존중(尊重)할 줄 알게 한다.

　믿음이 없는 자는 교만심으로 제 잘난 맛에 빠져 살지만, 믿음이 있는 자는 겸허하게 되어 덕 있는 사람을 가벼이 보지 않고 존중하게 될 뿐 아니라 그의 덕을 배우고자 한다.

7)믿음은 수순(隨順)하는 마음을 길러준다.

　믿음은 마음을 온화하게 하는 기능이 있어 많은 사람들의 뜻을 거스르지 않게 만들고 가르침을 잘 실천할 수 있도록 한다.

자식이 부모를 믿으면 부모를 잘 따르고 올바로 살아가게 되고, 제자가 스승을 믿고 공경하여 잘 따르면 스승의 고귀한 가치를 배울 수 있는 것과 같다.

8)믿음은 찬탄(讚歎)을 낳는다.

믿음은 마음을 순수하게 하여 남의 좋은 행위나 불, 보살의 덕을 지극한 마음으로 존중하여 칭송하게 한다.

순수한 마음으로 존중하여 칭송하면 본인의 구업이 제도되어 결국은 본인의 이로움으로 연결되는 것이다.

9)믿음은 불괴(不壞), 결코 좌절하지 않게 한다.

믿음은 내가 진정으로 나아가야 할 길, '나'의 목표에 오로지 한마음으로 집중할 수 있게 도와준다.

그러므로 믿음이 있으면 그 힘으로 시간이 걸릴지언정 결국은 금강불괴의 도를 이룰 수 있게 해 준다.

10)믿음은 애락(愛樂)을 불러일으킨다.

믿음이 깊어지면 진정한 삶의 낙을 성취하게 되고, 나아가 타인도 똑같은 낙을 성취하기를 기원하고 도와주기에 타인에 대하여 배려하는 마음, 사랑하는 마음이 생겨 본인의 실천 자비행을 성취시켜 주게 된다.

제2장 이해(理解)

관세음보살보문품 해설

관세음보살에 대한 이해를 돕는 경문에는 관세음보살보문품(觀世音菩薩普門品)이 적절하므로 해설한다.

1.관세음 칭호

그 때, 무진의(無盡意)보살이 곧 자리에서 일어나
오른쪽 어깨를 드러내고,
부처님을 향하여 합장하고 이렇게 사뢰었습니다.
"세존이시여! 관세음보살은 무슨 인연(因緣)으로
이름을 관세음(觀世音)이라 하나이까?"
부처님께서 무진의보살에게 이르셨습니다.
"선남자(善男子)야, 만약 한량 없는 백천만억 중생이
갖은 고뇌(苦惱)를 받을 때,

관세음보살이 영험한 줄 알고 일심(一心)으로
그 이름을 일컫는다면,
관세음보살이 즉시 그 음성을 관(觀)하고
다 고뇌에서 풀려나 해탈(解脫)을 얻게 하느니라.

[해 설]

　관세음보살보문품은 법화경 제25품에 수록되어 있다.

　법화경은 모든 부처님께서는 오직 일대사인연(一大事因緣)으로 세상에 출현하시어 지견을 열어(開) 중생이 청정함을 얻게 하고자, 중생에게 부처님의 지견을 나타내 보여(示) 주시고자, 중생에게 부처님의 지견을 깨닫게(悟) 하고자, 중생에게 부처님의 지견도(知見道)에 들어가게(入) 하고자 하는 미묘한 도리를 설한 가장 뜻깊고 완벽한 무상심심미묘법(無上甚深微妙法)이다.

　또 법화경에서는 삼승(성문, 연각, 보살)이 성불하여 등각의 대보살이 되어야 하며, 등각의 대보살이 오래지 않아 부처님이 되는 것이라는 최상승(最上乘)의 일불승보살도(一佛乘菩薩道)를 드러내고 있고, 성불한 등각의 대보살은 관세음보살보문품의 관세음보살님과 동류(同類)의 제도 방편으로 중생제도를 하여야 함을 가르치고 있다.

　그러므로 관세음보살보문품에 대한 정확한 이해가 불도 공부의 핵심 길잡이가 될 수 있는 것이니 꼼꼼히 학습하여야 한다.

　'무진의' 는 인위적인 조작(操作)인 작의(作意)가 다하여 없는 즉 번뇌가 다하여 없는 제7식의 말나식이 제도되어 육근청정을 증득한 상태로, 중생심의 번뇌가 없는 멸진정(滅盡定)을 체득한 수행자의 마음 경계이다. 멸진정은 성자가 심상(心想)을 죄다 없애고 적정하기를 바라서 닦는 선정이다. 상(想)은 과거의 기억을 말한다.

무소유처의 경지에 이른 성자가 모든 마음 작용을 소멸시켜 비상비비상처(생각이 있는 것도 아니고 생각이 없는 것도 아닌 경지)의 경지에 이르기 위해 닦는 선정으로, 멸진정이 체득되면 이를 무심(無心:모든 번뇌와 망상이 소멸되어 분별이 끊어져 집착하지 않는 마음 즉 마음작용이 소멸된 상태)이라 한다.

'보살(菩薩)'은 '깨달음을 추구하는 이' 또는 '위로는 삼라만상의 정법에 대한 깨달음을 추구하고 아래로는 중생을 교화하는 이'란 의미이다.

여기에서의 '무진의보살'은 개략적으로 '화엄경 십지품'에서의 10지에 이르러 해장, 해인삼매를 득하고, 멸진정이 체득되어 수능엄삼매로 반야바라밀다를 갈무리한 무색계의 무소유처지를 벗어나 비상비비상처지에 든 보살을 이른다.

'부처님'은 중생의 몸으로 태어나셔서 수행하시고는 불과(佛果)를 완성하신 분이다. 풀어서 설명하면,

1)전(前) 전(前)생에 중생으로 태어나서 수행을 하여 10까지의 공부가 되어 색계천의 최상층의 천주인 색구경천왕은 뛰어 넘었지만, 성불에 이르지 못하였으므로 불생불멸인 불지(佛地)에는 들지 못하여 도솔천

내원궁에 태어나게 되었고,

2)전(前)생에 도솔천에서 열심히 수행한 공덕으로 이번 생에 성불하기 위하여 이 땅에 다시 중생의 몸으로 태어나고(참고로, 중생의 몸을 갖지 않고도 수행할 수 있는 세계는 도솔천 밖에는 없다. 불지는 공부가 완료되었기에 수행이라는 것이 없다.),

3)중생의 몸을 받고 태어나서 숙세인연으로 수행하여 발보리심(發菩提心)이 원만한 초지에 들고,

4)6바라밀을 잘 실천하여 내아공(內我空)을 이루고 부처님 친견하여 무생법인을 받고 8지에 들어,

5)8지에서부터 원통의 수행으로 향하여 반야를 증장시키고, 부처님 교법을 완전히 배워 익히고는 4무애변을 증득하여 9지에 들고,

6)9지에서 4무애변으로 교법을 설하여 부처님 사도(使徒)인 대법사 역할을 충실히 행하여 보살10력을 얻어 10지에 들고,

7)10지에서 해장, 해인삼매를 증득하여 부처님 지혜와 복덕의 보고(寶庫)를 이루고서는 수능엄삼매로 반야바라밀다를 온전히 갈무리하고, 더불어 멸진정을 체득(体得)하여 무심의 경지에 이르러 외법공(外法空)을 완성하여, 시방의 부처님들로부터 직책을 받은 보살이 되고,

8)직책을 받은 보살이 되고는 무색계의 비상비비상처에 머무르면서(住) 10종 방편으로 중생을 계도하며, 10정(定)을 행하고 10인(忍)에 안주(安住)하여 10통(通)을 완성하는 금강삼매법을 달통하여, 멸수상정(滅受想定)의 체득인 백색삼매(白色三昧)를 이루고,

9)백색삼매를 이루고는 곧 진공(眞空)의 대원경지(大圓鏡智)를 증득하여 대승반야선(大乘般若船)인 대력백우거(大力白牛車)를 이루어, 성불

한 대보살로서 사자분신삼매로 중생들을 제도하시고는 승선시키시어 해탈로 인도하시고,

　10)무량한 중생들을 제도하신 그 무량한 공덕으로 무량의처삼매(無量義處三昧)와 법화삼매(法華三昧)를 증득하시어 시방(十方) 삼세(三世) 삼라만상의 정법(正法)을 완전히 깨달으신 분을 말한다.

　'세존'은 부처님의 열 가지 별칭 중의 하나이다.

　부처님의 열 가지 별칭으로는,

　1)여래(如來)로, 여여한 진리에 따라 세상에 오셔서 진리 그대로를 보여 주시는 분이란 의미이다.

　2)응공(應供)으로, 세상의 모든 사람들로부터 공양을 받을 수 있는 자격이 되시는 분이란 의미이다.

　3)정변지(正遍知)로, 지혜가 참되어 모든 것을 정확히 보시는 분이란 의미이다.

　4)명행족(明行足)으로, 지혜와 덕행을 고루 갖추신 분이란 의미이다.

　5)선서(善逝)로, 일체의 미혹을 여의시어 다시 퇴보해 삼계에 윤회하지 않으시는 분이란 의미이다.

　6)세간해(世間解)로, 모든 경우를 뚜렷히 분별하시어 정확히 이해하시는 분이란 의미이다.

　7)무상사(無上士)로, 위없이 완전한 인격자이신 분이란 의미이다.

　8)조어장부(調御丈夫)로, 모든 생명체를 뜻대로 가르치시고 인도하시는 분이란 의미이다.

　9)천인사(天人師)로, 천상계의 천신들과 인간계의 인간들을 일깨워 주

시는 스승이란 의미이다.

　10)불세존(佛世尊)으로, 완전한 깨달음을 여신 부처님이시며 이 세상
에서 가장 거룩하신 분이란 의미이다.

　'관세음보살' 이란 의미 그대로 '삼라만상의 모든 음을 듣고 관찰하여
알고 느껴서 중생을 교화하고 더 큰 깨달음으로 나아가려는 이' 란 뜻이
다. 그러나 명명은 보살이나, 실은 대보살을 뛰어 넘는 부처님 경지에
있는 존재임이 여러 경전에 기술되어 있다.

　'비화경' 에는 '과거겁 가운데 보장불 계신 때가 있었다. 당시 무량정
이라는 전륜성왕이 있었는데 그의 태자가 세 달 동안 부처님과 비구승
들을 공양하고는 보리심을 일으켜 "온갖 고통을 당하는 중생이 있어서
나의 이름을 부를 때 내가 천 개의 귀와 천 개의 눈으로 이를 듣고 보아
고통을 면하게 해주지 못한다면 끝내 무상보리를 이루지 않으리라."고
서원하였다. 이에 보장불께서 "네가 일체 중생을 살펴 고통을 끊어 주
려 하니 이제 그대를 관세음이라 부르겠다."고 하셨다.' 라고 되어 있다.
　'천수안대비경' 에는 '이 관세음보살은 이미 무량겁 중에서 성불하여
정법명여래라고 이름 하였다. 그러나 대자비의 원력으로 중생을 안락
하게 하고자 보살의 모습을 지었다.' 라고 되어 있으며, '관음삼매경' 에
는 '옛날에 이미 성불하여 정법명여래라고 불렸으며 석가모니가 그의
제자로 고행하였다.' 라고 되어 있으며, '관음수기경' 에는 "관세음보살
은 아미타불의 뒤를 이어 정각을 이루어서 보광공덕산왕여래라고 부를
것이다."라는 말씀이 있다.

관세음보살은 원래 정법명왕이신데, 중생을 제도하기 위하여 진실을 감추고 방편의 보살상을 드러낸 것이다. 관세음보살은 문훈(聞熏) 문수(聞修)의 금강 삼매력을 닦았으므로, 생멸이 이미 소진되어 적멸이 현전하여 홀연 세간(衆生界)과 출세간(佛界)을 초월하여 위로 시방세계의 부처님과 똑같은 자비력을 얻었고, 아래로 육도 중생과 그 고통을 함께 하게 되어 한 몸으로 능히 일체 중생에게 널리 감응하지 않음이 없게 되었다. 관세음보살은 깊고 넓은 이근원통(耳根圓通)의 오묘한 수행력으로 법화삼매를 이루어 부처 지혜에 계합하여 시각(始覺)이 원융해짐에 따라 묘하게 과보의 바다에 들어가 번뇌의 흐름을 거슬러 빠져 나와 10계에서 몸을 나투어 분별없이 중생에게 감응하는 것이다.

'인연(因緣)'이란 어떤 결과를 일으키는 직, 간접 원인을 말한다. 직접 원인이나 내적 원인이 되는 것을 인(因)이라 하고, 간접 원인이나 외적 원인 또는 조건이 되는 것을 연(緣)이라 한다.
예를 들면 쌀과 보리는 그 종자를 인으로 하고, 노력, 햇빛과 비와 이슬, 비료 등을 연으로 하여 곡식이라는 결실을 맺는다.

'선남자'라는 의미는 선지식(善知識)이라고도 하며, 이는 선(善)을 증득한 수행자를 말한다.
선을 증득했다는 의미는 6바라밀을 잘 실천하여 6바라밀이 소화되어 마음과 몸에 체화되어 있는 수행자를 말한다. 화엄경 십지품의 8지의 무생법인을 증득한 보살 이상의 수행자를 이른다.

'중생(衆生)'이란 생이 있는 존재로서, 삼계(三界:욕계, 색계, 무색계)의 윤회를 벗어나지 못한 형체가 있는 인간이나 동물체와 형체가 없는 영혼을 통틀어 말하며, 이 존재들은 성불하지 못한 상태이다.

이런 살아있는 존재들은 번뇌와 아무런 생각이 없는 멍한 상태를 끝없이 되풀이 하고, 번뇌에 얽매여 미혹한 상태에 있다. 그러나 '준동함령(蠢動含靈) 개유불성(皆有佛性)' 즉 '살아 꿈틀거리는 것은 모두 불성이 있다.'라고 하였으니, 중생도 언젠가는 삼계를 벗어나 성불하여 불지(佛地)에 들 수가 있다.

'고뇌(苦惱)'에서 고는 마음이나 몸이 괴로워 편하지 않음을 말하고, 뇌란 과거에 분하게 여기던 것을 돌이켜 생각하거나 현재의 사물이 자기 마음에 맞지 아니하여 괴로워하는 정신작용이므로, 고뇌란 각종 번뇌로 인하여 몸이나 마음이 고통스러워 자유롭지 못한 것을 말한다. 그러므로 고뇌의 근본원인은 번뇌이다.

번뇌는 10근본번뇌(根本煩惱)와 20수번뇌(隨煩惱)가 있고 이 번뇌로 인하여 여덟 가지 고가 있게 된다. 여덟 가지의 고는 다음과 같다.

1)생고(生苦)로, 과보의 분이 처음 일어날 때의 고통, 곧 태(胎)에 들어가서 태에서 나올 때까지의 고통을 말한다.

2)노고(老苦)로, 출생해서부터 죽을 때까지의 쇠변하는 동안에 받는 고통을 말한다.

3)병고(病苦)로, 병들었을 때에 받는 몸과 마음의 고통을 말한다.

4)사고(死苦)로, 목숨이 마칠 때의 고통 또는 병으로 죽거나 혹은 수재,

화재로 인해서 제 명대로 살지 못하고, 일찍 죽을 때의 고통을 말한다.

5)애별리고(愛別離苦)로, 사랑하는 사람과 헤어지는 고통을 말한다.

6)원증회고(怨憎會苦)로, 이 세상에는 원망하고 미워하는 사람과도 만나지 않으면 안 되는 고통을 말한다.

7)구부득고(求不得苦)로, 원하여 구해도 좀처럼 사물을 얻을 수 없는 고통을 말한다.

8)오온성고(五蘊盛苦)로, 인간의 신심(身心)을 형성하는 5가지의 요소인 오온(오음이라고도 함) 즉 색(色), 수(受), 상(想), 행(行), 식(識)에서 생기는 심신의 총체적 고통을 말한다.

번뇌(煩惱)에서 번은 몸이 번거로워 편치 않은 상태이고, 뇌는 마음이 장애되어 편치 않은 것을 말한다. 번뇌란 몸과 마음이 번거롭고 장애되어 편하지 않은 정신 상태라 할 수 있다.

불법의 가르침은 번뇌가 완제 제거되면, 청정한 몸과 마음으로 그대로 적정열반락(寂靜涅槃樂)을 즐길 수 있고, 여여한 삼매에 들어 삼라만상의 진리를 통째로 깨달아 적확하게 중생을 제도할 수 있다는데 있다.

그러므로 불도의 수행은 번뇌를 줄여 나가는 것에 그 과정상의 의미가 있으며, 궁극의 목표는 번뇌의 완전 제거에 있다.

번뇌에 대한 정확한 이해가 전제되어야 불도수행에 이로움이 있으므로, 번뇌의 내용에 대하여 비교적 상세히 설명한다.

번뇌의 분류에 대하여 여러 가지가 있으나, 이론적인 논의 보다는 수행에 참고가 될 만한 내용이 유익한 것이므로 108번뇌, 근본번뇌(根本

煩惱)와 수번뇌(隨煩惱), 삼혹(三惑)에 대하여 살펴본다.

(1) 108번뇌

108번뇌에 대하여도 여러 가지 이론이 있으나 대표적인 두 가지로는,

1)안(眼), 이(耳), 비(鼻), 설(舌), 신(身), 의(意)의 육근(六根)이 색(色), 성(聲), 향(香), 미(味), 촉(觸), 법(法)의 육경(六境)을 대상으로 하여 시각 작용, 청각 작용, 후각 작용, 미각 작용, 촉각 작용, 분별 작용을 일으킬 때, 각각 좋음(好), 나쁨(惡), 좋음도 나쁨도 아님(平)이 있어 18, 여기에 각각 더러움(染), 깨끗함(淨)이 있어 36, 다시 여기에 과거, 현재, 미래가 있어 합계 108번뇌란 설이 있고,

2)육근에 각각 좋음(好), 나쁨(惡), 좋음도 나쁨도 아님(平)의 세 가지가 서로 같지 않아서 18번뇌를 일으키고, 또 육근에 각각 괴로움(苦), 즐거움(樂), 괴로움도 즐거움도 아님(捨)의 3수(受)가 있어 18번뇌를 내니 합계 36이며, 여기에 과거, 현재, 미래가 있어 108 번뇌란 설이 있다.

(2)근본번뇌와 수번뇌

근본번뇌란 후천적으로 습득한 그릇된 지식에 의해 이치를 명료하게 알지 못함으로써 일어나는 견혹(見惑)의 5리사(五利使) 즉 유신견(有身見), 변집견(邊執見), 사견(邪見), 견취견(見取見), 계급취견(戒禁取見)과 선천적으로 타고나서 대상에 집착함으로써 일어나는 심리적 애(愛)번뇌로 수혹(修惑) 또는 사혹(思惑)이라고 하는 5둔사(五鈍使) 즉 탐(貪), 진(瞋), 치(癡), 만(慢), 의(疑)가 있다.

견혹은 이론적이고 지적인 미혹이며, 주로 후천적인 것으로서 바른

이론을 듣고 이해하기만 하면 즉시 제거할 수 있는 것이다. 그러므로 이것을 이사(利使:날카로운 번뇌)라 하는데 반하여, 수혹 또는 사혹은 습관적이고 정의적(情意的)인 미혹으로서 주로 선천적인 것이다.

수혹 또는 사혹은 습관과 성벽에 의한 끈질긴 미혹이어서 오랫동안의 수행 노력에 의해 점차 조금씩 제거되기 때문에 이를 둔사(鈍使:그 성질이 둔한 번뇌)라고 한다. 사(使)는 마음을 마구 부려 산란하게 한다는 뜻으로 번뇌를 말한다.

1)오리사

가)유신견(有身見)은 물, 심이 가화합하여 성립된 육체를 보고 참으로 '아'라는 존재가 있다는 집착을 일으키고, 또 다른 물건에 대하여 이것이 나의 것이라 집착을 일으키는 잘못된 견해이다.

나)변집견(邊執見)은 내 몸이 있다고 아견을 일으킨 위에, 내가 죽은 뒤에도 항상 있다던가(常), 아주 없어진다든가(斷), 어느 한편에 치우친 견해이다.

다)사견(邪見)은 주로 인과의 도리를 무시하는 옳지 못한 견해로, 온갖 망견은 다 정리에 어기는 것이므로 사견이라 하거니와 특히 인과의 도리를 무시하는 것은 그 허물이 중대하므로 사견이라 한다.

라)견취견(見取見)은 소견을 고집하는 견이란 뜻으로 신견, 변견, 사견 등을 일으키고 이를 잘못 고집하여 진실하고 수승한 견해라는 망견을 말한다.

마)계금취견(戒禁取見)은 계금에 대하여 생기는 그릇된 소견으로 곧 인 아닌 것을 인이라 하고, 도 아닌 것을 도라 하는 아득한 소견이다.

이를테면, 개나 소 따위가 죽은 뒤엔 하늘에 태어난다고 하여 개나 소처럼 풀을 먹고 똥을 먹으며, 개와 소의 행동을 하면서, 이것이 하늘에 태어나는 원인이고 바른 길이라고 생각하는 것을 말한다.

2)오둔사

가)탐은 자기의 뜻에 잘 맞는 사물에 대하여 마음으로 애착케 하는 정신작용을 말한다.

나)진은 자기의 마음에 맞지 않는 경계에 대하여 미워하고 분하게 여겨, 몸과 마음을 편안치 못하게 하는 정신작용을 말한다.

다)치는 현상과 도리에 대하여 마음이 어두워 현상을 바로 알지 못하는 어리석음을 말한다. 무명(無知)과 같은 의미이며, 불교에서는 인생의 고통 받는 근원과 모든 번뇌의 근본을 치라 하며, 사물의 진상을 밝히 알지 못하므로 미가 있다고 한다.

라)만은 자기의 용모 재력 지위 등을 믿고 다른 이에 대하여 뽐내는 번뇌를 말한다. 7만이 있다.

만(慢):자기보다 못한 이에 대하여 우월감을 품고 높은 체 하는 것,

과만(過慢):자격이 같은 이에게 대하여 우월감을 품고 높은 체 하는 것,

만과만(慢過慢):자기보다 나은 이에 대하여 우월감을 품고 높은 체 하는 것,

아만(我慢):자기의 능한 것을 믿고, 다른 이를 업신여기는 것,

증상만(增上慢):자기를 가치 이상으로 보는 것,

비열만(卑劣慢):겸손하면서도 일종의 자만심을 가지는 것,

사만(邪慢):덕 없는 이가 덕 있는 줄로 자기를 잘못 알고, 삼보를
　　　　경만하며 높은 체 하는 것을 말한다.
　마)의는 미(迷)의 인과나 오(悟)의 인과의 도리에 대하여, 유예(猶豫)하
고 결정치 못하는 정신작용 즉 대상에 대하여 마음이 주저하고 결정치
못하는 정신작용이다. 밤에 말뚝을 보고 사람인 줄 의심하는 것과 같
은 것으로, 정토교에서는 믿음을 능입(能入)이라 하고, 유예하는 의는
결정이 없으므로 이런 줄을 알고 부처님의 원력을 믿는 곳에 비로소
부처님의 구제를 얻는다 한다.

　수번뇌(隨煩惱)는 온갖 일체의 번뇌는 몸과 마음을 뇌란(惱亂:괴롭히
고 어지럽힘)케 하므로 번뇌에 포함시키고 근본번뇌에 수반하여 일어
나는 번뇌로 20종이 있다.
　1)분(忿):몸과 뜻에 맞지 않는 대경에 대하여, 제 마음을 분노케
하는 정신작용
　2)한(恨):원수를 맺고 열뇌(熱惱)하는 정신작용, 또 분노한 일을
언제까지나 마음에 두고 원한을 잊지 못하는 정신작용
　3)부(覆):명예가 떨어질까 두려워서 자기가 지은 죄를 덮어 숨기
는 정신작용
　4)뇌(惱):과거에 분하게 여기던 것을 돌이켜 생각하거나, 현재의
사물이 자기에 맞지 아니하여 괴로워하는 정신작용
　5)질(嫉):다른 사람의 잘 되는 것을 좋아하지 않는 심리작용
　6)간(慳):집에 있어서는 재물을, 출가하여서는 교법을 아껴서
보시하지 못하는 정신작용

7)광(誑):남을 의혹하게 하는 거짓 마음으로 명리를 얻으려는 생각에서, 덕 없는 사람이 덕 있는 체 하며, 나쁜 사람이 착한 것처럼 보이려는 마음의 작용

8)첨(諂):다른 사람에 대하여 속마음을 숨기고, 겉으로 친애하는 듯이 구는 거짓된 정신작용

9)해(害):남을 해치며, 꾸짖는 정신작용

10)교(憍):남을 생각하지 않고 자기의 종성, 색력, 지위, 지혜 등에만 집착하여 마음을 오만히 가지는 정신작용

11)무참(無慚):자기가 죄를 범하면서도 자신에 반성하여 부끄러운 마음을 내지 않는 것

12)무괴(無愧):남을 고려하지 않고 마음대로 악한 짓을 하면서도 부끄러운 마음을 내지 않는 것

13)도거(悼擧):정신을 머트럽고 딴 데로 달아나게 하는 마음의 작용, 모든 번뇌가 안정되지 않은 것은 이 도거하는 마음 때문이라 함

14)혼침(昏沈):마음으로 하여금 어둡고 답답하게 하는 정신작용

15)불신(不信):마음으로 하여금 맑고 고요하지 못하게 하는 정신작용

16)해태(懈怠):게으르다는 뜻, 좋은 일을 당하여도 용감하지 못하는 정신작용

17)방일(放逸):인간으로서 해야 할 착한 일이나, 방지해야 할 악한 일을 뜻에 두지 않고, 방탕하고 함부로 하는 정신작용

18)실념(失念):대경을 분명히 기억하지 못하는 정신작용, 좋은 일을 밝게 기억하지 못하면서, 나쁜 일을 기억하는 정신작용

19)산란(散亂):우리의 대경이 변하여 마음을 고정하기 어려운

것으로 심란(心亂)이라고도 함, 이에 반하여 도거는 대경을 변치 아니하나, 견해에 여러 갈래를 내므로, 마음이 고정하지 못함을 말함

20)부정지(不正知):대경에 대하여 잘못된 견해를 일으키는 정신작용을 말한다.

(3)혹(惑)

혹(惑)은 정신을 헷갈리게 하는 것, 곧 번뇌의 다른 표현이다. 혹은 크게 세 가지로 분류한다.

1)견사혹(見思惑)은 앞의 근본번뇌의 오리사와 오둔사를 말한다.

2)진사혹(塵沙惑)은 티끌과 모래와 같이 수량을 알 수 없는 번뇌를 말한다. 이것은 먼저 견사혹을 끊고, 깨달은 공리(空理)에 집착하는 번뇌이므로 착공(着空)의 혹이라 한다. 열혜(劣慧)를 체로 삼는 것으로 한량없는 차별현상을 알지 못하여 중생을 구제하는데 장애가 되는 번뇌를 말한다.

3)무명혹(無明惑)은 모든 번뇌의 근본으로서, 차별을 떠난 본성을 알지 못하여 일어나는 지극히 미세한 번뇌를 말한다. 무명은 우치하고 암둔한 마음의 자체로 온갖 번뇌의 근본인 것이다.

'일심(一心)'이란 인식대상(諸法實相)과 결합하여 몸 자체는 움직이는 성질이 있지만, 움직이지 않게 하며, 마음자체는 분별하는 성질이 있지만 이제 분별하지 않게 한다는 의미이다. 마음이 집착에서 벗어나 12인연에서의 지말무명(枝末無明)을 제도할 수 있는 수행자 즉 화엄경 십지품에서의 6지에 주(住)하여 공(空)을 이해하기 바로 직전의 수행자의 마

음상태이다.

일심은 무상정(無想定)의 선정 경계이다. 무상정은 색계4선천 중 무상천의 상태로 6식의 심, 심소가 모두 없어져 6식의 활동, 즉 심상이 완전히 정지되게 하는 선정이다. 이는 마치 얼음 밑에서 수면하는 물고기나 동면 중인 동물의 상태와 비슷하여 우리의 심상(心想)이 완전 정지하는 상태이다.

일심이 되면 용심법(用心法)을 운용할 수 있고, 일심의 상태는 내아공(內我空)을 완전 체득하기 전 단계 상태이다. 관음주송으로 대비시켜 보면, 음이 하복부에서 온 몸으로 펴져 나가는 정도의 수행이 된 사람의 마음상태이다.

중요한 점은 일심이 된 상태에서 관음주송 기도수행을 하면, 금강밀적(金剛密迹) 또는 금강력사(金剛力士) 또는 금강신장(金剛神將)이라고 하는 관세음부처님의 호법신장(護法神將)이 수행자의 공부를 직접 도와준다는 것을 이해하여야 한다.

'그 이름을 일컫는다' 는 입으로 '관세음보살' 을 부르는 것을 말한다.

'관(觀)' 한다는 것은 세밀히 살펴 안다는 의미이다.

관세음보살은 이근원통이 되어 있으므로 천이통(天耳通)으로 인간이나 신들의 소리를 들을 수 있고, 듣는 음으로 그 존재의 상태를 정확히 파악 분석하여 적확하게 고통을 제도한다는 의미이다.

'해탈'이란 어떠한 속박에 구속되어 불편하거나 고통스러움에서 벗어나는 것을 말한다.

 해탈에는 유루(有漏), 무루(無漏) 두 종류가 있다. 유루해탈은 7지 공부가 완성되어 내아공이 이루어진 수행자를 말한다. 성문승, 연각승을 이루었다고 하며, 아라한이라고도 한다. 무루해탈은 부처님 친견하고 무생법인 얻은 후 외법공을 이루고 금강삼매를 통하여 부처님 도법을 모두 이룬 대원경지의 진공의 성불한 대보살과 부처님의 세계를 말한다.

 '중생이 갖가지 고의 괴로움을 받을 때 관세음보살을 일심으로 부르면, 관세음보살께서는 그 음성을 들으시고 괴로움에서 벗어나게 하신다.'란 관세음보살님은 뭇 중생의 어버이이시며, 자유자재하게 우주법계를 법행 하시면서 고뇌 받는 중생이 그 괴로움에서 벗어나고자 온 마음을 모아 일심으로 부르면 그 음성을 관하여 중생의 고뇌를 벗어 주신다는 의미이다.

 '능엄경'에 의하면,
 '관세음보살은 자신의 말을 관하지 않고 관하는 주체를 돌이켜 관함으로써 시방세계에서 고통 받는 중생으로 하여금 그 음성을 관하여 고통에서 벗어나게 한다.'는 말씀이 있다.
 이처럼 관세음보살은 아래로 육도 중생과 그 고통을 함께하는 자비심을 갖춰 그 자성의 원통을 관하므로 일체중생과 더불어 성품이 평등하게 된다. 따라서 일체중생이 관세음보살 마음 속에 있으므로 중생의 고통이 바로 보살의 고통과 다름없다. 만일 중생이 고통 끝에 내는 음성에 감응한다면 보살은 그 소리의 적멸함을 관해 단숨에 법성에 들어가 위신력을 발현하므로 중생의 고통은 기다릴 겨를도 없이 저절로 소멸하게 된다.

관세음보살님이 고통 받는 중생들이 일심으로 '관세음보살' 하고 부르면, 부르는 즉시 그 고뇌에서 벗어나게 해주시는 것은, 머나먼 과거에 이미 삼라만상을 제도하여 '관음의 일법계'로 진리화 하여 두셨기에 가능한 이치이다.

부처님을 친견하고 무생법인을 얻은 8지의 보살이 머무는 세계가 색계의 범천이며, 9지의 대법사가 머무는 세계가 색계의 대범천이며, 10지의 보살이 머무는 세계가 색계의 최고 하늘의 주인들인 마혜수라천왕들이다. 금강유정에는 주하나 금강삼매법을 완전 달통하지 못하여 부처님 도법을 정확히 익히지 못한(성불치 못한) 보살들이 머무는 세계가 무색계이다.

관세음보살님은 무량 겁 전에 중생으로서 욕계, 색계, 무색계에 주하는 공부를 거치시어 삼계를 벗어나 불지에 드셨다. 불지에 드시기까지 과정상에서 무수한 시간과 무량한 공덕으로 삼계의 중생들을 이미 제도하시어 더불어 불지에 안착시키셨다.

그리고 제도가 미흡하여 삼계에 유전하는 중생들에게는 오래 전의 본원(本願)인 성불(成佛)하여야 함을 다시 일깨워 제도 하시고자 어버이와 같은 큰 마음으로 또 다시 대원(大願)을 발하여 불지와 삼계의 중생계를 자재하게 넘나드시면서 중생제도를 하고 계신다. 그러므로 삼계의 중생들에게는 '일심칭명 관세음보살'이 중요한 것이다.

2. 각종의 재난

만약 이 관세음보살의 명호를 마음 속 깊이 지니면,

그는 설령 큰불 속에 들어갈지라도 불이 태우지 못하리니,

이 보살의 위신력(威神力:불가사의한 능력) 때문이니라.

만약 큰물에 표류할 때에도 그 명호를 부르면,

곧 얕은 곳에 닿게 되리라.

만약, 백천만억의 중생이 금, 은, 유리, 자거, 마노, 산호, 호박, 진주 등의 보배를 구하기 위하여

큰바다에 들어갔을 때,

설령 폭풍이 불어와 그 배가 표류하여

멀리 나찰귀(羅刹鬼)의 나라에 닿게 되었을지라도

그 중에 한 사람이라도 관세음보살의 명호를 부른다면,

모든 사람이 다 나찰의 환난에서 벗어나게 되리라.

이러한 까닭으로 이름을 관세음보살이라 하느니라.

만약 사람이 해를 입게 될 때에

관세음보살의 명호를 부르면,

그들이 가진 칼과 몽둥이가 곧 조각조각 부셔져서

벗어나게 되리라.

혹은, 삼천 대천 국토에 가득한 야차와 나찰이 와서

사람을 괴롭히려고 할 때,

관세음보살의 명호 부르는 소리를 들으면,

이 모든 악귀가 악의를 품은 눈초리로 보지도 못하리니,

하물며 해를 입히겠느냐?

가령 또, 어떤 사람이 죄가 있거나 죄가 없거나,

수갑과 족쇄를 채우고

칼을 씌워 쇠줄로 그 몸을 결박했을지라도

관세음보살의 명호를 부른다면,

다 끊어지고 부서져서 곧 이에서 벗어나리라.

혹은, 삼천 대천 국토에 원적(怨賊)이 가득한데,

한 사람의 우두머리가 상인들을 거느리고

값진 보배를 가지고 험한 길을 지나갈 때,

그 중의 한 사람이 이렇게 외쳐 말하되,

'모든 착한 남자여! 겁내고 두려워하지 마시오.

여러분은 마땅히 일심으로

관세음보살의 명호를 부르시오.

이 보살은 중생의 두려움을 없애 주나니,

여러분이 그 명호를 부른다면,

이 원적에게서 마땅히 벗어날 것이니라.' 하여,

상인들이 듣고 함께 소리를 내어

'나무관세음보살' 하면,

그 명호를 부른 까닭으로 곧 벗어나게 되리라.

무진의야,

관세음보살마하살의 위신력이 높고 큼이 이와 같으니라.

[해 설]

 '명호를 마음 속 깊이 새기면' 이란 '일심칭명 관세음보살' 하는 공부가 정착되어 있는 사람들의 관음신앙을 표한 것이다.

 6지 공부가 완성된 수행자, 즉 12연기의 지말무명을 제도할 정도의 수행이 되면 공(空)이 마음에 드러난다. 그 서서히 드러나는 공속에 '관세음보살'을 대체시키어야, '관세음보살' 하고 부르는 명호(名號)가 그 마음 속 깊이 자리할 수 있는 것이어서 '마음 속 깊이 새긴다' 라고 평할 수 있다.

 수행이 깊게 되어 있지 않은 우리 일반인들의 마음은 선(善)한 성품, 악(惡)한 성품, 무기(無記)의 성품으로 이루어져 있다. 선한 성품이란 10선계를 존중하고 지키는 마음이고, 악한 성품이란 10선계를 경시하고 어기는 마음이다. 무기의 성품이란 선한 성품도 아니고, 악한 성품도 아닌 술에 취한 듯이 어두컴컴한 혼침(昏沈)스러운 마음이다. 수행을 한다는 것은 선한 성품은 더욱 증장시키고, 악한 성품은 제도하여 없애고, 무기의 성품은 제도하여 맑게 한다는 의미이다.

 관음주송 기도수행을 열심히 하다 보면 특정한 바깥 경계에 대한 집착에서 벗어나고, 내적으로도 무명에 끄달리지 않고 12연기가 이해되어 마음이 고요해지기 시작한다.

 이러한 상태를 마음의 큰 악과 거치른 무기가 제도된 6지 공부를 수행하고 있는 성문, 연각이 거의 완성된 수행자라 칭하는데, 6지의 초입 단계 공부 중에 있는 사람도 특정 경계를 만나면 마음에서 '관세음보살' 화두를 놓치곤 한다.

 어떠한 경계를 만나도 마음에서 '관세음보살' 화두를 놓치지 말아야 하는데, '관세음보살' 화두를 놓치지 않는 경지가 6지 공부가 완성된 사람이고, 이러한 상태를 '명호를 마음 속 깊이 새긴다' 라고 한다.

 인간사의 각종의 재난 중에서 불의 재난, 물의 재난, 폭풍의 재난, 폭력에 대한 재난, 악귀의 재난, 형벌의 재난, 도적의 재난 등 일곱 가지를 예시하고 있으나, 사람이 살아가는데 일어나는 좋지 않은 모든 일들이라고 해석함이 바르다.
 중생계의 중생들의 삶에는 크게 일곱 가지의 어려움이 있다. 이른바 칠난이라고 하는 것으로 화난(火難), 수난(水難), 풍난(風難), 검난(劍難), 귀난(鬼難), 옥난(獄難), 적난(賊難)을 말한다. 이 중 화난, 수난, 풍난은 흔히들 삼재(三災)라고 일컫는 화재(火災), 수재(水災), 풍재(風災)로서, 인간 세상을 파괴하는 가장 기본적인 큰 재난이다. 삼재에는 소삼재와 대삼재가 있다.

 소삼재(小三災)는 세계가 이루어짐으로부터 공무에 돌아가기까지를 4기로 나눈 4겁 중의 주겁에 20증감이 있는데, 감겁의 마지막, 사람 목숨 10세 때 일어나는 세 가지 재난이다.
 1)도병재(刀兵災)로, 그 때 사람들이 탐욕으로부터 진심을 일으켜 손에 잡히는 것들이 모두 날카로운 칼이 되어 서로 찔러 죽이되, 7일 7야를 연속하여 남섬부주에 겨우 만 명이 남는다 한다.
 2)질역재(疾疫災)로, 앞의 말과 같은 여러 가지 허물이 있으므로 야차, 악귀 등이 독기를 토하여 질병을 유행시켜 죽는 이가 많다. 7월 7일 동안 계속하여 남섬부주 중에 겨우 1만 사람이 남는다 한다.

3)기근재(飢饉災)로, 위와 같은 허물이 있으므로 천, 용이 노여워하여 비를 내리지 아니하여 온갖 곡식들이 타 죽어 흉년이 들어 굶주림이 계속하기를 7년 7월 7일을 연속하여 남섬부주 중에 겨우 1만 사람이 남는다 한다.

그 일어나는 시기에 대하여는 여러 말이 있다. 소승에서는 1감겁 말마다 1재씩 일어나 20감겁 중에 차례로 3재가 반복한다고 하며, 대승에서는 사람 목숨 30세 때는 기근재, 20세 때는 질역재, 10세 때는 도병재가 일어난다 한다.

대삼재(大三災)는 괴겁의 20증감 겁 마지막 겁에 기세간(器世間)을 파괴하는 화재(火災), 수재(水災), 풍재(風災)를 말한다. 이 3재는 각각 차례로 일어나서 세계를 파괴한다.

먼저 화재가 일곱 번 일어난 뒤에 수재가 한 번 있고, 다시 화재가 일곱 번 일어난 뒤에 수재가 한 번 있다. 이와 같이 일곱 번 화재가 있은 뒤마다 한 번 수재가 일어나고, 일곱 번 수재 뒤에는 다시 일곱 번의 화재를 거쳐 한 번의 풍재가 있다. 그래서 3재를 한 번 도는 데는 56번의 화재와 7번의 수재와 1번의 풍재가 있다. 그러므로 모두 64번의 대재가 된다.

화재 시에는 색계초선천까지 다 태워버리고, 수재 시에는 색계2선천까지 물에 다 잠기고, 풍재 시에는 색계3선천까지 다 날려버리고 또 색계4선천까지 영향을 미친다고 한다.

겁(劫)은 보통 연월일로써는 헤아릴 수 없는 아득한 시간을 이른다.

겁은 사겁(四劫)으로 구성되어 있는데, 사겁은 불교에서 말하는 세계설로서, 세계가 구성되어서부터 무너져 없어지는 동안을 4기로 나눈 것으로, 곧 성(成) 주(住) 괴(壞) 공(空)을 말한다. 성겁은 세계가 처음 생기는 기간이고, 주겁은 생겨서 존재하고 있는 기간이고, 괴겁은 차차 파괴되는 기간이고, 공겁은 다 없어져 공무(空無)한 기간이다.

인수(人壽) 8만 4천세 때로부터 백 년 마다 한 살씩 줄어 10세 때 이르고, 다시 백 년 마다 한 살씩 늘어 인수 8만 4천세에 이르되, 한 번 늘거나, 한 번 줆을 1소겁, 한 번 늘고 한번 주는 동안을 1중겁, 성겁 주겁 괴겁 공겁이 각각 20중겁, 합하여 80중겁을 1대겁이라 한다.

또, 인간세상 4억 3천 2백만 년이 범천의 하루인데, 둘레 40리나 되는 바위를 천인이 하늘 옷으로 3년 마다 한 번씩 스쳐서 그 바위가 다 닳아 없어지는 기간을 1소겁, 20소겁이 되면 1중겁, 4중겁을 1대겁이라고도 한다.

현재의 대우주 세계를 현겁(現劫)이라 하고, 현재의 대우주 전에 존재하고 있다가 파괴된 과거의 대우주의 세계를 장엄겁(莊嚴劫)이라 하고, 현재의 대우주 세계가 파괴되고 미래의 새로운 대우주의 세계를 성숙겁(星宿劫)이라 한다.

'삼천대천국토' 또는 '삼천대천세계' 라 함은 소천세계(四洲世界의 천배)를 천개 합한 것을 중천세계라 하고, 중천세계를 천개 합한 것을 대천세계라 한다. 이 일대천세계, 현재의 대우주 세계를 삼천대천세계라 한다.

관세음보살의 이름을 지니고 부르면 세 가지의 큰 재난에서 벗어나게 된다. 설령 큰불에 들어갈지라도 불이 능히 태우지 못하여 화난에서 벗어나게 된다. 큰물에 빠져 표류할지라도 얕은 곳에 이르러 수난에서 벗어난다. 모진 바람을 만나 죽음이 임박하여도 면하게 되어 풍난에서 벗어난다.

이것은 관세음보살의 위신력 때문이다.

관세음보살의 명호를 부르면 검난, 귀난, 옥난, 적난에서 벗어나게 된다. 검난으로 피해를 당하게 되었을 때 관세음보살을 부르면 적들이 가진 칼과 흉기는 산산이 부서져 검난에서 벗어난다. 피해(被害)라고 하면 재산, 명예, 신체상의 손해 모두를 말하나, 죽음의 칼날이 목전에 다다른 절급한 검난을 예로 하여 모두를 포섭한다.

귀난으로 야차와 나찰이 사람을 괴롭혀도 관세음보살을 부르면 모든 악귀들이 악한 눈으로 보지도 못할뿐더러 해를 입힐 수 없으므로 귀난에서 벗어난다. 야차(夜叉)는 사람을 잡아먹는 식인귀(食人鬼)이며, 나찰(羅利)은 사람의 피를 빨아먹는 포악하고 무섭게 생긴 귀신이다.

옥난으로 어떤 사람이 수갑과 족쇄에 채워져 칼을 쓰고 쇠사슬에 묶이었더라도 관세음보살을 부르면 다 끊어지고 부서져서 옥난에서 벗어난다.

적난으로 사람들이 원적에 둘러 싸여서 곤란한 지경에서도 합심하여 관세음보살을 부르면 원적의 피해를 입지 않고 적난에서 벗어난다. 원적(怨賊)이라 함은 도적떼뿐만 아니라 원한을 맺은 자, 난폭한 자, 적군 등 공포를 안겨주고 불안감을 느끼게 하는 존재가 모두 포함된다.

관세음보살의 명호를 부르면 칠난에서 벗어날 수 있는 것은 관세음보살의 위신력이 높고 크기 때문이다.

 '능엄경'에 의하면,
 관세음보살은 '지견(知見)을 돌이켜 회복하였으므로, 중생들로 하여금 큰불에 들어가도 불이 능히 태우지 못하게 한다.
 관청(觀聽)을 돌이켜 회복하였으므로, 중생들로 하여금 큰물에 표류해도 능히 빠지지 못하게 한다.
 망상(妄想)을 끊어 살해의 마음이 없으므로, 중생들로 하여금 귀신들의 나라에 들어가도 귀신이 능히 해치지 못하게 한다.
 문(聞)을 훈(熏)하여 문(聞)을 이루고 육근(六根)이 소복(銷復)되어 소리를 들음과 같으므로, 중생들로 하여금 피해를 당해도 칼이 조각조각 부서지며, 그 병과(兵戈)가 물을 베고 빛을 붓는 듯하여 성품이 동요하지 않게 한다.
 문훈(聞熏)이 정명(精明)하여 법계에 두루 비치어 어두운 성품이 온전하지 못하므로, 야차, 나찰 등이 그 곁에 가더라도 눈으로 보지 못하게 한다.
 음의 성질이 원만히 소멸하고 관청(觀聽)을 돌이켜 들어가 진(塵)의 허망함을 여의었으므로, 중생들로 하여금 금하고 얽어맴과 형벌의 도구가 능히 착(着)하지 못하게 한다.
 음이 소멸하고 문(聞)이 원융하여 기쁨 주는 힘을 두루 내었으므로, 중생들로 하여금 험한 길을 지나가도 도적이 겁탈하지 못하게 한다.' 라고 한다.

3. 삼독(三毒)

만약 어떤 중생이 음욕이 많을지라도
항상 관세음보살을 생각하고 공경하면,
곧 음욕을 여의게 되며,
혹은 성내는 마음이 많을지라도
항상 관세음보살을 생각하고 공경하면,
곧 성내는 마음을 여의게 되며,
혹은 어리석음이 많을지라도
항상 관세음보살을 생각하고 공경하면,
곧 어리석은 마음을 여의게 되느니라.
무진의야, 관세음보살은 이와 같은 큰 위신력이 있어서
요익되게 하는 바가 많으므로,
중생은 항상 마땅히 마음에 관세음보살을 생각할지니라.

[해 설]

　불법의 핵심요체인 삼독(三毒)에 관한 내용이다.
'생각(念)'한다는 의미는 주관인 마음이 객관인 대경을 마음에 분명히
기억하여 두고 잊지 않는 정신으로 지나간 일을 기억할 뿐 아니라 현재
의 순간에도 행하여져서 마음으로 객관대상을 분별할 때 반드시 존재
하는 것을 말한다. 그러므로 어떤 상황에서도 항상 관세음보살을 마음
에서 기억하여 잊지 않아야 한다.

'공경(恭敬)'에서 공(恭)은 제 몸이 공순한 것을 말하고, 경(敬)은 남을 존중함을 말한다. 그러므로 여기에서의 공경은 몸을 공순히 하여 관세음보살을 존경함을 의미한다.

삼독의 단순한 이름은 탐(貪), 진(瞋), 치(癡)이고, 복합적인 이름은 탐욕(貪慾), 진에(瞋恚), 우치(愚癡)가 된다.

탐욕이란 본능적 욕구를 포함해서 마음에 꼭 맞는 대상을 탐하고 집착하는 것을 말한다. 탐욕의 중심에는 오욕 즉 재물욕, 음욕, 음식욕, 수면욕, 명예욕이 있다.

진에란 자기의 감정에 어긋나는 사물에 대하여 증오하고 노여워하여 심신을 평안치 않게 하는 심리작용을 말한다.

우치란 탐욕과 진에에 가려 사리분별에 어둡고 사물의 도리를 모르는 것을 말한다. 우치는 모든 번뇌의 원천인 무명, 혹은 근본무명과는 구별된다. 삼독과 근본무명은 상호작용하면서 강화되므로 순환적이라고 할 수 있다.

'욕심이 많은 사람에게는 욕충이 있다. 남자의 욕충은 눈물이 나오게 하고 빛깔이 청백색이며, 여자의 욕충은 피를 토하게 하며 빛깔이 홍적색이다.',

'욕귀라는 귀신이 있어 사람의 마음을 어지럽히고 흔들어 전도된 미혹이 생기게 된다.',

'만약 습관적으로 탐욕을 가까이 하면 이는 업보가 무르익은 때다.',

'오랜 세월 동안 쌓은 공덕의 적은 노여움보다 더한 것은 없다.',

'한 번의 생각에 노여움이 일어나면 백 법을 밝힐 법문을 가로 막는다.',

'보살은 노여움 때문에 자비심과 어긋나게 되고 도를 이루는 일이 가로 막힌다.',

'한 번의 생각에 노여움이 일어나면 온갖 마구니와 귀신이 그 틈을 얻게 된다.',

'노여움에는 갈충이 있다.',

'맺힌 번뇌의 찌꺼기(習氣)가 다하지 않으면 꽃이 몸에 달라붙는다.' 라는 경문은 삼독이 모든 마의 근원이고 증장시키는 본질임을 밝히는 것이다.

특히 사람은 이성에 대하여 다음의 여섯 가지 탐욕(六欲)이 있다.

1)색욕(色欲)으로, 청, 황, 적, 백, 흑 등 빛깔에 대한 탐욕이 있으며,

2)형모욕(形貌欲)으로, 미모에 대한 탐욕이 있으며,

3)위의자태욕(威儀姿態欲)으로, 걸음 걷고 앉고 웃고 하는 등의 애교에 대한 탐욕이 있으며,

4)언어음성욕(言語音聲欲)으로, 말소리 음성 노래에 대한 탐욕이 있으며,

5)세활욕(細滑欲)으로, 이성의 부드러운 살결에 대한 탐욕이 있으며,

6)인상욕(人相欲)으로, 남녀의 사랑스러운 인상에 대한 탐욕이 있다.

삼독은 중생으로 하여금 윤회전생의 괴로움을 받게 하는 가장 큰 적이지만, 이러한 번뇌가 생겨나게 된 근본 원인은 결국 자아에 대한 도

착된 견해(我見 혹은 我相)와 그 사견(邪見)에 대한 집착이다.

그러나 음욕이 많아 번민한다면 항상 관세음보살을 생각하고 공경하는 마음을 가지면 자연히 그 음욕은 마음으로부터 멀리 떠나가 번민하는 것이 없어지게 되며, 성내는 마음이 많아 그 때문에 자기 자신을 괴롭히는 사람이 있다면 항상 관세음보살을 생각하고 공경하는 마음을 가지면 기필코 그 성내는 버릇에서 벗어날 수 있을 것이며, 혹은 인간다운 지혜가 모자라서 어리석음에 가득 차 있는 사람이 있다면 항상 관세음보살의 지혜를 생각하고 공경하는 마음을 가지면 기필코 그 어리석음에서 벗어날 수 있다.

'능엄경'에 의하면,
관세음보살은 '문(聞)을 훈습(熏習)하고 진(塵)을 여의어 색(色)이 겁탈하지 못하므로, 모든 음욕 많은 중생들로 하여금 탐욕을 멀리 여의게 하며, 또 음이 순일하고 진(塵)이 없어지고 근(根)과 경(境)이 원용하여 대함과 대할 것이 없으므로, 모든 분함과 한이 많은 중생으로 하여금 진에(瞋恚)를 여의게 하며, 또 진(塵)이 스러지고 명(明)에 돌아가 법계(法界)와 몸과 마음이 유리처럼 맑아 장애가 없으므로, 혼둔하여 성품이 막힌 설령 영원히 성불할 수 없는 종류의 중생이라 하여도 그 중생으로 하여금 치암(癡暗)을 영원히 여의게 한다.'라고 한다.

'항상…염할지니라'에서의 염(念)은 염불(念佛)의 의미로 마음 속에서 '관세음보살' 하고 명호를 부르는 것이 그치지 않아야 된다는 의미이다.

관음주송 기도수행을 행하여 7지 공부가 완성되면 광명 속에서 '관세음보살'을 친견할 수 있는데, 친견 전의 7지까지의 보살과 중생은 관세음보살이 바로 곁에 계신다는 것에 대하여 의심이 있을 수밖에 없다. 그러나 의심하지 말고 옆에 계신다고 믿고, 또 공손하고도 존경의 마음으로 항상 염하면 삼독에서 벗어 날 수 있음을 가르치고 있다.

4. 예경(禮敬)

만약 여인이 아들을 얻으려고 관세음보살에게 예배, 공양하면,
곧 복덕과 지혜를 갖춘 아들을 낳을 것이고,
혹은 딸을 얻고자 하면, 곧 단정하고 어여쁜 딸을 낳되,
이 아이가 숙세(宿世)에 덕본(德本)을 심은 인연으로
뭇 사람에게 사랑과 공경을 받으리라.
무진의야, 관세음보살은 이와 같은 힘이 있느니라.
만약 중생이 관세음보살을 공경하고 예배하면,
복이 되어 헛됨이 없으리라.
그러므로 중생은 다 관세음보살의 명호를 받아 지닐지니라."

[해 설]
  '예배(禮拜)'에서 예(禮)는 공경한다는 뜻이고, 배(拜)는 복종한다는 뜻이다. 그러므로 예배는 관세음보살에게 공경, 순종한다는 의미이다.

'공양(供養)'은 불, 법, 승 삼보에 음식, 옷, 꽃, 향 등을 바친다라는 뜻이므로, 관세음보살에게 음식, 옷, 꽃, 향 등을 바친다라는 의미이다.

'능엄경'에 의하면,
관세음보살은 '형상이 소융(消融)하고 문성(聞性)을 회복하여 도량에서 움직이지 아니하고 세간을 끌어들이되 세계를 손괴(損壞)시키지 아니하며, 시방에 두루 하여 가는 티끌 같은 모든 부처님 여래를 공양하여 여러 부처님의 법왕자(法王子)가 되었으므로, 법계의 자식 없는 중생들이 아들 낳기를 구하는 이들로 하여금 복덕이 있고 지혜가 많은 남자를 탄생케 하고, 또 육근(六根)이 원통하고 밝게 비추임이 둘이 없어 시방세계를 포함하였으며, 대원경지(大圓鏡智)와 공여래장(空如來藏)을 세워 시방의 가는 티끌 같은 여래의 비밀한 법문을 순종하여 이어받아 잃지 않았으므로, 법계의 자식 없는 중생들이 딸 낳기를 구하는 이로 하여금 단정하고 복덕있고 유순하여 사람들이 애경(愛敬)하는 잘 생긴 딸을 탄생케 한다.'라고 한다.

5. 명호수지(名號受持)

"무진의야,
만약 사람이 육십이억 항하사의 보살 이름을 받아 지니고,
또 목숨이 다하도록 음식과 의복과 침구와 의약을 공양한다면,
너의 뜻에는 어떠하냐?

이 선남자 선여인의 공덕이 많지 않겠느냐?"
무진의보살이 사뢰었습니다.
"매우 많겠나이다, 세존이시여."
부처님께서 말씀하셨습니다.
"만약 또 어떤 사람이 관세음보살의 명호를 받아 지니어
잠시라도 예배, 공양한다면, 이 두 사람의 복이 똑같아
차이가 없어서, 백천만억 겁에도 다하지 않으리라.
무진의야, 관세음보살의 명호를 받아 지니면,
이와 같이 한량 없고 가이없는 복덕의 이익을 얻느니라."

[해 설]

'관세음보살의 명호를 받아 지닌다' 라는 의미는 '일심칭명 관세음보살' 하여 관세음보살을 부르는 음이 하복부 단전에서 이루어져 12연기의 많은 번뇌들을 녹여 없애면, 공이라는 것이 서서히 드러나게 된다. 관음주송 기도수행을 계속하여 음이 온 몸을 휘감아 돌고 퍼져 몸의 곳곳의 번뇌들이 제도되면 제도된 공간에 광명이 비치게 된다. 광명이 끝없이 확장되어 불지(佛地)에 이르면 관세음보살님을 친견하고 무생법인을 받고, 또 그 후 '관 세 음 보 살' 하는 부처님 범음을 듣게 된다. 부처님 범음의 '관 세 음 보 살' 하는 음과 동일한 음이 이루어졌을 때, 이를 관세음보살의 명호를 받아 지닌다라고 평할 수 있다.

'이 두 사람의 복이 똑같아' 의 의미는 관세음보살의 명호를 받아 지니어 잠시라도 예배, 공양하면, 이는 헤아릴 수 없는 수많은 보살들의 이

름을 받아 지니어 목숨이 다하도록 음식과 의복과 침구와 의약을 공양
하는 것과 같은 공덕이 있다는 뜻이다.

  '능엄경'에 의하면,
  관세음보살은 '이 삼천대천 세간의 백억 해와 달에서 세간에 현주(現
住)하는 법왕자가 육십이억항하사(六十二億恒河沙)가 되는데, 법을 수
행하고 모범을 드리워 중생을 교화하되, 중생을 수순(隨順)하는 방편과
지혜가 각각 같지 않으나, 원통본근(圓通本根)이 묘한 이문(耳門)을 발
한 후 몸과 마음에 미묘하게 함용(含容)하였으므로, 육십이억 항하사
법왕자의 이름을 지녀 외우는 이로 더불어 두 사람의 복덕이 같아 다르
지 않게 한다.' 라고 한다.

6. 33응신

무진의보살이 부처님께 사뢰었습니다.
"세존이시여, 관세음보살은 이 사바세계(娑婆世界)에
어떻게 노닐며, 중생을 위해 어떻게 설법하며,
방편력으로 하는 그 일은 어떠하나이까?"
부처님께서 무진의보살에게 말씀하셨습니다.
"선남자야, 만약 어떤 국토에 중생이 있는데,
부처님 몸으로 응하여 제도할 이에게는
관세음보살이 곧 부처님 몸을 나타내어 묘법(妙法)을 설하며,

벽지불(辟支佛) 몸으로 응하여 제도할 이에게는
곧 벽지불의 몸을 나타내어 묘법을 설하며,
성문(聲聞)의 몸으로 응하여 제도할 이에게는
곧 성문의 몸을 나타내어 묘법을 설하느니라.
또, 범왕(梵王)의 몸으로 응하여 제도할 이에게는
곧 범왕의 몸을 나타내어 묘법을 설하며,
제석(帝釋)의 몸으로 응하여 제도할 이에게는
곧 제석의 몸을 나타내어 묘법을 설하며,
자재천(自在天)의 몸으로 응하여 제도할 이에게는
곧 자재천의 몸을 나타내어 묘법을 설하며,
대자재천(大自在天)의 몸으로 응하여 제도할 이에게는
곧 대자재천의 몸을 나타내어 묘법을 설하며,
천대장군(天大將軍)의 몸으로 응하여 제도할 이에게는
곧 천대장군의 몸을 나타내어 묘법을 설하며,
비사문(毗沙門)의 몸으로 응하여 제도할 이에게는
곧 비사문의 몸을 나타내어 묘법을 설하며,
소왕(小王)의 몸으로 응하여 제도할 이에게는
곧 소왕의 몸을 나타내어 묘법을 설하며,
장자(長者)의 몸으로 응하여 제도할 이에게는
곧 장자의 몸을 나타내어 묘법을 설하며,
거사(居士)의 몸으로 응하여 제도할 이에게는
곧 거사의 몸을 나타내어 묘법을 설하며,
재관(宰官)의 몸으로 응하여 제도할 이에게는

곧 재관의 몸을 나타내어 묘법을 설하며,
바라문(婆羅門)의 몸으로 응하여 제도할 이에게는
곧 바라문의 몸을 나타내어 묘법을 설하느니라.
그리고 비구, 비구니, 우바새, 우바이의 몸으로
응하여 제도할 이에게는
곧 비구, 비구니, 우바새, 우바이의 몸을
나타내어 묘법을 설하며,
장자와 거사의 부녀와 재관의 부녀와 바라문의 부녀 몸으로
응하여 제도할 이에게는
곧 부녀 몸을 나타내어 묘법을 설하며,
동남(童男) 동녀(童女)의 몸으로 응하여 제도할 이에게는
동남 동녀의 몸을 나타내어 묘법을 설하며,
하늘, 용, 야차, 건달바, 아수라, 가루라, 긴나라, 마후라가,
인비인(人非人) 등의 몸으로 응하여 제도할 이에게는
곧 다 이를 나타내어 묘법을 설하며,
집금강신(執金剛神)으로 응하여 제도할 이에게는
곧 집금강신의 몸을 나타내어 묘법을 설하느니라.
무진의야, 이 관세음보살은 이와 같은 공덕을 성취하여,
갖가지 형상으로 모든 국토에 노닐면서
중생을 제도하여 해탈케 하나니,
그러므로 너희는 마땅히 일심으로
이 관세음보살에게 공양할지니라.
이 관세음보살마하살은 겁나고 두렵고 위급한 환난 중에서

능히 두려움을 없애 주느니라.
그러므로 이 사바세계에서 다 그를 일러
무외(無畏)를 베푸시는 분이라 하느니라."

[해 설]

 '사바세계'란 감인(堪忍)세계라고도 하는데, 우리들이 살고 있는 세계
와 전 우주 속에서 생이 있는 존재가 살아갈 수 있는세계를 포함하고
있다. 부처님이 섭화하는 경토인 삼천대천세계가 모두 사바세계이다.
 이 사바세계의 생은 탐(貪), 진(瞋), 치(癡) 삼독(三毒)의 번뇌로 인한 10
악을 겪어내야 하고, 오온(五蘊)으로 비롯되는 고통을 참고 살아야 한
다. 인내를 강요당하는 세간, 인내를 하지 않으면 안 되는 세계라는 말
이다.
 보살의 입장에서는 중생을 교화하기 위하여 수고를 참고 견디어 내야
하는 세계가 된다. 이렇게 일체가 생각대로 되지 않기 때문에 인내하면
서 살지 않으면 안 되는 세계가 사바세계이다.

 경전에서는 '사바는 번역하여 인(忍)인데, 이 땅에 사는 중생이 십악
(十惡)에 안주하여 쉽게 벗어나지 못하므로 사람을 따라 땅을 인토라
이름 한다.'고 하고, 또 '무엇이 사바인가. 모든 중생이 삼독과 모든 번
뇌를 참고 감수해야 하므로 인토라 하고, 또한 9도(九道)가 혼재하여 같
이 살고 있으므로 잡회(雜會)라 한다.'라고 한다.
 다시 말해 사바세계는 작악(作惡)과 잡회의 세계이며, 그래서 불교에
서는 사바세계에 사는 중생의 수행방법으로 인욕을 말한다.

특히 인간이 살아가는 세계는 사바세계 중에서도 고통이 심한 편이다. 즉 사람들은 대부분 악과 괴로움으로 들끓고 있는 세상에서 자신의 생활 때문에 허덕이며 겨우 생계를 꾸려 나간다. 남녀노소, 빈부귀천을 가릴 것 없이 모두 돈과 재물에 눈이 어두워 있다. 돈이 있건 없건 근심 걱정은 떠날 날이 없고, 불안 끝에 방황하고 번민으로 괴로워하여 엎친 데 덮치고 욕심에 쫓기느라 조금도 마음 편할 새가 없다. 있으면 있다고 해서 없으면 없다고 해서 걱정하고 한숨 짓는다.

때로는 뜻밖에 수해나 화재 혹은 도둑을 만나 재산을 잃어버리고 원통해 하고 슬퍼한다.

장래 일을 생각지 않고 눈앞의 쾌락만을 따르며, 애욕에 빠져 인륜을 알지 못하고, 화를 내면서 재물과 색을 탐한다.

빈부귀천을 가리지 않고 세상일에 허덕이며 저마다 가슴에는 독기를 품고 있다가, 눈이 어두워 함부로 일을 저질러 곤경에 처하곤 한다.

이렇듯 사람들이 살아가는 세계의 삶은 고단하고, 피곤하기에 인내하지 않으면 삶을 지탱하기가 힘들다.

'제도(濟度)'란 중생을 고해에서 건져 내어 성불의 극락세계로 이끌어 주는 것을 말한다.

'33응신'에 대하여서는, 부처님 몸에는 법신(法身), 보신(報身), 화신(化身)의 세 가지 분류 개념이 있다.

법신은 우주 법계에 충만되어 있는 법, 곧 진리를 인격화한 것으로 부처님은 이 진리를 체현하였으므로 자연히 이 법신을 회복해 가지게 된다. 따라서 이 법신은 수행의 결과로 얻게 되는 몸이 아니라 본래부터 그렇게 존재하고 있는 진리 그 자체인 것이다.

관음주송 수행자에게는 우주법계에 충만해 있는 관음 그 자체가 법신인 것이다. 만약 사람 중에서 수행하여 마음청정, 몸청정을 이루고, 왕삼매를 이루어 우주법계에 충만한 관음과 일체가 되었을 때 그 수행자를 인간 부처님 즉 불안(佛眼)을 구족한 청정법신의 '생불(生佛)'이라고 칭할 수 있다.

보신은 과보신(果報身)이다.

보살이 10바라밀을 완성하여 해인삼매, 수능엄삼매를 증득하고, 멸수상정을 근본으로 하는 금강삼매를 달통하여 부처님 도법을 모두 배워 인가 받고, 제법실상의 도리를 증득한 법안(法眼)을 완성한 대보살이 되면, 그를 관세음보살님 비슷한 존재 또는 부처님 비슷한 존재라고 하는데, 이 때 그 수행자를 보신을 구족한 사람이라 칭한다.

화신(化身)은 무생법인을 얻은 8지의 보살에서 금강삼매법이 완성되기 전까지의 혜안(慧眼)이 있는 수행자를 말한다. 이 기간 동안에 반야바라밀다가 완성되어 멸수상정을 수습하게 된다.

응신이란 제도를 해야 할 상대에 응하여 일시적으로 나타나는 적절한 모습이다. 따라서 시방삼세에 걸쳐 보편적인 모습을 띤 몸이 아니라, 상대방에 따라 자유롭게 나타난다.

관세음보살은 법화삼매로 부처지혜에 계합하여 시각(始覺)이 원융해 짐에 따라 묘하게 과보의 바다에 들어가 번뇌의 흐름을 거슬러 빠져 나와 10계에서 몸을 나투어 아무런 분별없이 중생에게 감응하신다.

이른바 성인의 씨앗은 중생의 부류에 따라 일시에 구현되니 이에 종류 구생무행작(種類俱生無行作)의 의생신(意生身)을 증득하게 되어 삼매의 극치에 이르게 되는데, 나투시는 모습이 33종에 응하시므로 33응신이라 한다.

(1) 부처의 몸

부처의 몸을 드러내심은 부처가 되고자 하는 보살을 교화하시는 것이다. 보살에게 무생법인(無生法忍)을 얻어야 하며, 반야를 증장시키어 10지에 이르러 해장, 해인삼매를 온전히 증득하여야 하며, 멸진정을 터득하여 온갖 마의 번뇌를 조복시켜야 하며, 더불어 수능엄삼매로 삼계의 온갖 법을 갈무리하여 반야바밀다를 완성하여야 하며, 금강삼매를 통하여 멸수상정(滅受想定)을 완전 터득하여 사자분신삼매를 자재로 운용하여야 하며, 진공(眞空)의 대원경지(大圓鏡智)를 증득코 성불하여 온전한 대보살로서, 무량한 중생을 제도하여 대승반야선에 승선시키어 해탈로 이끌어야 하며, 무량의처삼매(無量義處三昧)와 법화삼매(法華三昧)를 증득하여 시방(十方) 삼세(三世) 삼라만상의 정법을 완전히 깨달아야 된다고 가르치신다.

보살은 '상구보리 하화중생'의 보리심을 발하는 자라 하지만, 어디까지나 일반론이고 특별히 현생에서 불도를 완성하려는 보살은 보살종성

(菩薩種性)이 뛰어나야 한다. 보살종성이란 불도를 잘 수행하여 법을 받고 견디고 거두고 유지할 수 있는 성품을 말한다. 보살종성이 뛰어난 사람에 대하여 일률적으로 말할 수는 없으나, 동쪽으로는 부모님, 남쪽으로는 스승, 서쪽으로는 아내와 자식, 북쪽으로는 친구와 동료, 아래로는 하인이나 고용인, 위로는 수행자 즉 6방위에 잘하는 사람을 칭할 수 있다.

'아함경'에 의하면,
 인생을 파멸에 이끄는 삶이란 진리를 싫어하여 진리대로 살지 못하는 사람의 삶, 즉 이기적이고 거짓되며, 탐욕스럽고 사치스러우며, 음행을 일삼고, 부모에게 불효하며, 일확천금을 노리며, 싸움을 즐기고, 게으르며, 과도한 음주가무를 즐기며, 나쁜 친구와 어울려 올바른 사람과 사귀지 않는 삶을 말한다. 반면 인생을 복되게 하기 위 하여서는 여섯 방향으로 살펴야 한다고 했다. 여섯 방향은 동쪽은 부모님이고, 남쪽은 스승이고, 서쪽은 아내와 자식이고, 북쪽은 친구와 동료이며, 아래는 하인이나 고용인이고, 그리고 위는 수행자이다.

 '자식은 부모님의 보살핌으로 자랐기 때문에 부모님을 모셔야 하며, 부모님이 시키는 심부름을 해야 하며, 가계를 지켜 나가고, 집안의 어른자리를 이으며, 적당한 때를 골라 조상님께 제사를 올려야 하는 등 봉사의 삶을 살아야 한다. 또 부모는 자식을 악으로부터 보호하고 선으로 인도하며, 학업을 배우게 하고 적당한 배우자와 혼인시키며, 시기를 맞추어 가장의 자리를 물려주어야 한다.' 이렇게 하면 동쪽은 지켜질 것이며, 편안해지고 근심이 없어지게 될 것이라고 했다.

'제자는 스승에게 자리에서 일어나 예를 올리고 가까이에서 모시며, 열심히 말씀을 듣고 노력해야 하며, 시중을 들고, 공손한 태도로 학업을 배워야 한다. 또 스승은 제자를 잘 가르치고 지도하며, 이해한 것을 잊어버리지 않도록 기억시켜 주며, 모든 학업의 지식을 설명해 주어야 하며, 친구나 동료들의 모임에서 제자에 대한 칭찬을 아끼지 않으며, 어느 곳에서라도 존경과 이익을 받도록 보호해 주어야 한다.' 이렇게 하면 남쪽은 지켜질 것이며, 편안해지고 근심이 없어지게 될 것이라고 했다.

'남편은 스스로 잘못된 길로 가지 말아야 하며, 아내에게 사랑 봉사하고, 경의를 표할 것이며 경멸해서는 안 되고, 가정의 주권을 위임할 것이며, 장식품을 선물해야 한다. 또 아내는 남편을 사랑하고 집안일을 잘 처리해야 하며, 권속을 잘 거느리고 길을 잘못 들지 말 것이며, 모여 있는 재산을 지키고, 모든 일을 진지하고 능숙하게 대하여야 한다.' 이렇게 하면 서쪽은 지켜 질 것이며, 편안해지고 근심이 없어지게 될 것이라고 했다.

'양가(良家)의 자손은 친구 동료들에게 보시를 하고 상냥하고 부드러운 말을 쓰며, 남을 위해 노력하고, 힘을 한데 모으고, 그리고 정직으로써 대해야 한다. 또 친구와 동료는 양가의 자손을 사랑하여, 친구가 술에 취해 방심하고 있을 때는 지켜주고, 방만하고 있는 친구의 재산을 지켜주고, 두려울 때는 친구의 의지처가 되어 주며, 어려움에 처해 있을 때에도 그를 저버리지 않고 그의 자손들도 존중하여야 한다.' 이렇게 하면 북쪽은 지켜질 것이며, 편안해지고 근심이 없어지게 될 것이라고 했다.

'주인은 아래쪽에 해당하는 하인이나 고용인에게 힘에 맞게 해야 할 일을 나누어 주며, 음식과 급료를 주고, 병에 걸렸을 때에는 간호해 주며, 맛있는 음식을 나누어 주고, 적절한 때에 쉬게 해 주어야 한다. 또 하인과 고용인은 주인보다 일찍 일어나야 하고, 주인보다 늦게 잠자리에 들어야 하며, 주어진 것만을 가져야 하며, 일생 동안 힘써 일할 것이며, 주인의 명예와 칭찬을 널리 퍼뜨려야 한다.' 이렇게 하면 아래쪽은 지켜질 것이며, 편안해지고 근심이 없어지게 될 것이라고 했다.

'양가(良家)의 자손은 수행자에게 친절한 행동과 친절한 말씨와 친절한 마음가짐으로 대하며, 문을 닫지 않으며, 재물을 공급해야 한다. 또 수행자는 양가의 자손에게 악을 막아주고 선으로 인도하며, 선한 마음으로 불쌍히 여기고, 아직 듣지 못한 것을 들려주고, 이미 들은 내용을 손질해 주며, 하늘에 이르는 길을 가르쳐야 한다.' 이렇게 하면 위쪽은 지켜질 것이며, 편안해지고 근심이 없어지게 될 것이라고 했다.

(2) 벽지불

부처님의 교화에 의하지 않고, 12인연의 이치를 관찰하여 홀로 깨달은 이들로서 연각(緣覺), 독각(獨覺)이라고도 한다. 여기에는 인각유독각(麟角喩獨覺:기린의 뿔이 하나인 것 같이 한 사람이 홀로 있어 수행하여 깨달은 사람)과 부행독각(部行獨覺:여러 사람이 한 곳에 수행하면서도, 교를 의지하지 않고 스스로 깨달은 사람)이 있다.

십이인연법이란 십이연기설(十二緣起說)이라고도 한다. 십이연기설이란 밝지 않은 그 무엇을 무명(無明)이라 하고, 이런 무명을 연하여 행(行)이 있게 되고, 행을 연하여 식(識)이 있게 되고, 식을 연하여 명색(名色)이 있게 되고, 명색을 연하여 육처(六處)가 있게 되고, 육처를 연하여 촉(觸)이 있게 되고, 촉을 연하여 수(受)가 있게 되고, 수를 연하여 애(愛)가 있게 되고, 애를 연하여 취(取)가 있게 되고, 취를 연하여 유(有)가 있게 되고, 유를 연하여 생(生)이 있게 되고, 생을 연하여 노(老), 사(死), 우(憂), 비(悲), 뇌(惱), 고(苦)가 있게 되고, 그리하여 커다란 하나의 괴로운 온(蘊)의 집(集, 發生)이 있게 된다는 것을 말한다.

이상을 한 마디로 요약하면, 무명이 없어지지 않는 한 고(苦)는 그치지 않는다는 것이다.

1)무명은 실재 아닌 것 또는 실재성이 없는 것을 깨닫지 못하고 어리석어, 자기의 실체로 착각한 망상 즉 미혹이라 한다.

2)이러한 무명이 있으면 그것을 연하여 행이 있게 된다는 것인데, 행은 결합하려는 작용이란 뜻을 갖고 있다. 따라서 무명으로 인하여 그 무엇이 작용하는 것을 행이라 한다.

3)행에 의하여 그 무엇이 작용되어서 개체가 형성되면, 그곳에 식이 발생한다. 식은 식별한다는 의미이므로 개체가 형성되자 그곳에 인식

이 발생한다는 것이다.

4)식을 연하여 명색이 일어나는데, 색은 물질적인 것을 가리키고 명은 비물질적인 것을 가리킨다. 그러므로 명색의 발생은 물질적인 것(形色)과 비물질적인 것이 결합된 상태의 형상이 일어난다는 것이다.

5)이렇게 명색이 있게 되면 그것을 연하여 육처가 일어난다. 육처는 사람과 같은 중생류에게는 여섯 개의 감각기관 즉 눈, 귀, 코, 혀, 몸, 의지를 말하는데, 명색이 감각기관에 전달된다고 볼 수 있다.

6)육처를 연하여 촉이 있게 되는데, 촉은 접촉한다는 의미가 있으므로 감각기관에 전달되어 이 육처에서 각기 대상이 되는 육경(색, 성, 향, 미, 촉, 법)과 육식(보고, 듣고, 냄새 맡고, 맛보고, 신체접촉, 마음의 느낌의 분별)이 화합하여 접촉이 있게 된다.

7)촉에 연하여 수가 발생한다. 수는 감수 작용이라 볼 수 있는데, 그 내용으로는 괴로움, 즐거움, 괴로움도 아니고 즐거움도 아닌 중간 느낌을 받는다. 접촉에 따른 당연한 느낌 그것을 말한다.

8)수를 연하여 애가 발생한다. 느낌 중에서 즐거움의 대상을 추구하는 맹목적인 욕심인 애가 생긴다. 끝없는 갈애(渴愛)를 이른다. 애는 번뇌 중에서 가장 심한 것이어서 수행에 커다란 장애가 되기에, 무명은 지혜를 가로막는 장애 즉 소지장(所知障)이고 애는 마음을 염착(染着)시키는 번뇌장(煩惱障)의 대표적인 것이다.

9)애를 연하여 일어나는 취는 취득하여 병합하는 작용이다. 애에 의하여 추구된 대상을 완전히 자기 소유화하는 일이라고 볼 수 있다.

10)취를 연하여 유가 발생한다. 유는 있다라는 의미이므로 생사 존재하는 그 자체가 형성된 것으로 보면 된다.

11)유에 연하여 생이 발생하는데, 생은 생하는 즉 생기는 것이다. 유가 생하는 존재 그 자체의 형성이므로 그 형성에 의하여 생이 있게 되는 것이다.

12)생이 있으므로 노, 사, 우, 비, 뇌, 고가 있게 된다. 생이 있으므로 늙고 죽음이 있는 것이고, 늙고 죽는 생이 있으므로 근심, 슬픔, 번뇌, 괴로움이 있는 것이다.

무명에서 생사의 괴로움이 연기하게 되는 과정을 유전문(流轉門)이라 하고, 무명이 멸에서 생사의 괴로움을 멸하게 되는 과정을 환멸문(還滅門)이라 한다. 또 과거의 여러 부처님들이 십이연기를 역순으로 관찰해서 깨달음 이루셨다고 한다. 순관(順觀)은 무명에서 노사의 방향으로 관찰하는 것이고, 역관(逆觀)은 노사에서 무명의 방향으로 관찰하는 것이다.

아함경에 '연기의 법은 내가 지은 것도 아니요, 다른 사람이 지은 것도 아니다. 여래가 세상에 나오건 안 나오건 간에 이 법은 상주(常住)요, 법주(法住)요, 법계(法界)이니라. 여래는 다만 이 법을 자각하여 바른 깨달음을 이루어 중생들에게 설하나니, 이것이 있음으로써 저것이 있고 이것이 생함으로써 저것이 생한다. 즉 무명을 연하여 행이 있고, 내지 하나의 커다란 고온(苦蘊)의 집(集)이 있게 된다. 이것이 없음으로써 저것이 없고, 이것이 멸함으로써 저것이 멸한다. 즉 무명이 멸하므로 행이 멸하고 내지 하나의 커다란 고온의 멸이 있게 된다.' 라는 말씀이 있다.

(3) 성문

부처님의 교법에 의지하여 사성제의 이치를 깨달은 사람들로서, 4종이 있다.

1)결정(決定)성문은 성문으로 결정되어 성불할 수 없는 사람을 말하고,

2)퇴보리(退菩提)성문은 보살로서 타락한 사람을 말하고,

3)응화(應化)성문은 불, 보살의 시현으로 된 사람을 말하고,

4)증상만(增上慢)성문은 성문의 증(證)을 얻고, 거만한 마음이 더욱 커진 이를 말한다.

사성제(四聖諦)란 괴로움의 고(苦)성제, 집착의 집(集)성제, 괴로움의 멸인 멸(滅)성제, 괴로움의 멸에 이르는 도(道)성제를 말한다.

첫째, 고성제에는 여덟 가지 괴로움이 있다.

생하고(生), 늙고(老), 아프고(病), 죽고(死), 미운 것과 만나고(怨憎會), 사랑하는 것과 헤어지고(愛別離), 구하는 바를 얻지 못하고(求不得), 모든 것을 취할 수 없는(五取蘊) 괴로움이다.

둘째, 집성제란 여덟 가지 일체의 괴로움은 집착에서 비롯된다는 의미이다.

셋째, 멸성제란 일체의 집착은 무명으로 인하여 생하므로 무명을 멸해야 한다는 의미이다.

넷째, 도성제란 멸에 이르기 위 하여는 도가 있어야 한다는 의미이고, 도가 있기 위하여는 팔정도를 행하여야 한다. 팔정도(八正道)는 일체를 잘 결택하여 바르게 보아야 한다는 정견(正見), 생각할 바와 생각 안할 바를 마음에 잘 분간하는 정사유(正思惟), 거짓말, 이간질, 아첨하는

말, 악담을 하지 않는 정어(正語), 불살생, 불투도, 불음행하는 정업(正業), 정당한 방법으로 적당한 의식주를 구하는 정명(正命), 끊임없이 노력하여 물러섬이 없이 마음을 닦는 정정진(正精進), 바르게 기억하는 정념(正念), 바르게 마음을 한 곳에 집중하는 정정(正定)을 말한다.

부처님은 제자들을 삼전십이행상(三轉十二行相)으로 제도하셨다. 삼전십이행상이란 사제를 시전(示轉), 권전(勸轉), 증전(證轉)의 세 방면으로 되풀이 하고, 다시 시전, 권전, 증전의 사제 각각에 안(眼), 지(智), 명(明), 각(覺)의 네 단계를 두어, 사제 각각을 열두 가지 양상으로 설한 것을 말한다.

'이것은 고이다. 이것은 고의 원인이다. 이것은 고의 소멸이다. 이것은 고의 소멸에 이르는 길이다.' 라고 드러낸 것을 시전이라 하고, '고를 알아야 한다. 집을 끊어야 한다. 멸을 증득해야 한다. 도를 닦아야 한다.' 라고 권한 것을 권전이라 하고, '나는 이미 고를 알았다. 나는 이미 집을 끊었다. 나는 이미 멸을 증득했다. 나는 이미 도를 닦았다.' 라고 부처님이 밝힌 것을 증전이라 한다.

여기에서 다시 사제 각각에 대해, 그것을 주시하는 안, 확실하게 인정하는 지, 명료하게 아는 명, 깨닫는 각의 단계를 두어, 사제 각각에 십이행상이 되고 사제에는 사십팔행상이 있게 된다.

또 안, 지, 명, 각을 고려하지 않고, 사제 각각에 삼전이 있으므로 사제에 십이행상이 있다고도 한다. 상근(上根)은 시전으로써, 중근(中根)은 권전으로써, 하근(下根)은 증전으로써 각각 깨닫는다고 한다. 이 3전은 견도(見道), 수도(修道), 무학도(無學道)에 배대한다.

삼수도하(三獸渡河)란 말이 있다. 이는 토끼 말 코끼리가 항하를 건너가는 것을 이르는데, 이는 성문 연각 보살이 번뇌를 끊는 차이에 비유한 것이다.

토끼는 수면(水面)으로 헤엄쳐 건너듯이, 성문은 마음의 얕은 번뇌를 끊음을 말하고, 말은 물에 잠겨 발이 밑에 닿지 않고 떠서 건너듯이, 연각은 성문보다는 더 깊게 마음의 번뇌를 끊지마는 보살처럼 깊고 근원적인 번뇌를 끊지는 못함을 말하며, 코끼리는 물속 바닥을 디디고 건너가듯이, 보살은 심층의 근원적인 번뇌를 끊어 제도함을 이른다.

성문승은 5지에서 사성제를 수습하지만 6지에서 증하고 득하여 아라한이 되며, 연각승은 6지에서 12연기를 수습하지만 7지에서 증하여 득하고 아라한이 된다. 보살은 8지 무생법인을 득하고 불퇴전의 보살 되어 본격적인 정법 공부를 강구한다.

(4) 범천왕

관세음보살은 중생이 음욕(淫欲)의 마음을 밝게 깨닫고, 욕망의 허물을 범하지 아니하여 몸을 청정히 하고자 하면 그 앞에서 범천왕의 몸을 나타내어 묘법을 설하시어 해탈케 한다.

범천왕은 색계 초선천의 주인이고 제석과 함께 정법을 옹호하는 신으로 아직 각지관지 등 마음의 작용이 있고 말로 설명하는 법문이 남아 있는 상태의 경계이다.

관세음보살은 백색삼매를 닦아서 취하지도 버리지도 않는다. 취하지 않는 까닭에 선천 따라 태어나지 않고, 버리지 않는 까닭에 감응하여 범천왕의 몸이 되어 욕망에서 벗어나는 이론을 설법하시는 것이다.

(5) 제석천

관세음보살은 중생이 하늘의 주(主)가 되어 모든 하늘을 거느려 다스리고자 하면 그 앞에서 제석의 몸을 나타내어 법을 말하여 성취케 한다. 제석천왕은 지거천(地居天)의 주인이다.

관세음보살은 난복삼매(굴복시키기 어려운 삼매)를 닦아 이를 취하지도 버리지도 않는다. 그러면서 갖가지 뛰어난 이론을 설하시며 자재한 몸을 나타내시어 방편으로 실상에 이르는 길로 인도한다.

(6) 자재천왕

관세음보살은 중생이 몸이 자재하여 시방에 다니고자 하면 그 앞에서 자재천의 몸을 나타내어 법을 말하여 성취케 한다. 자재천은 욕계의 정상인 제6천이다. 다른 말로 타화자재천이라고 한다. 다른 사람이 지은 것을 빌어 자기의 즐거움을 이루니 이는 곧 마의 주인이다.

관세음보살은 그 세계에 머물며 취하지도 버리지도 않고 감응하여 마왕이 되어 모든 마로 하여금 그곳이 곧 부처님의 세계가 되게 하는 것이다.

(7) 대자재천왕

관세음보살은 중생이 몸이 자재하여 허공을 날아다니고자 하면 그 앞에서 대자천의 몸을 나타내어 법을 말하여 성취케 한다.

대자재천은 색계의 꼭대기인 색계18천의 마혜수라천(摩醯首羅天)이다. 대자재천의 광명은 모든 중생 중에서 최고인데, 이는 열반의 경지에서 공양을 바치는 것이 대자재천이 가장 뛰어나기 때문이라 한다.

(8) 천대장군

관세음보살은 중생이 귀신들을 통솔하여 국토를 구호하려 하면 그 앞에서 천대장군의 몸을 나타내어 법을 말하여 성취케 한다.

천대장군은 제석천왕의 상장(上將)이다.

(9) 비사문

관세음보살은 중생이 세계를 통솔하여 보호하고자 하면 그 앞에서 비사문의 몸을 나타내어 법을 말하여 성취케 한다.

비사문이라 하는 것은 사천왕(四天王)의 하나로 야차, 나찰의 두 귀신을 통솔하며 염부제주의 북방을 수호하고 세상 사람들에게 복덕을 주는 선신이다. 사천왕은 욕계6천의 제1천으로 수미산의 4주(洲)를 수호하는 지국천왕(持國天王), 증장천왕(增長天王), 광목천왕(廣目天王), 다문천왕(多聞天王)의 네 천왕을 말한다.

(10) 소왕

관세음보살은 중생이 소왕이 되기를 좋아하면 그 앞에서 소왕의 몸을 나타내어 법을 말하여 성취케 한다.

소왕이란 천왕은 크고 인왕은 작은 까닭에 사람의 왕을 소왕이라 한다. 소왕을 전륜성왕이라고도 하며 세계를 통합하여 통치하는 가장 이상적인 정치지도자를 말한다. 전륜성왕은 4덕이 있어야 하고, 또 4통치력이 있어야 한다.

4덕은 대부(大富)로, 재산이 많아 넘쳐나야 하고, 단정주호(端正姝好)로, 용모가 수승하여 천하에 비할 수 있는 것이 없어야 하고, 무질병(無

疾病)으로, 더위나 추위가 침범치 못하며 자재하게 음식애요(飲食愛樂)함이 천하에 비할 데가 없어야 하고, 장수(長壽)로, 생명이 길어 통치 기간이 넉넉하여야 한다. 4통치력은 세계를 무력을 쓰지 않고 평화적으로 통합하여 화평하게 다스리며, 그 세계에 속한 구성원들의 생명과 재산을 지켜주며, 구성원들의 재산과 복지를 고루 향상시키며, 정법을 보호하고 널리 선양시킴을 말한다.

(11) 장자

관세음보살은 중생이 족성(族姓)의 주(主)가 되어 세상의 추양(推讓)함을 좋아하면 그 앞에서 장자의 몸을 나타내어 법을 말하여 성취케 한다. 장자란 뛰어난 열 가지 덕(혈통이 고귀하고, 지위가 높고, 부유하고, 위엄이 있고, 지혜가 깊고, 나이가 지극하고, 품행이 깨끗하고, 예의 바르고, 윗사람이 칭찬하고, 아랫사람이 잘 따름)이 있는 사람을 말한다.

(12) 거사

관세음보살은 중생이 명언(名言)을 이야기하며 청정하게 살기를 좋아하면 그 앞에서 거사의 몸을 나타내어 법을 말하여 성취케 한다. 거사란 재물과 돈이 많고 큰 집에서 살며 하는 업이 풍성하고 가득한 사람을 말한다.

(13) 재관

관세음보살은 중생이 국토를 통치하여 나라와 고을들을 판별하여 처리하고자 하면 그 앞에서 재관의 몸을 나타내어 법을 말하여 성취케 한다. 재관이란 삼정승이나 지방의 현감, 군수 등 아래 백성들의 주인이 되어 다스리는 사람을 말한다.

(14) 바라문

관세음보살은 중생이 술수를 좋아하여 위생(衛生)으로 조섭(調攝)하려 하면 그 앞에서 바라문의 몸을 나타내어 법을 말하여 성취케 한다. 바라문이란 청정한 행을 닦는 사람을 말한다.

(15) 비구

관세음보살은 어떤 남자가 배움을 좋아하고 출가하여 계율을 지니고자 하면 그 앞에서 비구의 몸을 나타내어 법을 말하여 성취케 한다. 비구는 출가하여 구족계를 받은 남자스님을 말한다.

(16) 비구니

관세음보살은 어떤 여자가 배움을 좋아하고 출가하여 금계를 보호해 가지려 하면 그 앞에서 비구니의 몸을 나타내어 법을 말하여 성취케 한다. 비구니는 출가하여 머리를 깎고 구족계를 받은 여자스님을 말한다.

(17) 우바새

관세음보살은 남자가 오계를 받아 지니기를 좋아하면 그 앞에서 우바새의 몸을 나타내어 법을 말하여 성취케 한다. 우바새란 속가에 있으면서 불법을 닦는 남자를 말한다.

(18) 우바이

관세음보살은 여자가 오계를 지키며 살고자 하면 그 앞에서 우바이의 몸을 나타내어 법을 말하여 성취케 한다. 우바이란 속가에 있으면서 불법을 닦는 여자를 말한다.

(19) 장자와 거사의 부녀

관세음보살은 어떤 여인이 장자와 거사의 부녀가 되고자 하면 장자와 거사의 부녀의 몸을 나타내어 법을 말하여 성취케 한다. 장자와 거사의 부녀는 장자와 거사의 아녀자를 말한다.

(20) 재관의 부녀

관세음보살은 어떤 여인이 재관의 부녀가 되고자 하면 재관의 부녀의 몸을 나타내어 법을 말하여 성취케 한다. 재관의 부녀는 재관의 아녀자를 말한다.

(21) 바라문의 부녀

관세음보살은 어떤 여인이 바라문의 부녀가 되고자 하면 바라문의 몸을 나타내어 법을 말하여 성취케 한다. 바라문의 부녀는 바라문의 아녀자를 말한다.

(22) 동남

관세음보살은 어떤 중생이 남근을 무너뜨리지 않으려 하면 그 앞에서 동남의 몸을 나타내어 법을 말하여 성취케 한다.

동남은 일생 동안 여색을 범치 않는 남자를 말한다.

(23) 동녀

관세음보살은 처녀가 처녀의 몸을 좋아하여 침범하여 횡포함을 바라
지 않고자 하면 동녀의 몸을 나타내어 법을 말하여 성취케 한다.
동녀는 일생 동안 순결을 간직하는 여자를 말한다.

(24) 하늘

관세음보살은 천인들이 천륜(天倫)에서 탈출하고자 하면 천의 몸을
나타내어 법을 말하여 성취케 한다. 하늘은 인간 이상의 것으로, 천공
에 있어 신 또는 천인이 살며 청정무구하다는 세계를 말한다.

(25) 용

관세음보살은 용들이 용륜(龍倫)에서 탈출하고자 하면 용의 몸을 나
타내어 법을 말하여 성취케 한다. 용에는 네 가지 종류가 있다.
첫째는 하늘의 궁전을 지키며 유지하여 인간세계에 떨어지지 않게 하
는 용이 있는데, 지붕 위에 용의 상을 만들어 얹어 놓은 것이 여기에 해
당된다. 둘째는 구름을 일으키고 비를 이루어 인간세계에 이익을 주는
용이 있고, 셋째는 땅에 있는 것으로 강을 터뜨리고 도랑을 열어주는
용이 있다. 넷째는 엎드려 숨어서 전륜왕 같이 큰 복을 지닌 사람을 지
키는 용이 있다.

(26) 야차

관세음보살은 야차들이 그 무리에서 벗어나고자 하면 그 앞에서 야차의 몸을 나타내어 법을 말하여 성취케 한다. 야차란 매우 추하고 괴이하게 생긴 귀신으로 하늘을 날아다니면서 사람을 잡아먹고 상해를 입히는 등 잔인하다고 한다.

(27) 건달바

관세음보살은 건달바들이 그 무리에서 벗어나고자 하면 그 앞에서 건달바의 몸을 나타내어 법을 말하여 성취케 한다. 건달바라 하는 것은 제석천궁에서 음악을 연주하는 신이다.

(28) 아수라

관세음보살은 아수라들이 그 무리에서 벗어나고자 하면 그 앞에서 아수라의 몸을 나타내어 법을 말하여 성취케 한다. 아수라라 하는 것은 머리가 천 개이고 손은 이천 개로 한결같이 술을 마시지 않는 계율을 지키고 있으며 남자의 모습은 추하고 여자의 모습은 단정하다.

(29) 가루라

관세음보살은 가루라들이 그 무리에서 벗어나고자 하면 그 앞에서 가루라의 몸을 나타내어 법을 말하여 성취케 한다. 가루라라고 하는 것은 용을 잡아먹는 날개 끝이 금빛인 금시조이다.

(30) 긴나라

관세음보살은 긴나라들이 그 무리에서 벗어나고자 하면 그 앞에서 긴나라의 몸을 나타내어 법을 말하여 성취케 한다. 긴나라라 하는 것은 제석천 앞에서 악기를 다루는 신이며, 작아서 건달바만 못하다.

(31) 마후라가

관세음보살은 마후라가들이 그 무리에서 벗어나고자 하면 그 앞에서 마후라가의 몸을 나타내어 법을 말하여 성취케 한다. 마후라가란 큰 구렁이 같이 기어 다니는 동물을 말한다.

(32) 인비인

관세음보살은 인비인들이 그 무리에서 벗어나고자 하면 그 앞에서 인비인의 몸을 나타내어 법을 말하여 성취케 한다. 인비인은 형체는 사람과 비슷하나 사람이 아니다.

(33) 집금강신

관세음보살은 어떤 중생이 불법을 수호하고자 하면 그 앞에서 집금강신의 몸을 나타내어 법을 말하여 성취케 한다. 집금강신은 손에 금강저를 잡고 불법을 수호하는 신을 말한다.

'무외(無畏)를 베푸시는 분' 이란 중생들로 하여금 두려움에서 벗어나게 해주신다는 의미이다. 관세음보살은 중생으로 하여금 십사종(十四種)의 무외공덕(無畏功德)을 얻게 한다.

1)스스로 음을 관하지 아니하고, 관하는 자를 관함으로써 시방의 고뇌하는 중생들로 하여금 그 음성을 관하여 해탈을 얻게 한다.

2)지견(知見)을 돌이켜 회복하였으므로, 중생들로 하여금 큰불에 들어가도 불이 능히 태우지 못하게 한다.

3)관청(觀聽)을 돌이켜 회복하였으므로, 중생들로 하여금 큰물에 표류해도 능히 빠지지 못하게 한다.

4)망상(妄想)을 끊어 살해의 마음이 없으므로, 중생들로 하여금 귀신들의 나라에 들어가도 귀신이 능히 해치지 못하게 한다.

5)문(聞)을 훈(熏)하여 문(聞)을 이루고 육근(六根)이 소복(銷復)되어 소리를 들음과 같으므로, 중생들로 하여금 피해를 당해도 칼이 조각조각 부서지며, 그 병과(兵戈)가 물을 베고 빛을 붓는 듯하여 성품이 동요하지 않게 한다.

6)문훈(聞熏)이 정명(精明)하여 법계에 두루 비치어 어두운 성품이 온전하지 못하므로, 야차와 나찰 등이 그 곁에 가더라도 눈으로 보지 못하게 한다.

7)음의 성질이 원만히 소멸하고 관청(觀聽)을 돌이켜 들어가 진(塵)의 허망함을 여의었으므로, 중생들로 하여금 금하고 얽어맴과 형벌의 도구가 능히 착(着)하지 못하게 한다.

8)음이 소멸하고 문(聞)이 원융하여 기쁨 주는 힘을 두루 내었으므로, 중생들로 하여금 험한 길을 지나가도 도적이 겁탈하지 못하게 한다.

9)문(聞)을 훈습(熏習)하고 진(塵)을 여의어 색(色)이 겁탈하지 못하므로, 모든 음욕 많은 중생들로 하여금 탐욕을 멀리 여의게 한다.

10)음이 순일하고 진(塵)이 없어지고 근(根)과 경(境)이 원융하여 대함

과 대할 것이 없으므로, 모든 분함과 한이 많은 중생으로 하여금 진에(瞋恚)를 여의게 한다.

11)진(塵)이 스러지고 명(明)에 돌아가 법계(法界)와 몸과 마음이 유리처럼 맑아 장애가 없으므로, 혼둔하여 성품이 막힌 설령 영원히 성불할 수 없는 종류의 중생이라 하여도 그 중생으로 하여금 치암(癡暗)을 영원히 여의게 한다.

12)형상이 소융(消融)하고 문성(聞性)을 회복하여 도량에서 움직이지 아니하고 세간을 끌어들이되 세계를 손괴(損壞)시키지 아니하며, 시방에 두루 하여 가는 티끌 같은 모든 부처님 여래를 공양하여 여러 부처님의 법왕자(法王子)가 되었으므로, 법계의 자식 없는 중생들이 아들 낳기를 구하는 이들로 하여금 복덕이 있고 지혜가 많은 남자를 탄생케 한다.

13)육근(六根)이 원통하고 밝게 비추임이 둘이 없어 시방세계를 포함하였으며, 대원경지(大圓鏡智)와 공여래장(空如來藏)을 세워 시방의 가는 티끌 같은 여래의 비밀한 법문을 순종하여 이어받아 잃지 않았으므로, 법계의 자식 없는 중생들이 딸 낳기를 구하는 이로 하여금 단정하고 복덕있고 유순하여 사람들이 애경(愛敬)하는 잘 생긴 딸을 탄생케 한다.

14)이 삼천대천 세간의 백억 해와 달에서 세간에 현주(現住)하는 법왕자가 육십이억항하사(六十二億恒河沙)가 되는데, 법을 수행하고 모범을 드리워 중생을 교화하되, 중생을 수순(隨順)하는 방편과 지혜가 각각 같지 않으나, 원통본근(圓通本根)이 묘한 이문(耳門)을 발한 후 몸과 마음에 미묘하게 함용(含容)하였으므로, 육십이억 항하사 법왕

자의 이름을 지녀 외우는 이로 더불어 두 사람의 복덕이 같아 다르지
않게 한다.

7. 법시(法施)

무진의보살이 부처님께 사뢰었습니다.
"세존이시여,
저는 지금 관세음보살에게 공양하겠나이다."
곧 값이 백천 냥금되는,
여러 가지 보주와 영락을 목에서
풀어 들고 말씀하되,
"인자(仁者)시여,
이 법시(法施)의 진보 영락을 받아 주옵소서." 하니,
때에 관세음보살이 즐겨 이를 받지 아니하거늘,
무진의가 다시 관세음보살에게 말씀하였습니다.
"인자시여,
저희를 불쌍히 여기시어 이 영락을 받으소서."
그 때, 부처님께서 관세음보살에게 이르셨습니다.
"마땅히 이 무진의보살과 사부 대중과 하늘, 용, 야차, 건달바,
아수라, 가루라, 긴나라, 마후라가, 인비인 등을
불쌍히 여겨 이 영락을 받을지니라."
즉시 관세음보살은 모든 사부 대중과

하늘, 용, 인비인 등을 불쌍히 여겨
그 영락을 받아 둘로 나누어,
하나는 석가모니불께 바치고,
하나는 다보불탑에 바쳤습니다.
"무진의야,
관세음보살은 이같이 자재한 신력이 있어서
사바세계에 노니느니라."

[해   설]

  '인자' 란 어질은 사람이란 뜻으로 덕이 높은 상대방을 높여 부르는 말
이다. 관세음보살은 부처님들과 대등한 지위이지만, 위로는 겸손의 지
혜를 잊지 않으며, 아래로는 겸양지덕을 발하여 '아' 를 내지 않고 중생
과 같이 함을 나타낸다.

  '노니다' 라 함은 관세음보살의 대자재(大自在)함을 나타낸다. 즉 중생
의 근기에 맞게 몸을 나투어 적확하게 제도하며, 중생들의 각종 두려움
을 없애주며, 또 물질 등 그 무엇에도 탐착이 없으며, 불계에서는 부처
님들과 예의로써 교감하며, 사바의 중생세계에서는 자유자재의 3업을
행한다라는 의미이다.

8. 대원(大願)

그 때, 무진의보살이 게송으로 여쭈었습니다.
"묘한 상호 갖추신 세존이시여,
저는 지금 거듭 그 일을 묻자옵니다.
불자는 무슨 인연으로 이름을 관세음이라 하시나이까?"
묘한 상호 갖추신 세존께서
게송으로 무진의에게 대답하사
"너는 온갖 곳에 응현(應現)하는
관세음의 행(行)을 들을지어다.
그 보살의 큰 서원은 깊기가 바다와 같아,
헤아릴 수 없는 겁(劫)을 지나 오면서
많은 천억 부처님 모시고 청정한 대원을 세웠으니
내가 너를 위하여 간략히 설하리라.

[해 설]
　묘한 상호(相好)란 부처님의 32가지 잘 생긴 모습의 특성을 가리킨다.
　1)발바닥이 평평하여 서 있기에 편하며,
　2)발바닥에 두 개의 바퀴 모양의 무늬가 있다.
　3)손가락이 가늘고 길며,
　4)발 뒷꿈치가 둥글고 원형이다.
　5)손가락과 발가락 사이에 비단 같은 막이 있고,
　6)손발이 부드럽다.

7)발등이 넓고 원만하고,

8)장딴지가 최고의 사슴의 것과 같이 매끈하고 둥글다.

9)팔을 펴면 손이 무릎까지 내려가고,

10)음경이 말의 것과 같이 몸 안에 감추어져 있다.

11)신체의 가로 세로가 같을 정도로 원만하며,

12)몸의 털이 위로 쏠려 있다.

13)털구멍마다 하나의 털이 있고,

14)몸이 황금색이다.

15)부처님 몸에서 항상 빛이 나와 삼천세계를 비추고,

16)피부가 부드럽고 얇다.

17)두 발바닥 두 손바닥, 두 어깨와 목 등 일곱 군데가 둥글고 부드럽고,

18)윗몸이 사자와 같다.

19)두 어깨 아래의 뼈와 살이 튼튼하고 둥글며,

20)앞 가슴뼈가 평평하여 딱 벌어졌다.

21)어깨가 둥글고 풍만하며 윤기가 있고,

22)치아가 40개이다.

23)치아가 고르고 성글지 않으며,

24)치아의 색이 희다.

25)사자처럼 뺨이 둥글며,

26)부처님의 입은 가장 뛰어난 미각을 가졌다.

27)넓고 긴 혀를 가졌고,

28)청정한 음성을 지녔다.

29)눈동자가 감청색이며,

30)속눈썹이 소와 같이 가지런하고 고르다.

31)정수리가 상투 모양으로 돋아나 있고,

32)양 눈썹 사이에 부드럽고 길며 오른쪽으로 말려져 있으면서 항상 빛을 뿜어내는 흰 털이 있다.

10지의 공부가 이루어진 보살들은 무색계에 주하면서 삼종청정을 갈 무리하기 시작한다. 삼종청정은 첫째는 심(心)청정으로 염심(染心), 진 심, 교만심, 간탐심, 사견심등을 일으키지 않는 것을 말하고, 둘째는 신 (身)청정으로 마음이 이미 청정하므로 몸도 청정하여 후신(後身)을 받 지 않고, 항상 화생하는 것을 말하고, 셋째는 상(相)청정으로 마음과 몸 이 청정해서 완전한 상호(相好)를 갖추는 것을 말한다.

삼종청정도 수행으로 따라오는 것인데, 그 중 상호청정은 철저한 본인 의 노력으로 이루어 진다. 여러 경문 중 상호청정 수행에 대하여 '대방 편불보은경' 에 잘 기술되어 있기에 소개한다.

'여래는 한없는 아승기겁 이전에 지극한 마음으로 깨끗한 계를 닦고 지녔기 때문에 발바닥이 평평하다. 부모님과 높은 승려와 스승과 덕 있 는 사람을 공양하였기 때문에 발바닥에 수레바퀴와 같은 무늬를 얻었 다. 여러 중생에 대해 해치려는 마음이 없고 겁탈하거나 훔치려는 생각 이 없으며, 부모님과 높은 승려와 스승과 덕 있는 사람을 보면 멀리 나 가 영접하여 편안한 자리를 만들어 공경하며 예배하고 교만함을 깨뜨 려 없앴다. 이 때문에 가늘고 긴 손가락을 얻게 되었다. 위의 세 가지 행동을 갖추면 발뒤꿈치가 둥글고 고르다.

네 가지 중생을 포섭하는 법으로 중생을 포섭하기 때문에 손가락이 그물처럼 늘어져 보인다. 좋은 식초와 기름으로 부모님과 높은 승려와 스승과 덕 있는 사람을 문질러 씻어 주었기 때문에 손발이 부드럽다. 착한 법을 닦아 익히면서 싫증낼 줄 모르기 때문에 넓적다리뼈가 가늘고 둥글다. 법을 듣고 기뻐하면서 다른 사람에게 설하며, 법을 위하여 심부름하였기 때문에 복사뼈가 밖으로 드러나지 않는다. 몸, 마음, 입으로 하는 행위를 깨끗하게 하고 병자를 보면 약을 주며, 교만함을 깨뜨려 없애고 음식에 대해 만족함을 알았기 때문에 똑바로 서면 손이 무릎을 스치는 형상을 얻었다. 사이가 멀어지는 사람을 보면 좋은 말로 화해하게 하였으며, 스스로 참회하는 마음을 닦고 다른 사람도 닦게 하였으므로 말과 같이 성기가 밖으로 드러나지 않는다.

스스로 몸, 마음, 입으로 하는 행위를 깨끗하게 하고 다른 사람도 깨끗하게 해주면서 만약 중생이 네 가지 요소(지, 수, 화, 풍)가 조화롭지 못해 병이 나면 치료해 주었기 원만한 몸매의 형상을 얻었다. 법을 듣고 즐거워하며 다른 사람을 위해 설해 주었기 때문에 몸의 털이 위로 쏠리는 형상을 얻었다. 여러 가지 법의 깊은 뜻을 생각하고 착한 법을 즐겨 닦으며 부모님과 높은 승려와 스승과 덕 있는 사람을 공양하며 만약 길을 갈 때, 부처님의 탑과 승방에 돌조각이나 가시 등 깨끗하지 못한 것들이 있으면 이것을 제거하였기 때문에 하나 하나의 털이 오른 쪽으로 말린 형상을 얻었다. 음식과 영락을 다른 사람에게 나누어 주고 성내는 마음을 없앴기 때문에 몸이 금색이면서 항상 그 몸에서 빛을 비추는 두 가지 형상을 얻었다. 무슨 행위를 하여 한 구멍에 하나 하나의 털이 있는 상을 얻었느냐면 바로 이러한 인연 때문이다. 몸이 섬세하고 부드러워 티끌이 붙지 않는 형상을 얻었고, 항상 중생이 필요한 것을 보시하였기 때문에 몸의 일곱 군데가 원만한 형상을 얻었다. 스스로 교만함을 깨뜨리고 그 성질을 부드럽게 다스리며, 중생의 마음에 따라 법대로 행하며 착하지 않는 것을 없애고 착한 법을 가르친 인연으로 윗몸이 사자와 같은 상, 어깨가 둥근 상, 가슴뼈가 평평하고 원만한 상을 얻었다. 또 무슨 행위를 하였길래 손가락이 가는 형상을 얻었느냐면 바로 이 교만함을 깨뜨리고 부드러운 행위를 한 인연 때문이다.

이간질을 멀리하고 싸움을 화해하게 하였기 때문에 40개의 치아가 있고 치아가 빽빽하여 성글지 않는 형상을 하고, 치아가 고르고 가지런한 형상을 얻었다. 욕계의 자비를 닦았기 때문에 하얀 치아를 얻었고, 구함이 있는 사람을 보면 기뻐하며 영접하고 배웅하였기 때문에 뺨이 둥그런 형상을 얻었다. 중생을 자식과 같이 평등하게 보기 때문에 가장 뛰어난 미각을 얻었다. 항상 중생에게 위 없는 법의 맛을 베풀어 주고 기억을 잊어버린 사람을 보면 기억나게 해준다. 또 스스로 오계를 지니고 다른 사람에게 전해 주며, 자비심을 닦고 익히며 커다란 법보시를 하게 하여 머리에 살로 된 상투가 있는 형상과 넓고 긴 혀의 형상을 얻었다. 진실한 말, 법의 즐거운 말, 법의 부드러운 말을 하고, 때가 아니면 말하지 않았기 때문에 깨끗하고 맑은 목소리를 얻었다. 자비심을 닦고 익히며 여러 중생을 부모님과 같이 보았기에 감청색의 눈과 소의 왕과 같은 속눈썹을 얻었다. 덕이 있는 사람을 보면 사실대로 칭찬하였기 때문에 양 눈썹 사이에 흰 털이 있는 형상을 얻었다. 서른두 가지 덕이 있는 형상은 비록 각각 생기게 된 이유가 있는 것이지만 참된 이유는 계를 지키고 정진하지 않으면 사람의 몸을 얻을 수 없는데, 하물며 볼 수 없는 정수리의 육계와 평등하며 차별이 없는 32가지 형상 등을 얻을 수 없는 것은 말할 것도 없기 때문이다.

또다시 해야 할 일을 모두 한 사람은 마음에 후회가 없다. 이 때문에 발바닥이 평평하다. 지극한 마음으로 해야 할 일을 하기 때문에 발바닥에 천폭의 수레바퀴 무늬가 있고, 두 번째, 세 번째 손가락 사이가 그물망처럼 늘어져 있으며, 몸의 일곱 군데가 둥글고 원만하다. 또 어깨가 둥글고 부드러우며, 온 몸이 곧고 넓고 긴 혀를 가지게 된다. 항상 해야 할 일을 하기 때문에 손가락이 길고, 똑바로 서면 손이 무릎까지 닿으며, 항상 1심(一尋) 깊이의 광명을 얻고 치아가 빽빽하며 고르고 성글지 않다. 해야 할 일을 깨끗하게 하기 때문에 나머지 상을 얻었다.

또 중생에 대해서 인정 많고 착한 마음을 내기 때문에 손발이 부드러우며 피부가 섬세하고 매끄러워 티끌이 묻지 않는다. 순서대로 그리고 때를 맞춰 닦고 익혔기 때문에 발바닥에 수레바퀴 무늬가 있고, 가늘고 긴 손가락을 지니며, 발뒤꿈치가 둥글고 원만하다. 착한 법을 즐겁게 닦으며 후회하거나 퇴보하려는 마음이 없다. 이 때문에 금빛이 나는 몸매와 그 몸에서 항상 빛이 나며 하얀 치아와 양 눈썹 사이에 흰 털이 있게 된다. 칭찬하는 말을 듣고 교만함을 일으키지 않으며, 방편으로 착한 법을 덮어 가려서 다른 사람에게 알게 하지 않기 때문에 말처럼 성기가 감춰진 형상을 얻었다. 닦은 착한 법을 깨달음에 회향하기 때문에 하나 하나의 구멍에 털이 하나씩 있고 몸의 털이 위로 쏠리며 40개의 치아와 가장 뛰어난 미각을 얻었다. 부지런히 정진하기 때문에 뺨이 둥그렇고 사자와 같은 몸매를 얻었다. 지극한 마음으로 모든 중생을 한 자식처럼 보기 때문에 치아가 가지런하고 고르며 감청색 눈과 소의 왕과 같은 속눈썹을 얻었다. 착한 법을 닦고 익히는 것을 싫증내지 않으므로 나머지 형상을 얻었다.

보살이 깨끗함에 머물러 행할 때 서른두 가지 덕이 있는 형상을 얻을 행위를 닦는다. 깨끗함에 머물러 행할 때에 비록 이와 같은 서른두 가지 형상이 있다고 해도 그 몸매가 완전히 갖추어지지 못하고 아직 밝고 깨끗하지 못하다. 서른두 가지 형상을 얻을 행위에 머물러야 이 때 비로소 그 모습이 분명하게 드러나게 되고 모든 부처님의 법을 갖추게 된다. 비록 한없는 형상이 중생마다 같지 않지만 상중하의 불가사의가 있다. 그러므로 부처님이 서른두 가지 형상을 말하지만 모든 중생이 가진 공덕을 합하고 모으면 바로 여래의 하나의 털구멍에 한 개의 털이 있는 상과 같을 뿐이다. 모든 털구멍이 가진 공덕을 합하고 모아야 비로소 하나의 좋은 모습을 이룬다. 하나의 좋은 모습을 합하고 모아 여러 가지 좋은 공덕을 백 배가 되도록 늘려야 비로소 서른두 가지 형상 가운데 하나의 형상을 이룬다. 다만 눈썹사이의 흰 털이 있는 것과 정수리가 보이지 않는 형상만은 예외이다. 합하여 모인 나머지 모든 여러 형상을 다시 천 배가 되도록 늘려야 비로소 두 개의 형상을 이룬다.

서른두 가지 형상과 팔십 가지 모든 좋은 공덕을 합하고 모아 천만억

배에 이르러야 깊고 먼 천둥소리와 같은 여래의 음성을 이룬다. 그 소리는 헤아릴 수 없는 티끌만큼 많은 모든 부처님 세계에까지 들린다. 중생을 위하여 큰 자비를 행하며, 은혜를 알고 은혜를 갚으면서 이 헤아릴 수 없는 이와 같은 깊고 미묘한 형상을 닦고 익혔다. 하나 하나의 형상은 한없는 백천만억 국토의 티끌만큼 많은 중생을 이익되게 하여 깨닫고자 하는 마음을 일으키게 한다. 순서대로 닦고 익혀 보기 좋은 서른두 가지 형상을 갖추어 이룬다.'

'관세음보살의 서원과 대원'에 대하여는,

관세음보살은 많은 천억의 부처님을 받들어 모시며 거룩하고 청정한 큰 원, 즉 대자대비로 모든 중생을 성불시키겠다는 원을 세웠다. 그 서원은 넓고 깊기가 바다와 같아 아득한 과거부터 미래 겁까지 헤아리기 어렵다. 그 서원으로 인한 청정한 수행으로 큰 복덕을 성취하시어 중생에게 한량 없이 베풀어 주신다.

'천수경'에 관세음보살의 10대 홍원(弘願)이 있는데, 이를 일반적으로 대원이라 한다. 그 내용은 다음과 같다.

원아속지일체법(願我速知 一切法)
이 세상의 온갖 진리 어서 빨리 알아지이다.
원아조득지혜안(願我早得智慧眼)
부처님의 지혜 눈을 빨리 얻어지이다.
원아속도일체중(願我速度一切衆)
한량없는 모든 중생 어서 빨리 건져지이다.

원아조득선방편(願我早得善方便)

팔만사천 묘한 방편 빨리 얻어지이다.

원아속승반야선(願我速乘般若船)

저 언덕의 지혜 배에 어서 빨리 올라지이다.

원아조득월고해(願我早得越苦海)

생로병사 괴롬바다 빨리 건너지이다.

원아속득계정도(願我速得戒定道)

무명 벗는 계와 정을 어서 빨리 얻어지이다.

원아조등원적산(願我早登圓寂山)

극락세계 열반산에 빨리 올라지이다.

원아속회무위사(願我速會無爲舍)

하염없는 법의 진리 어서 빨리 알아지이다.

원아조동법성신(願我早同法性身)

절대 진리 법성의 몸 빨리 이뤄지이다.

9. 관음력

명호(名號)를 듣거나 몸을 친견커나

마음에 늘 생각함이 헛되지 아니하면,

능히 모든 고뇌가 소멸하리라.

가령, 헤치려는 자가 큰 불구덩이에 밀어뜨렸을 때에

저 관음력을 염(念)하면, 불구덩이가 변하여 연못이 되리라.

혹은, 큰 바다에 표류하여
용이나 고기나 온갖 귀신의 환난을 당했을 때에
저 관음력을 염하면, 파도에 휩쓸리지 않으리라.
혹은, 수미산 봉우리에서 누구에게 밀려 떨어졌을 때에
저 관음력을 염하면, 해처럼 허공에 머무르리라.
혹은, 악인에게 쫓겨 금강산에 떨어졌을 때에
저 관음력을 염하면, 털끝 하나 다치지 아니하리라.
혹은, 원적이 에워싸고 각기 칼을 들고 해치려 할 때에
저 관음력을 염하면, 모두 다 자비심을 일으키리라.
혹은, 왕의 환난을 받아
형장에서 목숨을 마치려 할 때에
저 관음력을 염하면, 칼이 곧 조각조각 부서지리라.
혹은, 갇혀 큰칼 쓰고
손발에 수갑과 쇠고랑을 채웠을 때에도
저 관음력을 염하면, 풀리어 벗어나게 되리라.
저주나 온갖 독약으로 몸을 해치려는 자가 있을 때에
저 관음력을 염하면, 도리어 본인에게로 돌아가리라.
혹은, 악한 나찰과 독룡과 온갖 귀신을 만났을 때에
저 관음력을 염하면, 바로 감히 해치지 못하리라.
혹은, 악한 짐승에 둘려 싸여
날카로운 이빨과 발톱에 당하려 할 때에
저 관음력을 염하면, 곧 먼 곳으로 달아나리라.
독사와 전갈이 독기를 불꽃처럼 내뿜을 때에

저 관음력을 염하면, 소리와 같이 스스로 물러가리라.
구름에서 우레 소리 일고 번개치며,
우박이 쏟아지고 큰비가 올 때에
저 관음력을 염하면, 즉시 흩어져 사라지리라.

[해 설]

'명호를 듣거나' 라는 의미는 무생법인을 얻고 8지의 수행에 들어가면
부처님이 가르쳐주시는 '관 세 음 보 살' 하는 음을 접할 수 있다. 여기
에서는 이런 음을 들어 들은 음과 같은 음을 숙련 중인 8지 이상의 보살
을 이른다.

'몸을 친견커나' 라는 의미는 광명 속에서 '관세음보살'을 친견한 수행
자 즉 8지에 막 입(入)한 보살을 이른다.

'마음에 늘 생각함이 헛되지 않음' 이란 의미는 6지 공부가 완성되어
관세음보살의 명호를 마음 속 깊이 항상 지니게 되는 7지의 마음의 공,
마음의 무상, 마음의 무원 공부를 하고 있는 보살을 이른다.

이러한 보살들은 각종 어려움을 당하였을 때 관세음보살의 크디 큰
위신력을 마음으로 믿어 입으로 부르면, 큰 불구덩이의 화, 큰 바다에
서의 동물이나 귀신들의 화, 큰 산에서 타인에게 위험을 당할 화, 험한
세상에 떨어져 육신이 손상을 입을 화, 원한을 가진 험한 사람들에게
위험을 당할 화, 왕의 환난을 당할 화, 관청에 감금 될 화, 저주나 독약
에 손괴 당할 화, 나찰 독룡 각종 귀신에 당할 화, 악한 짐승에 당할 화,
독사와 전갈에 당할 화, 천둥 번개 우박 큰 비의 자연재해에 당할 화 등

에서 벗어나게 된다.

10. 신통력

중생이 고액으로 한량 없는 고통에 몸이 핍박당할 때에
관음의 묘한 지혜력이 세간의 고를 구원하느니라.
신통력이 구족하고 지혜의 방편을 널리 닦아
시방 모든 국토에 몸을 나타내지 않는 곳 없고,
갖가지의 모든 악취, 지옥, 아귀, 축생의
생, 노, 병, 사의 고통을 점차로 다 없애 주느니라.

[해 설]

　일반적으로 대보살에게는 타심통, 천안통, 천이통, 신족통, 숙명통,
누진통의 여섯 가지의 신통력이 있다.
　타심통(他心通)은 사람뿐만 아니라 어느 중생이라도 그 생각하는 바를
다 아는 능력을 말한다. 천안통(天眼通)은 원근(遠近)과 대소(大小)에 걸
림 없이 무엇이나 밝게 보는 능력을 말한다. 천이통(天耳通)은 원근(遠
近)과 고저(高低)를 가릴 것 없이 무슨 소리나 잘 듣는 것을 말한다. 신
족통(神足通)은 공간(空間)에 걸림 없이 왕래하며 그 몸을 마음대로 변
화할 수 있는 능력으로서, 자기 수행보다 낮은 단계의 신들을 자유자재
로 부릴 수 있는 능력을 말한다. 숙명통(宿命通)은 자기뿐 아니라 육도
(六度) 모든 중생의 선생(先生), 금생(今生), 후생(後生)의 온갖 생애를

다 아는 능력을 말한다. 누진통(漏盡通)은 번뇌 망상을 완전히 끊어지게 할 수 있는 능력을 말한다.

타심통, 천안통, 천이통, 신족통, 숙명통은 유루정(有漏定)을 닦는 외도(外道), 신선(神仙), 하늘사람(天人), 귀신(鬼神), 또는 약을 쓰든가, 주술로서도 온전치는 못하지만 일정부분의 능력이 있을 수 있고, 보살도를 행하는 수행자에게도 나타날 수 있으나, 누진통을 포함한 완전한 육신통은 대보살 이상의 대선지식만이 가능한 능력이다.

관세음보살은 이상의 육신통에 더하여, 중생이 한량 없는 고통에 몸이 핍박당할 때에 묘한 지혜력으로 세간의 고를 구원하고, 신통력이 구족하여 시방 모든 국토에 몸을 나타내지 않는 곳이 없고, 신통력이 구족하고 지혜의 방편이 커 갖가지의 모든 악취, 지옥, 아귀, 축생의 생, 노, 병, 사의 고통을 점차로 없애 주신다.

11. 오관(五觀)

진실로 관하고 청정으로 관하며,
넓고 큰 지혜로 관하고,
대비로 관하며 대자로 관하나니
항상 원하고 우러러볼지니라.
때묻지 않은 청정한 광명으로
지혜는 해같이 모든 어둠을 몰아 내고,

능히 재앙의 바람과 불을 조복하고,

널리 밝게 세간을 비추느니라.

비체(悲體)의 계행은 우레 같고,

자의(慈意)의 미묘함은 구름 같아,

감로의 법비를 내려 번뇌의 불꽃을 꺼 없애느니라.

쟁송(爭訟)을 당하는 관청에서나

무섭고 두려운 전장터에서도

저 관음력을 염하면,

모든 원적과 두려움이 물러가리라.

[해 설]

　관세음보살이 일체를 관조함에는 진관(眞觀), 청정관(淸淨觀), 지혜관
(智慧觀), 비관(悲觀), 자관(慈觀)의 다섯 가지가 있다.

　진관은 삼라만상의 참된 본성을 바르게 관하는 것으로, 중생은 본래
일(一) 진법계(眞法界)에서 둘로 나뉘지 않음을 요달한 관법이다. 청정
관은 진사(塵沙)의 염오(染汚)를 떠난 육근 청정을 증득한 깨끗함으로
관하는 것으로, 중생의 마음은 본래 청정해 온갖 오염에서 벗어났으므
로 청정관이라 한다. 지혜관은 참되고 최고의 완전무결한 지혜로 사물
의 본질을 관하는 것으로, 위대한 지혜로 갖가지 어리석음과 어둠을 조
파(照破)한 관법이다. 비관은 삼관(三觀:空, 假, 中)을 사용하여 동정의
마음으로 중생의 괴로움을 없애는 관을 하는 것으로, 어떤 고통도 뿌리
뽑지 않음이 없기에 비관이라 한다. 자관은 삼관을 사용하여 측은지심
으로 중생에게 즐거움을 주는 관을 하는 것으로, 어떤 즐거움도 베풀지

않음이 없으므로 자관이라 일컫는다.

 이러한 관법으로 중생과 중생계를 제도하시니, 항상 귀의하여 소원하고 우러러 공경하여야 한다.

 관세음보살은 무구청정(無垢淸淨)의 햇빛보다도 강렬한 적정광명(寂靜光明)으로 모든 어두컴컴하고 흐리멍텅한 무명의 번뇌들을 지혜로 제도하여 몰아 내고, 능히 삼계의 우주 겁풍과 겁화를 조복하고 널리 세간을 밝게 비추신다.

 관세음보살은 중생의 몸이 근본적으로 고(苦)의 집합체임을 여실하게 아시고, 중생의 몸과 일체를 이루어 오로지 비심(悲心)으로 계행(戒行)을 이루셨기에 천둥처럼 세상을 흔들 수 있고, 따뜻하고 우정 어린 자심(慈心)으로 미묘하고 거대한 구름을 이루어 감로의 감로수를 세상 어디에도 내리셔서 번뇌의 타는 불길을 제도하여 평온하게 하여 주신다.

 쟁송을 당하여 관청에 문제가 생겨 곤궁에 처하거나, 무시무시하고 공포스러운 전쟁을 당하여 어려운 지경에 처하였을 때도 관세음보살의 위신력을 생각하고 귀의하여, 마음으로 생각하고 입으로 부르면, 인명을 해하고 재물을 겁탈하는 모든 도적들 물러가고 두려움이 없어진다.

12. 오음(五音)

묘하게 중생을 가르치는 복덕의 음성,
세상을 굽어보는 관음의 음성,
맑고 청정한 음성(梵音),
바다의 조수같이 무시로 이익 주는,
언제나 새로운 진리의 음성이
저 세간의 미혹을 초월하는 수승(殊勝)한 음성이니,
그러므로 모름지기 항상 염하여
순간순간에도 의심 내지 말지니라.

[해 설]

관세음보살의 미묘한 음성을 복음(福音), 관세음(觀世音), 범음(梵音), 해조음(海潮音), 승피세간음(勝彼世間音)의 다섯 가지로 세분한 내용이다.

복음은 중생에게 복을 가져다주는 음성이란 의미이고, 관세음은 세상의 곳곳을 세세하게 굽어 살펴보아 자비를 베푸는 음성이란 의미이고, 범음은 맑디 맑은 음성이란 의미이고, 해조음(海潮音)이란 소리가 큰 것을 조수에다 비유한 것이고 또 해조가 무념이나 때를 어기지 않음과 같이 부처님의 대비하신 말소리가 때를 따르고 근기에 맞추어 설법하심을 말한 것이고, 승피세간음은 세간의 미혹을 뛰어넘은 세상에서 최상의 음성이란 의미이다.

참고로, 부처님들의 좋은 음성에는 8음(八音)이 있다.

1)극호음(極好音)으로, 맑고 아름다워서 듣는 이들로 하여금 싫증이 나지 않게 하고, 모두 좋은 도(道)에 들어가게 한다.

2)유연음(柔軟音)으로, 대자대비심에서 나오는 말소리로 중생들의 마음을 따라서 듣는 사람들을 기쁘게 하여 계율에 들게 한다.

3)화적음(和適音)으로, 듣는 이의 마음을 화평하게 하여 이치를 알게 한다.

4)존혜음(尊慧音)으로, 듣는 이들이 존중히 여기어 혜해(慧解)를 얻게 한다.

5)불여음(不女音)으로, 듣는 사람이 두려운 마음으로 공경케 하며, 천마와 외도들을 굴복시킨다.

6)불오음(不誤音)으로, 말로 논의함에 잘못됨이 없고, 듣는 사람들로 하여금 바른 견해를 얻게 하며 95종의 잘못을 여의게 한다.

7)심원음(深遠音)으로, 말소리가 뱃속에서 울려나와 시방에 들리며, 모두 깊은 이치를 깨달아 깨끗한 행이 더욱 높게 한다.

8)불갈음(不竭音)으로, 말소리가 거침없이 힘차게 나와서 그치지 아니하며, 듣는 사람들로 하여금 무진상주(無盡常主)의 과(果)를 이루게 한다.

관세음보살의 이러한 음성을 믿어 의심치 말고, 항상 마음으로 생각하고 입으로 부르면 음과 음이 상통하기에 음의 성취가 이루어 질 수 있다.

13.정성(淨聖)과 공덕

관세음 정성(淨聖)은 고뇌와 죽음의 액운을 당했을 때에
능히 의지할 바가 되리라.
모든 공덕을 갖추어 자비의 눈으로 중생을 보며,
복의 쌓임이 바다와 같이 한량 없나니,
그러므로 마땅히 머리 숙여 예배할지니라."

[해 설]

'관세음 정성'은 밝디 밝고 맑디 맑은 성스러움 그 자체, 즉 중생의 무한 귀의처이고 중생의 무한 소원처란 의미이다. 그러하기에 고뇌의 늪에 빠지고 죽음의 화를 당하였을 때 능히 의지할 바가 되는 것이다.

'모든 공덕을 갖추어'는 해장(海藏)삼매를 성취하고 달통하여 삼라만상의 모든 법을 갈무리하고 있으시다라는 의미이고, '복의 쌓임이 바다와 같이 한량없다'는 고요한 바다에 온갖 형상이 비치고 온갖 물이 바다로 흘러가고 온갖 것이 바다에 갈무리 되어 있듯 해인(海印)삼매를 성취하고 달통하여, 그 자체가 여여한 복의 보고(寶庫)란 의미이다.

관세음보살은 모든 법을 갈무리한 무량 공덕으로 중생을 관하여 보시고 베풀어 주시고, 한량없는 복을 갖추고 계시어 찾으면 나누어 보살펴주시니, 마땅히 머리 숙여 공경하고 순종하여야 한다.

14.보문시현(普門示現)

그 때, 지지(持地)보살이 곧 자리에서 일어나,
앞으로 나와 부처님께 사뢰었습니다.
"세존이시여, 만약 중생 중에
이 관세음보살품의 자재한 행동과
넓은 문(普門)으로 나타내는(示現) 신통력을 듣는 이는
그 공덕이 적지 아니함을 마땅히 알겠나이다."
부처님께서 이 보문품을 설하실 때,
대중 속의 팔만 사천 중생이
다 비길 바 없는
아뇩다라삼먁삼보리의 마음을 일으켰습니다.

[해 설]

'지지보살'은 마음을 평탄하게 이루어 몸에 있는 미세한 티끌이 세계를 이루고 있는 미세한 티끌과 평등하여 차별이 없고, 미세한 티끌의 자성이 서로 접촉되지 않음을 터득한 보살을 말한다.

이 보살은 10지의 공부를 이루어서 몸과 세계의 두 미세한 티끌이 평등하여 차별이 없으며 본래 여래장으로서 허망하게 미세한 티끌이 생긴 줄을 자세히 관찰하여 미세한 티끌이 사라지고 지혜가 원만히 되었으나, 금강삼매법을 온전히 달통하지 못하여 성불을 이루지 못한, 성불 직전의 무색계 비상비비상처지에 주(住)하고 있는 일생보처(一生補處) 보살이다.

부처님과 등각 대보살을 제외하고는 보살들 중에서는 최상의 경지인 비상비비상처지에 주하고 있는 보살이다.

'이 관세음보살의 자재한 행동과 넓은 문으로 나타내는 신통력' 이란 사바세계를 자재하게 노닐면서 33응신 제도법과 14무외법으로 중생제도를 하시고, 욕계 색계 무색계 즉 전우주 삼라만상의 모든 중생이 청하면 자재하게 응하시는 관세음보살의 무한한 법력을 의미한다.

'듣는 이는 그 공덕이 적지 아니함을 알겠나이다.' 의 의미는 지지보살은 부처님과 등각 대보살의 도법에 대하여 일정부분 이해는 하고 있으나, 관세음보살과 같은 역량이 부족하기에 관세음보살보문품을 듣는 본인뿐만 아니라 여타의 보살, 중생들도 공덕이 크다는 것이다.

'아뇩다라삼먁삼보리' 란 가장 완전하고 뛰어난 지혜를 말하며, 이 지혜를 얻는 분이 부처님이므로 부처님의 지혜는 가장 위대한 지혜이다. 이 불지(佛智)는 오묘한 지혜이므로 묘지(妙智)라고 하고, 이 묘지를 얻는 것이 묘법(妙法)을 아는 지혜이다.

아뇩다라삼먁삼리를 분석해 보면 다음과 같다.

아 뇩다라 삼   먁   삼   보리
無   上   正   遍   正   覺
위없이   바르고 두루한 바른 지혜

부처님의 바른 지혜는 제법(諸法)의 근본 원리를 바로 비추어 보는 지혜이고, 제법의 차별현상을 사무쳐 보는 지혜(遍智)이다. 분별심, 차별심을 여읜 절대의 경지에서 진리의 바탕을 여여한 그대로 체득한 불안(佛眼)의 지혜이다. 현상의 차별경계는 연기에 의해 이룩되는데 근본지에서는 온갖 사물의 차별현상을 다 분별하여 알게 된다.

이 지혜를 얻으면 그 계위에서 물러나지 않으며(位次不退減), 수행에서 후퇴하지 않고(空行不退怯), 또한 생각이 퇴보하지 않는다(正念不退失).

제2편

행증(行證)

제1장 행(行)
제2장 증과(證果)

'능엄경' 중에서

세존께서 여러 도인들의 25가지 수행방법에 대하여 보고 받는 형식을 취하며 물음을 던지셨다.

"육근을 풀어버리는 것도 역시 그러하니라. 이 근이 처음 풀어지면, 먼저 인공(人空:我空)을 얻고, 공의 성품이 원만하게 밝아지면 법의 해탈을 얻으며 법을 해탈하여 모두가 공하다는 것까지 생기지 않으면 이것을 '보살이 삼마지로부터 무생법인(불생불멸하는 진여법성을 인지하고 거기에 안주하여 움직이지 않는 것)을 얻었다.' 하느니라. 너희들 보살과 아라한들이 나의 법에 나서 배울 것이 없는 경지를 이루었으니, 이제 묻노라. 최초에 발심하여 십팔계를 깨달을 적에 어느 것을 원만히 통하였으며, 무슨 방편으로 삼마지에 들어갔느냐?"

이에 여러 도인들이 육근 즉 안근, 이근, 비근, 설근, 신근, 의근의 여섯 가지, 육경 즉 색, 성, 향, 미, 촉, 법의 여섯 가지, 육식 즉 안근식, 이근식, 비근식, 설근식, 신근식, 의근식의 여섯 가지, 칠대 즉 지대, 수대, 화대, 풍대, 공대, 식대, 근대의 일곱 가지 등 총 25가지의 방법에 대하여 보고하는 형식으로 답하였다.

관세음보살은 관세음부처님으로부터 듣는 것으로부터 생각하고 닦아서 삼마지에 들어가라는 가르침을 받고, 수행하여 이근원통을 성취하신 내용을 다음과 같이 답하셨다.

"처음 듣는 것으로부터 흐름에 들어가되 처소가 없어서 들어간 곳이 이미 고요해지니, 움직이고 고요한 두 모습이 또렷이 생기지 아니하거늘 이와 같이 점점 더해서 듣는 주체와 들을 대상이 다 끊어지며 듣는 주체가 다 끊긴 것도 남아있지 아니하여 깨닫는 주체와 깨달을 대상이 공하여졌으며 공하였다는 깨달음이 아주 원만하여 공한 것도 공할 것도 없어져 나고 없어짐이 이미 끊어진지라 고요함이 앞에 나타나더이다. 홀연히 세간과 출세간을 초월하여 시방이 원명해지면서 두 가지 수승함을 얻었으니, 하나는 위로 시방의 모든 부처님의 본각인 오묘한 마음과 합하여 부처님의 인자하신 힘과 동일하게 되는 것이고, 둘째는 아래로 시방의 모든 육도 중생과 합하여 중생과 더불어 비앙(悲仰)이 동일해지는 것입니다.

관세음여래께 공양함으로써 그 여래께서 저에게 허깨비 같이 듣는 것을 비추어 보고, 그것을 닦는 금강삼매를 일러 주심으로 말미암아 부처님과 자비스런 힘이 같아졌으므로 제 몸이 서른두 가지 응신을 이루어서 여러 국토에 들어갈 수 있게 하여 주셨습니다.

이는 모두가 삼매에서 듣는 것을 훈습하고 듣는 것을 닦아 작위가 없는 오묘한 힘으로써 자재함을 성취한 것입니다.

저는 또 이 듣는 것을 훈습하고 듣는 것을 닦는 금강삼매의 작위가 없이 오묘한 힘으로 시방삼세 육도의 모든 중생으로 더불어 비앙이 같으므로 모든 중생으로 하여금 저의 몸과 마음에서 열네 가지 두려움 없는 공덕을 얻게 하겠나이다.

1. 스스로 음을 관하지 아니하고, 관하는 자를 관함으로써 시방의 고뇌하는 중생들로 하여금 그 음성을 관하여 해탈을 얻게 하며,

2. 지견(知見)을 돌이켜 회복하였으므로, 중생들로 하여금 큰불에 들어가도 불이 능히 태우지 못하게 하며,

3. 관청(觀聽)을 돌이켜 회복하였으므로, 중생들로 하여금 큰물에 표류해도 능히 빠지지 못하게 하며,

4. 망상(妄想)을 끊어 살해의 마음이 없으므로, 중생들로 하여금 귀신들의 나라에

들어가도 귀신이 능히 해치지 못하게 하며,

5. 문(聞)을 훈(熏)하여 문(聞)을 이루고 육근(六根)이 소복(銷復)되어 소리를 들음과 같으므로, 중생들로 하여금 피해를 당해도 칼이 조각조각 부서지며, 그 병과(兵戈)가 물을 베고 빛을 붓는 듯하여 성품이 동요하지 않게 하며,

6. 문훈(聞熏)이 정명(精明)하여 법계에 두루 비치어 어두운 성품이 온전하지 못하므로, 야차, 나찰 등이 그 곁에 가더라도 눈으로 보지 못하게 하며,

7. 음의 성질이 원만히 소멸하고 관청(觀聽)을 돌이켜 들어가 진(塵)의 허망함을 여의었으므로, 중생들로 하여금 금하고 얽어맴과 형벌의 도구가 능히 착(着)하지 못하게 하며,

8. 음이 소멸하고 문(聞)이 원용하여 기쁨 주는 힘을 두루 내었으므로, 중생들로 하여금 험한 길을 지나가도 도적이 겁탈하지 못하게 하며,

9. 문(聞)을 훈습(熏習)하고 진(塵)을 여의어 색(色)이 겁탈하지 못하므로, 모든 음욕 많은 중생들로 하여금 탐욕을 멀리 여의게 하며,

10. 음이 순일하고 진(塵)이 없어지고 근(根)과 경(境)이 원용하여 대함과 대할 것이 없으므로, 모든 분함과 한이 많은 중생으로 하여금 진에(瞋恚)를 여의게 하며,

11. 진(塵)이 스러지고 명(明)에 돌아가 법계(法界)와 몸과 마음이 유리처럼 맑아 장애가 없으므로, 혼둔하여 성품이 막힌 설령 영원히 성불할 수 없는 종류의 중생이라 하여도 그 중생으로 하여금 치암(癡暗)을 영원히 여의게 하며,

12. 형상이 소융(消融)하고 문성(聞性)을 회복하여 도량에서 움직이지 아니하고 세간을 끌어들이되 세계를 손괴(損壞)시키지 아니하며, 시방에 두루 하여 가는 티끌 같은 모든 부처님 여래를 공양하여 여러 부처님의 법왕자(法王子)가 되었으므로, 법계의 자식 없는 중생들이 아들 낳기를 구하는 이들로 하여금 복덕이 있고 지혜가 많은 남자를 탄생케 하며,

13.육근(六根)이 원통하고 밝게 비추임이 둘이 없어 시방세계를 포함하였으며, 대원경지(大圓鏡智)와 공여래장(空如來藏)을 세워 시방의 가는 티끌 같은 여래의 비밀한 법문을 순종하여 이어받아 잃지 않았으므로, 법계의 자식 없는 중생들이 딸 낳기를 구하는 이로 하여금 단정하고 복덕있고 유순하여 사람들이 애경(愛敬)하는 잘 생긴 딸을 탄생케 하며,

14.이 삼천대천 세간의 백억 해와 달에서 세간에 현주(現住)하는 법왕자가 육십이억항하사(六十二億恒河沙)가 되는데, 법을 수행하고 모범을 드리워 중생을 교화하되, 중생을 수순(隨順)하는 방편과 지혜가 각각 같지 않으나, 원통본근(圓通本根)이 묘한 이문(耳門)을 발한 후 몸과 마음에 미묘하게 함용(含容)하였으므로, 육십이억 항하사 법왕자의 이름을 지녀 외우는 이로 더불어 두 사람의 복덕이 같아 다르지 않게 하겠나이다.

저 한 사람의 이름이 여러 보살의 이름과 다르지 아니함은 제가 참된 원통을 닦아 익힌 까닭입니다.

저는 또 이 원통을 얻어 최상의 도를 닦아 증득하였으므로 또 네 가지 헤아리지 못할 작용 없는 오묘한 덕을 얻을 수 있었사오니,

1.제가 처음으로 오묘하고 오묘하게 듣는 마음을 얻어 마음이 정미로워지며 들음을 버릴 수 있게 되었으며, 보고 듣고 깨닫고 아는 것이 따로 막히는 것이 없어서 한결같이 원융하고 청정한 보배의 깨달음을 이루었으므로 저는 여러 가지 묘한 용모를 나투어 그지없는 신주를 말하나이다.

2.제가 듣고 생각하는 것으로 말미암아 여섯 가지 대상인 물질에서 벗어남이 마치 소리가 담을 넘어가되 장애되지 않음과 같으므로 제가 갖가지 형상을 나타내어 갖가지 주문을 외되 그 형상과 주문이 두려움 없는 것으로써 중생에게 베푸는

　것이니 시방의 티끌 같은 많은 국토에서 저를 이름 하여 두려움 없이 베푸는 자
　라고 합니다.
3.제가 본래 묘하고 원통하여 깨끗한 근본을 닦고 익힘으로 말미암아 다니는 세계
　마다 중생들로 하여금 몸과 귀중한 보배를 버리고 저에게 애민(哀愍)하기를 구하
　게 하나이다.
4.제가 부처님의 마음을 얻어 최후의 것까지 증득하고 여러 가지 귀중한 보배로써
　시방의 여래께 공양하며 그 밖의 법계의 육도 중생에게까지 미쳐서 아내를 구하
　면 아내를 얻게 하고, 아들을 구하면 아들을 얻게 하며, 삼매를 구하면 삼매를
　얻게 하고, 오래 살기를 구하면 오래 삶을 얻게 하며, 이와 같이 큰 열반을 구하
　면 큰 열반까지도 얻게 하나이다.

　부처님께서 원만하게 통함을 물으시니 저는 귀(耳門)를 따라 원만하게 비추는 삼
매로 말미암아 반연하는 마음이 자재하게 되어서 흐름에 들어가는 현상으로 인하
여 삼마지를 얻고 보리를 성취하는 것이 제일인가 하나이다.
　세존이시여, 저 부처님께서 제가 원만하게 통하는 법문을 훌륭하게 증득하였다고
찬탄하시고 큰 모임에서 수기하여 '관세음'이라 하셨사오니, 이는 저의 들음을 관
함으로써 시방이 원만하게 밝았으므로 관세음이란 이름이 시방세계에 두루 퍼지
게 되었습니다."

제1장 행

관음주송(觀音呪誦)

1. 개념

관음주송이란 마음을 모아 오직 일념으로 '관세음보살'을 부르는 것을 말한다.

관음주송은 아무 생각 없이 무심(無心)으로 '관세음보살'을 불러야 하나, 이는 멸진정을 체득한 10지 보살의 경지이고, 그 경지에 이르기 전까지는 어떤 일을 바라고 반드시 이를 얻으려고 하는 서원과, 그 서원에 도달하려고 노력하는 수행인 원행(願行)이 이루어져야 하는 것이므로, 적극적이고도 의지적인 측면이 강조되는 '관음주송 기도수행'이라는 표현이 보다 더 적합하다.

관음주송 중에서도 일심으로 '관세음보살'을 부르는 것을 '일심칭명(一心稱名) 관세음보살'이라고 한다.

일심칭명 관세음보살은 '관세음보살' 하고 부르는 음이 인체의 하복부에서 이루어져 온 몸으로 울려 퍼지는 상태이다. 초심자에게는 어려울 수 있겠으나, 의지를 가지고 열심히 노력하면 누구에게나 이루어지는 경계이다.

이론적으로 일심이란 색계4선천 중 무상천에서의 무상정(無想定)으로서, 제6식의 심(心) 심소(心所)가 모두 없어져 6식의 활동, 즉 심상이 완전히 정지되게 하는 선정이다. 얼음 밑에서 수면하는 물고기, 동면 중인 동물의 상태와 비슷하여 특별한 생각이 없어지는 경계이다.

'관세음보살' 하고 부르는 음이 하복부에서 이루어지는 것은 특별한 어려움이 있는 것이 아니니, 번뇌를 없애고자 하는 사람은 '관음주송 기도수행'과 꼭 인연을 맺어야 한다.

관음주송 기도수행을 하면 열 가지 좋은 것이 있는데, 이를 염불십종이익(念佛十種利益)이라 한다. 그 내용은 다음과 같다.

1)명중호지익(冥衆護持益)

명중이라 함은 신장(神將), 용, 야차, 천상인간(天上人間) 등 일반 사람들의 눈에는 보이지 않는 존재들로서, 이들은 사람이 관음주송을 하면 좋아하여 그 사람을 지키어 관음주송 기도수행을 계속 할 수 있도록 도와준다.

2)지덕구족익(至德具足益)

관음주송 기도수행의 공덕이 쌓이고 쌓이면 부처님과 같은 양족(兩足), 즉 지혜와 공덕이 함양된다.

3)전악성선익(轉惡成善益)

관음주송 기도수행을 하면 우리 심신이 정화 되어서 십악을 점점 여의고 십선을 행하게 된다.

4)제불호념익(諸佛護念益)

관음주송 기도수행을 하면 '부처를 불러도 부처는 모른다. 그냥 내 마음만 맑아진다.' 이런 것이 아니라 부처님은 천지우주의 생명이기 때문에 사람이 관음주송 기도수행을 하면 듣고 보시어 그 사람을 보호하여 주신다.

5)제불칭찬익(諸佛稱讚益)

모든 부처가 동시에 우리를 칭찬한다.

6)심광조호익(心光照護益)

부처님은 광명이므로 부처님의 생명이 광명이라 우리가 부르고 외우면 그 광명이 우리한테 와서 우리를 비추고 보호한다.

7)심다환희익(心多歡喜益)

부르면 부를수록 마음이 정화되어서 환희심을 느낀다.

8)지구보덕익(知具報德益)

그 때는 그냥 너무 고마워서 일체중생에게 덕을 베풀고 부처님 은혜를 보답하려고 애쓰게 된다.

자기 환희심을 느끼고 자기 행복감에 겨워서 이런 공덕을 남한테 돌리고 부처님에게 그 은덕을 갚는 행동을 취하게 된다.

9)상행대비익(常行大悲益)
항시 대비의 자비심을 내고 자비스런 행동을 하게 되는 것이다.

10)입정정취익(入正定聚益)
이런 분들은 결단코 성불하고 극락세계에 간다.
중생이 극락에 가고 못 가는 구분으로 삼정취가 있다. 그 가운데 업장이 아주 무거운 사람들은 극락에 못 가게 되는데, 이것을 사정취(邪定聚)라 한다. 그러나 업장이 별로 무겁지 않는 사람들, 어정쩡한 사람들은 어떤 때는 가기도 못가기도 하는데, 이것을 부정취(不定聚)라 한다. 업장이 가볍고 관음주송을 많이 한 사람은 반드시 성불하여 극락세계에 난다. 그 사람들은 정정취(正定聚)에 해당한다.

2.마음가짐

(1)효심(孝心)

효심은 모든 선한 마음의 근본이 된다. 관음주송 기도수행을 통하여 무생법인을 얻고 보살도를 행하고자 하는 것도 맑디 맑은 깨끗하고 선한 마음을 갖자고 하는 것이다. 선한 마음의 그 근본에는 효심이 중추이고, 효심으로 가득한 사람은 선근이 뛰어나기 때문에 불법(정법)에 다가가기가 쉽다. 효심이 부족한 사람은 마음이 그리 맑은 편이 못되기에 결국은 업장이 두터운 것이고, 기도수행 과정에서 참회로 녹여 해소시켜야 되는 대상이 크고 많은 것이다.

불효에 대한 진정하고 바른 참회 기도수행을 열게 되면 눈에 피 눈물이 흐르고, 목에서 피를 토할 정도로 고통스럽다. 효심의 선근이 크지 않음에도 불구하고 참회를 통한 업장해소 전에 무생법인을 얻는 이치는 불법(정법)에는 없다.

세존께서는 여러 가르침을 통해 부모에 대한 효를 설명하고 있다.

'부모은중경'에서는 어머니의 은혜를 열 가지로 열거하면서 은혜를 강조하고 있다.

1)뱃속에 품고 지켜주신 은혜

2)낳으실 때 고생하신 은혜

3)해산한 뒤에 근심을 놓으신 은혜

4)쓴 것은 삼키고 단 것은 뱉어서 먹여주신 은혜

5)젖은 데로 누우시고 마른 데로 뉘어주신 은혜

6)젖을 먹여 길러주신 은혜

7)더러운 것을 씻어주신 은혜

8)멀리 떨어져 있으면 걱정하신 은혜

9)자식을 위하여 궂은 일 하신 은혜

10)끝까지 사랑하신 은혜이다.

부모님의 은혜는 한량이 없고 끝이 없어서 자식이 왼쪽 어깨에 아버지를 모시고 오른쪽 어깨에 어머니를 모시고, 피부가 닳아서 뼈에 이르고 뼈가 닳아서 골수에 미치도록 수미산을 백천 번을 돌더라도 오히려 부모님의 은혜는 갚을 수가 없다고 한다.

'불설정반왕열반경'에 따르면, 세존께서도 자신의 부왕인 정반왕이 돌아 가셨을 때, 친히 아버지 관을 매려고 하였지만 사천왕 등의 간청으로 직접 관을 매지는 않고 향로를 손수 드신 채, 관 앞에 서서 장지까지 걸어가셨다 한다.

또 세존은 자신을 낳은 지, 이레 만에 돌아가신 어머니 마야부인을 가엾이 여겨, 어머니를 제도하기 위해 안거기간인 여름 석 달 동안을 이용하여 도리천에 올라가 설법하셨다고 한다.

사람은 누구나 효도를 하여 착하고 좋은 자식이 되기를 바라며 살지만, 효도라는 것이 효심이 크지 않으면 행하여지지 않는 것이기에 자책도 하고 번민에 쌓이기도 한다.

효심은 굳이 마음을 조복 받을 정도의 큰 노력이 아니어도 마음만 내면 누구나 갖추어지는 본연의 여여함이 있으므로 효심의 마음을 내어 효심으로 마음을 채움이 필요하다.

'비화경'에 의하면 제1태자인 '관세음'은 현생 아버지(전륜성왕)가 무량수불 아미타불이 되신 후, 아미타불의 정법이 무량겁 다하고도, 마지막까지 이어지고도, 이어짐이 다한 그 날도 아니고, 그 다음 날 새벽에 여래가 되기를 보장불에게 서원으로 간청 드린다.

 이러한 깊고도 깊은 효심이 '관세음'의 마음이기에, 관음주송 기도수
행자는 효심이 깊어야 함은 당연한 이치이다.

(2)삼보귀의심(三寶歸依心)

귀의불양족존(歸依佛兩足尊)

귀의법이욕존(歸依法離欲尊)

귀의승중중존(歸依僧衆中尊)

거룩한 부처님께 귀의합니다.

거룩한 가르침에 귀의합니다.

거룩한 스님들께 귀의합니다.

 부처님에의 귀의는 과거, 현재, 미래의 모든 부처님을 귀의처로 삼아
궁극에는 부처님의 정법안장 세계에 들겠다는 의미이다.

 부처님 법에의 귀의는 곧 가르침에 귀의하는 것이다. 부처님 법은 깊
고 오묘하고 광대하여 부처님만이 정확히 아신다. 그러므로 미륵 부처
님이 오시기 전까지는 부처님 법을 부처님으로부터 직접 듣는 것은 불
가능하다. 현 시대는 부처님 재세 시가 아니므로 부처님의 말씀을 모아
놓은 경전을 통하여, 또는 경전을 잘 이해하고 계신 9지의 대법사님 이
상의 수행자들로부터 부처님 법을 듣고 잘 해득하여 부처님 가르침에
귀의하여야 한다.

 거룩한 스님들께 귀의는 거룩한 스승님께 귀의 또는 훌륭한 선지식께

귀의라고 해석하기도 한다. 훌륭한 선지식께 귀의는 외형적이고 형식적인 출가자보다도 마음의 출가를 이루신 즉 공을 터득하고, 방편 지혜로 더욱 노력하여 무생법인을 얻은 8지 이상의 수행자를 지칭하는 것으로 이해함이 타당할 것이다. 8지 이상의 선지식들이 엄격한 의미에서 부처님 제자이고, 부처님 자녀이다.

삼보귀의심이 깊어야 함은 수행하여 도달코자 하는 목표지와 수행 도정의 길잡이 인연과 관계하는 것이므로 정말 중요하다.

(3)발심(發心)

발심이란 발보리심 또는 발아뇩다라삼먁삼보리심이라고도 한다.
이는 부처님 제자, 자식이 되는 무생법인을 얻으려 불도 수행을 하고자 하는 마음을 일으킴이며, 또 무생법인을 얻고 보살도를 완성키 위하여 불도 수행을 하고자 하는 마음을 일으킴이며, 더 나아가 금강삼매에 들어 불도를 모두 배워 자재한 신통으로 중생을 제도하고, 불지견을 열어 불국정토를 이룩하겠다는 마음을 일으켜 그 의지를 확고히 하는 것을 말한다.

'화엄경 보살초발심공덕품'에서의 법혜보살의 게송을 살펴본다.
"삼세의 인과 과는 옳은 곳이요
우리들의 자성(自性)은 그른 곳이니
이렇게 진실한 뜻 모두 알고자

보살이 이를 위해 처음으로 발심 하였네

지난 세상 오는 세상 지금 세상의
있는 바 선과 악의 모든 업보를
끝까지 분명하게 모두 알고자
보살이 이를 위해 처음으로 발심 하였네

선정과 해탈이며 모든 삼매의
물들고 청정함이 한량없거늘
모두 알아 들어가고 머물고 나와
보살이 이를 위해 처음으로 발심 하였네

중생들의 낮고 못한 근성을 따라
이렇게 가지가지 정진하는 힘
분명하게 모두 알아 분별하려고
보살이 이를 위해 처음으로 발심 하였네

중생들이 가지가지 이해가 있고
마음에 좋아함도 각각 다르니
한량없는 이런 차별 모두 알고자
보살이 이를 위해 처음으로 발심 하였네

중생의 모든 경계 제각기 달라

이러한 모든 세간 한량없거든
그 자체와 성품을 모두 알고자
보살이 이를 위해 처음으로 발심 하였네"라고 하였다.

'부처도 깨닫지 못하면 중생이요, 설사 중생이지만 깨달으면 부처이다.' 라는 옛 성현들의 가르침이 있다.
이는 정법의 진리 논거로서, 과거에 성불하여 삼계를 벗어난 마음은 절대로 인간 세상에 윤회하지 않고, 또 죄업이 많아 업장이 두터운 마음은 삼악도를 벗어나기 어렵고 인간 세상에 나기는 더 더욱 어렵다. 그러므로 무릇 인간이라 하면 전생의 수행정도에 따라 선근의 차이는 있을 수 있으나, 그 차이는 종이 한 장 보다도 덜하여 결국은 누가 더 깊은 발심으로 수행하여 부모로부터 받은 육신을 제도하느냐에 달려 있다는 것이다.

깨달음을 갖기 위하여 수행하겠다는 발심은 사람을 근본적으로 변화시키는 중요한 전환점이 될 수 있기에 깊고 견고한 발심은 큰 도법을 이루는 초석이 된다.

3. 서원(誓願)

불법은 서원 즉 목표를 이루어 성취 증득하는 공부이다.
불, 보살에게는 반드시 총서원(總誓願), 별서원(別誓願)이 있다. 총서원은 사홍서원으로 모든 불, 보살이 다 일으키는 것이고, 별서원은 아미타불 48원, 약사여래 12원, 관세음 10원과 같이 한 부처님에게만 국한한 서원을 말한다.

일반적으로 불도 공부를 하는 과정상에서 개인의 이러저러한 소원성취를 바라는 것은 따로 축원(祝願)이라 하여, 서원과 의미를 달리한다.

사홍서원(四弘誓願)이란 온갖 불, 보살에게 공통한 네 가지 서원으로, 홍은 광홍(廣弘), 서는 서제(誓制)이다. 보살은 이 원으로 마음을 요제(要制)하여 위로는 보리를 구하고, 아래로는 중생을 교화하려고 한다.

사홍서원은 다음과 같다.
1)중생무변서원도(衆生無邊誓願度)
고통세계의 중생들 수가 한이 없다 할지라도 다 제도하여, 제도되지 못한 이가 없도록 하려는 소원을 말한다.
2)번뇌무진서원단(煩惱無盡誓願斷)
번뇌가 한이 없다 할지라도 다 끊어서, 편안하지 못한 이를 편안케 하려는 소원을 말한다.
3)법문무량서원학(法門無量誓願學)
법문이 한량없이 많지만 다 배워서, 알지 못하는 이를 알게 하려는 소원을 말한다.
4)불도무상서원성(佛道無上誓願成)
위없는 불과를 이뤄서, 열반에 들지 못한 이를 열반을 얻게 하려는 소원을 말한다.

별원에는 여러 가지가 있으나, '천수경'에서의 십대 발원을 소개한다.

나무대비관세음(南無大悲觀世音)

원아속지일체법(願我速知一切法)

원아조득지혜안(願我早得智慧眼)

원아속도일체중(願我速度一切衆)

원아조득선방편(願我早得善方便)

원아속승반야선(願我速乘般若船)

원아조득월고해(願我早得越苦海)

원아속득계정도(願我速得戒定道)

원아조등원적산(願我早登圓寂山)

원아속회무위사(願我速會無爲舍)

원아조동법성신(願我早同法性身)

자비하신 관세음께 귀의하여 비옵니다.

원컨대 제가 빨리 모든 법을 알아지이다.

원컨대 제가 얼른 지혜의 눈 얻어지이다.

원컨대 제가 빨리 일체중생을 건지오리다.

원컨대 제가 얼른 좋은 방편 얻어지이다.

원컨대 제가 빨리 반야선에 올라지이다.

원컨대 제가 얼른 고해를 건너지이다.

원컨대 제가 빨리 계정의 길 얻어지이다.

원컨대 제가 얼른 열반산에 올라지이다.

원컨대 제가 빨리 무위사를 만나지이다.

원컨대 제가 얼른 법성신과 같아지이다.

이와 같이 서원을 깊고도 넓고 크게 세워야 이루어지는 도법도 한량 없게 된다. 마음공부가 완성되어 진다는 것은 결국은 서원대로 되는 것이다.

서원이 분명하고 확철하여야 한다. 깊고 진중(深重)한 서원은 그 자체에 일정하게 지니게 되는 능력들이 생겨나는데 이를 원력(願力)이라고 한다.

4.사섭법과 6바라밀행

사섭법(四攝法)이란 고통 세계의 중생을 구제하려는 보살이, 중생을 불도에 끌어 들이기 위한 네 가지 방법을 말한다.

1)보시법(布施法)으로, 상대편이 좋아하는 재물이나 법을 보시하여 친절한 정의(情誼)를 감동케 하여 이끌어 들이는 것을 말한다.

재물이 필요한 사람에겐 지혜로써 관조하여 합당한 범위와 절차와 방법을 정하여 재물로 베풀고, 마음에 장애가 많아 고통을 받는 사람에겐 지혜로써 관조하여 지금까지 터득한 불법의 진리 내에서 필요 적합한 법으로 베풀고, 두려워하는 사람에겐 지혜로써 관조하여 위안과 용기를 주어 무서움이 사라지게 하여 베푸는 것을 말한다.

2)애어법(愛語法)으로, 부드럽고 온화한 말을 하여 친해서 이끌어 들임을 말한다.

상대자를 대할 때 어떤 경우, 어떤 곳이던 간에 일체의 악한 말이나 거짓된 말을 하지 않고 항상 진실되고 올바른 말, 좋은 말, 사랑스런 말을 하는 것을 말한다.

3)이행법(利行法)으로, 동작, 언어, 의념(意念)에 선행(善行)으로 중생을 이익케 하여 이끌어 들임을 말한다.

모든 중생에게 이익 되게 봉사하여 공적(公的)으로 도움이 되는 일을 하는 것을 말한다.

4)동사섭(同事攝)으로, 상대편의 근성에 따라 변신을 하여 친하며, 행동을 같이 하여 이끌어 들임을 말한다.

동사란 같이 일을 한다는 뜻이니 일반 중생과 함께 화복(禍福), 고락(苦樂)을 같이 하며 그들을 교화해 나가는 것이다.

단체생활에서 그 취지가 타당하고, 또한 전체의 이익을 위하여 약정된 법에 대해서는 개인적으로 불만이 있더라도 자신을 기꺼이 동화시킬 줄도 아는 것을 말한다.

육바라밀행이란 보살도를 성취하고자 행하는 기본원리이다.

1)보시바라밀으로, 재물과 정신을 타인에게 베풀어 줌을 말한다.

보시에는 재시(財施), 법시(法施), 무외시(無畏施)의 세 가지가 있다. 재시는 재물을 아끼지 않고 주위에 베풀어 줌을 말한다. 법시는 자기가 터득한 부처님 진리를 남김없이 타인에게 가르쳐 주는 것을 말한다. 무외시는 타인의 심리적 불안, 공포 등을 없애주는 것을 말한다.

2)지계바라밀으로, 보살 스스로의 계율을 잘 지키는 삼취정계(三聚淨戒)의 실천이다.

삼취정계는 마음과 몸을 바르게 하여 바르게 하고 스스로의 범죄를 방호하는 율의계(律儀戒)와 중생들에게 온갖 두려움을 없애주고 심지어

짐승의 공포까지도 없애주는 10선계를 포함한 섭선법계(攝善法戒)와 중생들에게 자비를 베풀며 모든 이익을 가져다주는 요익유정계(饒益有情戒)를 말한다.

10선계는 몸(動作), 입(言語), 뜻(意念)으로 10악을 범치 않는 제계(制戒)로서, 몸으로 짓는 세 가지로 불살생(不殺生), 불투도(不偸盜), 불사음(不邪淫)과 입으로 짓는 네 가지로 불망어(不妄語:거짓말), 불양설(不兩舌:이간하는 말), 불악구(不惡口:나쁜 말), 불기어(不綺語:번드르르한 말)와 뜻으로 짓는 세 가지로 불탐욕(不貪欲), 불진에(不瞋恚), 불사견(不邪見)이 있다.

계를 지키지 않으면 5가지의 나쁜 결과가 생기게 된다.

가)자신을 해하게 된다.

나)지혜 있는 이에게 꾸중을 받게 된다.

다)나쁜 이름이 유포된다.

라)죽을 적에 후회하게 된다.

마)죽은 후에 지옥 등의 악도에 떨어진다.

3)인욕바라밀으로, 모든 어려운 일을 참고 견디어 내는 것을 말한다. 내원해인(耐怨害忍), 안수고인(安受苦忍), 제찰법인(諸察法忍)의 세 가지가 있다.

내원해인은 다른 사람으로부터 피해를 당할 때 인욕하며 지혜롭게 피해를 면할 수 있도록 하는 것을 말한다. 안수고인은 추위와 더위 등 자연의 나쁜 조건을 극복하고 죽음이 닥쳐올 만큼 어려운 고통을 겪어도 이를 능히 참아 견디는 것을 말한다. 제찰법인은 사성제, 12인연 등 여러 진리를 관찰하고 진리를 통달하기 위하여 어려운 고통을 참고 견디는 것을 말한다.

4)정진바라밀으로, 해태심과 방일심을 없애 능히 무량한 선법을 일으키고 증장하게 하는 것을 말한다. 안갑정진(按甲精進), 섭선정진(攝善精進), 이락정진(利樂精進)이 있다.

안갑정진이란 병사가 갑옷을 입고 진지에 들어가 전투를 하되 추호의 공포심 없이 대위세를 보이며 싸우는 것과 같이 용맹하게 수행에 힘쓰고, 또 견고하고 용감한 자세로 더욱 근면하고 자책하여 목적한 바의 과업에로 매진하여 노력하는 것을 말한다. 섭선정진이란 인간이 평소에 비록 작은 선행이라 할지라도 소홀히 하지 않고 실천하고, 그 뒤 이에 만족하지 않고 더욱 큰 선행을 위하여 노력하는 것을 말한다. 이락정진이란 이익과 안락으로 내세의 이익을 이라 하고, 현세의 이익을 낙이라 하는데, 본인과 중생을 이익케 하고 안락케 하기 위하여 쉬지 않고 노력하는 것을 말한다.

5)선정바라밀으로, 마음에 산란함이 없고 동요함이 없으며 미세한 번뇌까지 정화하는 것을 말한다. 안주정려(安住靜慮), 인발정려(引發靜慮), 변사정려(辨事靜慮)의 세 가지가 있다.

안주정려란 마음을 한 곳에 집중하여 산란을 막고 동요치 않게 하여 고요함에 머무르는 것을 말한다. 인발정려란 마음을 고요하게 하여 더욱 깊은 선법으로 향하게 함을 말한다. 변사정려란 마음을 산란에서 벗어나게 하여 안온 속에서 세상사의 잡다한 일을 능숙하게 처리하는 것을 말한다.

6)반야바라밀으로, 지혜바라밀이라고도 하며, 지혜를 숙성시키어 최상의 지혜를 발하여 현전의 제법으로 하여금 염정(染淨)의 차별이 존재하

지 않게 하는 것을 말한다. 생공무분별혜(生空無分別慧), 법공무분별혜(法空無分別慧), 구공무분별혜(究空無分別慧)의 세 가지가 있다.

생공무분별혜란 모든 중생들의 아(我)란 집착은 진리를 모르는 무지에서 비롯되므로 아란 집착할 것이 못된다고 이해함을 말한다. 법공무분별혜란 삼라만상의 모든 것은 그 실체가 공한 것임을 이해함을 말한다. 구공무분별혜란 궁극에는 아와 밖의 모든 것의 그 본질은 공한 것임을 이해함을 말한다.

사섭법을 바탕으로 하여 6바라밀이 성취되어야 공을 터득하고 무생법인을 얻을 수 있다. 6바라밀행을 꾸준히 실천하다 보면 6바라밀이 성취된다.

6바라밀을 행할 시 주의하여야 하는 기본 마음가짐이 있는데, 이를 4행이라 한다. 4행이란 부처의 근본 뜻을 깨닫기 위한 보원행, 수연행, 무소구행, 칭법행의 네 가지 수행을 말한다.

1)보원행(報怨行)은 수행자가 고통을 당할 때는 과거에 자신이 저지른 행위의 과보라 생각하고 남을 원망하지 않음을 말한다.

불도를 수행하는 사람이 만약 괴로움을 받으면 당연히 '내가 옛날부터 수 없는 겁 중에 근본을 버리고 말단을 따르느라 모든 미혹의 경계를 유랑하면서 무수한 원한과 증오를 일으켜 잘못되게 하거나 해친 적이 한도 없이 많으리라. 지금은 비록 잘못을 저지르지 않았어도 이것은 숙세에 지은 죄이며 악한 행의 열매가 익은 것이지 하늘이나 다른 사람이 주는 것이 아니다.' 라고 생각하고 참고 받아들여 원망하거나 하소연하지 말아야 한다.

2)수연행(隨緣行)은 즐거움이나 괴로움은 인연 따라 일어나고, 소멸하므로 거기에 동요하지 않고 순응함을 말한다.

중생은 '나' 라는 것이 없이 모두 인연의 업으로 일어난 것이라 괴롭기도 하고 즐겁기도 하지만, 모두 인연을 따라 생긴다고 받아들이고, 어쩌다 좋은 과보를 얻어 부귀영화를 누린다 하더라도 '이것은 내가 전생에 지은 업의 인연으로 과보를 받는 것이라 지금은 누릴 수 있지만 인연이 다하면 없어질 것이니 어찌 기뻐할 일이겠느냐?' 라고 생각하고, 얻거나 잃는 것을 인연에 맡겨두고 마음으로는 더하거나 덜 하는 마음을 없애어 좋거나 궂은 바람에 움직이지 않으면 불도에 고요히 따르게 된다.

3)무소구행(無所求行)은 밖에서 구하고 대상에 집착하는 것을 그치고, 공(空)을 깨달아 탐욕과 집착을 버림을 말한다.

세상 사람들은 너무 미혹하여 가는 곳마다 탐착하므로 '구하는 것' 이라 하는데, 반면 지혜로운 사람은 진리를 깨달아 속됨과 달리하고 마음을 편안하고 아무 걸림없이 하며 형편 따라 오고 가되, 일체 만유는 모두 '공' 한 것이라 원하거나 좋아하지 않는다. 공덕과 흑암은 항상 서로 쫓아다니니 '삼계에 사는 것은 불타는 집 속에 있는 것과 같으므로 몸뚱이가 있으면 모두 고통인 것을 어느 누가 편안하겠느냐?' 라고 깨달아야 한다. 그렇게 되면 만유에 대하여 구하려는 마음을 쉬게 된다.

4)칭법행(稱法行)은 칭은 적합하다는 뜻이므로, 자신의 성품은 본래 청정하다는 공의 입장에서 공의 실천에 적합한 육바라밀을 닦음을 말한다.

'모든 상이 텅 빈 것이라 물들 것도 없고 집착할 것도 없고 이것도 없고 저것도 없다.' 라고 인식하는 것이다. 법에는 중생이란 것이 없으니 중생이라는 때가 떨어졌기 때문이고, 법에는 나라는 것이 없으니 나라는 때가 낄 수 없기 때문이므로 지혜로운 사람이 이 이치를 믿고 깨닫는다면 성품의 공함을 행하게 된다. 법의 체성에는 아끼거나 욕심내는 것이 없으므로 이 몸이나 재물로 보시를 하더라도 아까운 마음이 없다면 삼륜청정 공(베푸는 자와 받는 자와 보시의 내용에 대한 세 가지 상에서 자유로운 것)에 통달하여 무엇에 의지하거나 집착하지 말 것이며 오직 번뇌를 벗어 버리기 위해 중생을 교화하되 상을 취하지 말아야 한다. 이것은 자기를 이익 되게 할 뿐만 아니라 남에게도 이익을 주는 것이며 능히 보리를 장엄하는 것이 된다.

보시 외에 지계, 인욕, 정진, 선정, 반야도 역시 청정 공의 마음가짐으로 행하여야 한다. 이는 망상을 없애려고 육바라밀을 수행하되, 행하는 바가 없으므로 청정 공으로 향하게 되는 것이다.

5.관음주송

(1)관음주송 기도수행 방법

'관세음보살' 명호를 또박또박 또렷하고 가능한 크게 반복하여 불러야 한다.

일부 기도수행자들이 '나무관세음보살', '대자대비관세음보살', '나무아미타불 관세음보살', '간세음보살', '관세염보살', '관세엄보살',

'광세음보살' 등으로 부르나, 이는 모두 잘못된 방법이다. 오로지 '관세음보살'만을 또렷하고 크게 반복하여야 한다.

'관세음보살'은 무량겁 전에 이미 부처님이 되시어 정법을 주재하고 계시고, 그 방편이 보살의 형상이므로, 관음주송 기도수행자가 귀의하여 친견하고 무생법인을 얻으려 하는 부처님은 '관세음보살'이지, 그 외의 다른 부처님이 아닌 것이다.

불교의 일반 이론 중에서도 한 부처님 법과 상통하면, 백천억 부처님 법에도 통한다고 하고 있기에, 관음주송 기도수행자는 '관세음보살' 정법에 통하면, 백천억 부처님 법에 통하는 것임을 인식하여야 한다.

'관세음보살'에 귀의함이 부처님 정법에 귀의한다는 확신을 가져야 한다. 참고로 역대 수행자 대부분이 젊었을 때는 이 부처님 법, 저 부처님 법에 기웃기웃 거리다가 생을 마감하는 시점에서는 십중팔구 '관세음보살'에 귀의하였다는 사실은 돌고 돌아 결국에는 '관세음보살' 정법 부처님 품에 안기려 하였다는 것이다.

여기에서 중요한 의문점이 들 수 있다. '관세음보살'이 부처님이면, '관세음불'을 칭명하여야지 왜 '관세음보살' 명호를 부르냐이다.

관세음보살은 셀 수 없는 무량겁 동안 보살행을 실천하여 부처님이 되신 것이지, 졸지에 또는 우연적으로 불도를 이루어 부처님이 되신 것이 아니므로, 우리 중생들도 관세음보살의 뜻을 새겨, 욕심으로 또는 요행수를 기대하여 부족한 노력으로 불도를 이루려 하지 말고 한없는 보살행을 실천하여야 불도를 성취할 수 있다는 가르침을 '관세음보살' 칭명에 두고 계신 것임을 이해하여야 한다.

다시 말하면 '관세음보살' 명호를 부른다는 것은 불도를 이루어 부처님이 되겠다는 의지와 그 방법상의 과정으로 한없는 보살행을 하겠다는 의미가 동시에 깃들여 있는 것이다.

'관세음보살' 한 마디 한 마디에 지극정성을 다하여 불러야 한다. 관음주송 기도수행은 단순한 염불이 아니며, 본인의 의지적이고 주체적인 수행이므로 정성을 다하여야 하며, 이 정성을 다하는 가운데 관세음보살님과 불, 보살님들의 가피력 내지는 묘한 법이 자연히 스며드는 것이다.

줄탁동시(啐啄同時)라는 말이 있다. 이 말의 원래 의미는 어미닭이 품에 안은 알 속에서 조금씩 자란 병아리가 있다. 이제 세상 구경을 해야 하는데 알은 단단하기만 하다. 병아리는 나름대로 공략 부위를 정해 쪼기 시작하나 힘에 부친다. 이 때 귀를 세우고 그 소리를 기다려온 어미닭은 그 부위를 밖에서 쪼아 준다. 답답한 알 속에서 사투를 벌이던 병아리는 비로소 세상 밖으로 나오게 된다. 이처럼 병아리가 안에서 쪼는 것을 줄이라 하고, 어미 닭이 그 소리를 듣고 화답하는 것을 탁이라 한다. 그리고 이 일이 동시에 발생해야 어떤 일이 완성된다는 것이 줄탁동시이다.

관음주송 기도수행도 이와 마찬가지로 수행자가 '관세음보살'을 부르면, 관세음보살은 어버이의 마음으로 수행자가 해탈할 수 있도록 자비를 베풀어 주시는 것이므로, 수행자 본인의 내부적 노력과 부처님의 외부적 가피력이 합치가 되면 성과가 크게 되는 것이다.

　반복 속도는 빠르지도 느리지도 않게 하여 숨이 가쁘지 않도록 조절하는 것이 좋다. 어느 정도 익숙해 지면 속도가 빨라진다.
　강도는 처음부터 너무 크게 음을 내면 목도 잠기고 지속적으로 기도수행 하기가 힘들다. 관음주송이 익숙해 지면 부르는 음의 강도가 점점 높아지므로 서두르지 말고 차근차근 진일보 한다는 자세가 필요하다.

　관음주송 기도수행이 어느 정도 몸에 자리 잡히면, 하심(下心)의 고음(高音) 기도수행이 필요하다.
　목이나 가슴부위에서 관음주송 음이 나오면 음 크기도 낮을 뿐만 아니라 장시간 지속하기란 불가능하다. 하복부의 단전(丹田)에서 관음주송 음이 나와야 큰 음으로 지속성 있게 관음주송 기도수행을 할 수 있다.

　관음주송 기도수행 음이 처음부터 하복부 근처에서 나오는 사람도 있지만, 대부분은 그러하지 못하다.
　각 인의 신체적인 특성이 다름에서 기인하기도 하지만, 업장이 두텁고 많은 사람일수록 관음주송 기도수행 음이 하복부 근처에서 이루어지지 않고 음이 떠서 가슴 근처 또는 목에서 이루어지는 경향이 있다.
　또 음이 하복부 근처에서 나오는 정도의 관음주송 기도수행을 익혔지만, 계율을 잘 지키지 않으면, 음이 다시 가슴부위나 목으로 뜨게 되는 것이니, 계율을 지킴은 수행의 연속과 심화에 꼭 필요하다.

하복부의 단전에서 나오는 음으로 관음주송 기도수행 함을 '일심칭명 관세음보살'이라 하는데, 이를 하심의 고음 관음주송이라 하고, 이를 행하면 업장이 녹아서 발복(發福)이 이루어 진다.

이도 또한 너무 서두르지 말고 관음주송을 실천하다 보면 일정 시점부터 자연히 하심의 고음 기도수행이 이루어진다.

(2)장소 및 시간

관음주송 기도수행은 원칙적으로 비행비좌(非行非坐) 수행법이다. 즉 장소와 시간을 가리지 않고 또한 행주좌와(行住坐臥:움직이고 서고 앉고 눕고) 가리지 않는 수행법이다. 그러나 상당한 괘도에 오르기 전에는 현실적으로 장소와 시간적 제한을 고려하지 않을 수 없다.

장소는 음을 내는 기도수행 방법이므로 조용하고 주위에 피해를 주지 않는 곳이라면 관계가 없다. 산, 계곡이나 들판, 학교운동장, 실내체육관, 가정집 모두 기도수행을 할 수만 있다면 크게 문제되지 않는다. 기존 불교 사찰에 다니시는 사람들은 사찰 법당이 좋은 장소이다. 그 중 관음도량이라면 최적의 장소 인연이다.

가능하다면 하심의 고음 관음주송 기도수행이 이루어지고 있는 관음도량을 찾아 인연을 맺는 것이 좋을 것이다. 하심의 고음 관음주송 기도수행이 이루어지고 있는 도량은 큰 선지식이 법을 주재하고 계시고, 호법신장들이 상주하여 불법을 보호하고 있고, 많은 상근기의 수행자들이 수행을 하고 있어 기도수행에 큰 이로움이 있다.

여기서 주의할 점은 관음도량을 찾되, 특정 장소가 기도수행이 잘 된다는 일부의 견해에 마음을 내어 특정 장소에 연연치 말아야 한다는 것이다. 기도수행자의 인연에 따라 장소 인연도 맺어지는 것인데, 굳이 본인의 기도수행 장소 인연이 아닌 곳을 찾아 기도수행의 곤란을 자초할 필요는 없다. 다소 시일이 늦어짐은 있으나 관음주송 기도수행을 하고자 하는 의지만 있으면 결국은 본인이 기도수행을 해야 되는 장소와 인연이 맺어지게 된다.

새로운 기도수행 도량과 인연이 맺어 졌을 때에는 너무 앞서 가려고 서둘지 말고 3년 정도 행자생활을 한다는 각오로 기존의 수행자들과 호흡을 맞추는 것이 도움이 된다.

기도수행 시간 또한 특별한 제한은 없다. 본인이 편한 시간대를 정하여 기도수행 하면 된다. 일상의 사회생활을 하면서 시간을 내어 관음주송 기도수행을 하는 일반적인 경우에는 밤 시간(밤11:00-새벽4:00)대를 정하는 것이 보통이다.

한 번 자리에 앉으면 한 시간 반 이상은 관음주송 기도수행을 함이 필요하다. 하심의 고음 관음주송 기도수행자들은 자리에 앉으면 바로 집중할 수 있으나, 아직 그 범주에 들지 못한 기도수행자들의 경우는 30분 정도 관음주송 기도수행을 하여야 기도수행에 집중할 수 있게 된다. 집중하여 한 시간 이상은 관음주송을 하여야 '관세음보살'을 부른 에너지가 마음에 남을 수 있게 되어, 기도수행의 공덕이 쌓일 수 있다. 평균적으로 하루에 3시간 이상 관음주송 기도수행을 행하는 것이 필요하다.

지극정성의 '관세음보살' 백만 독(讀)의 공덕이 있어야 업장이 녹아 해소되어 무생법인을 얻을 수 있다는 성현의 말씀이 있다. 일반인이 제대로 된 지극정성의 '관세음보살' 백만 독을 채우려면 하루 3시간씩 매일을 기준하여도 일 년은 걸린다. 일반인이 사회생활을 하면서 매일 관음주송 기도수행을 한다는 것은 쉬운 일이 아니지만 의지와 끈기와 정신력으로 실천해 감이 필요하다.

세상에 요행수가 없듯이, 노력 없는 결실은 없다. 농부가 농사일을 하듯이 꾸준히 시간을 채워 관음주송 기도수행을 실천함이 필요하다.

(3)기도수행 자세

일반적으로 수행 자세로는 결가부좌(結跏趺坐)를 많이 권한다. 결가부좌는 부처님의 수행 자세로서 먼저 오른발을 왼편 넓적다리 위에 놓고, 왼발을 오른편 넓적다리 위에 놓아 앉는 자세를 말한다. 그러나 결가부좌는 수행이 오래되고 깊은 수행자와 참선 수행에는 꼭 필요한 자세이나, 관음주송 기도수행자에게는 반가부좌를 권한다.

반가부좌는 금강좌(金剛坐) 또는 금강결가(金剛結跏)라고도 하는데, 왼쪽 다리를 구부려 오른쪽 넓적다리 위에 놓고 몸 가까이 끌어 당겨서 왼쪽 발가락이 오른쪽 허벅지 안쪽에 닿게 하고 오른쪽 발가락이 왼쪽 허벅지 밑의 바깥쪽에 닿게 한다. 오른 발과 왼 발이 반대의 경우도 있다.

오른 발을 왼편 넓적다리 위에 올려놓고 몸을 단정히 하고 앉는 것은 항마(降魔)의 의미가 있고, 왼 발을 오른편 넓적다리 위에 올려놓고 몸을 단정히 하고 앉는 것은 길상(吉相:훌륭한 자태)과 지혜의 체득(体得) 의미가 있다.

다음에 허리띠를 느슨하게 하여 하복부를 편하게 한다.
다음에는 몸을 앞뒤 좌우로 약간씩 흔들어 중심을 잡고 단정하고 곧게 하여 등뼈들이 서로 마주하여 굽지도 않고 솟구치지도 않게 몸을 바르게 하여야 한다.

다음으로 양손은 금강권인(金剛拳印)을 하여야 한다. 엄지손가락을 네 번째 무명지의 뿌리 쪽에 대고 나머지 손가락이 감싸 안 듯 쥐고, 손바닥이 하늘 방향으로 향하게 하여 양 무릎 위에 살포시 얹는다.

다음에 머리와 목을 바르게 하고 고개는 약간 숙이는 듯하게 하여 음이 잘 나오도록 하여야 한다. 눈은 감아야 하는데, 겨우 바깥의 빛을 차단하는 정도로 하여야 한다.

관음주송 기도수행은 한 자리에 앉으면 반가부좌를 한 상태에서 최소한 한 시간 반 이상의 시간을 행하여야 하기에 단련되기 전까지는 무릎이 많이 아프다. 너무 미련하게 하여 무릎관절에 탈이 생기게 하지 말아야 하며, 무릎이 정히 많이 아플 때에는 반가부좌한 다리를 바꾸는 것도 도움이 된다. 또 다리를 바꾸어 반가부좌를 하여도 앉아 있기가 힘들 정도로 무릎이 아플 때에는 방석을 반으로 접어 그 위에 무릎을 꿇고 기도수행을 하는 것도 도움이 된다.

허리를 반듯하게 하여 자세를 갖추는 것이 바로 잡혀야 하는데, 허리를 굽게 하면 하심의 고음 관음주송을 하기에 장애가 된다. 또 오랜 시일을 하여야 하는 기도수행이기에 척추에 손상을 줄 수 있으므로 처음부터 허리를 반듯하게 하여 자세를 갖추는 것이 필요하다.

고개는 약간 숙이는 것이 관음주송 기도수행 음도 부드럽게 나오고, 더욱 중요한 것은 목뼈의 손상을 막게 된다. 일부 기도수행자들 중엔 고개를 바짝 든다거나 재끼는 경우가 있는데, 목뼈에 부담을 주는 자세로 피해야 한다.

하심의 고음 관음주송이 되기 전까지는 관음주송 기도수행자는 음을 내는 관계로 목을 상하기가 쉽다. 특히 겨울철에는 목이 약해져 감기가 오기 쉽고, 날씨가 찬 관계로 음이 수월하게 나오지 않는 경우가 있다. 이러한 여러 경우를 대비하여 목과 기관지 계통을 보호하기 위하여 오미자 씨를 불려서 깨끗이 씻은 후 달여 그 물을 상복함이 좋다.
 목이 잠기는 경우가 있을 수 있는데, 이 때에는 소금물로 입안을 헹구는 것도 도움이 된다.

관음주송 기도수행 전에 과식은 삼가는 것이 좋고, 부득이 술을 먹었을 경우에는 술이 깨어 완전히 회복되기 전까지는 기도수행 자리에 앉지 않는 것이 좋다.

관음주송 기도수행은 체력을 많이 요하는 기도수행이므로 평상 시 잘 먹고, 적당한 운동을 하여 체력을 비축함이 필요하나, 음식은 채식 위주로 하는 것이 수행에 장애가 적다. 육류의 지방질은 인체에 흡수가 빠른 연유로 계율을 지킴에 방해가 될 수 있다.

노약자, 임산부, 어린이 등은 관음주송 기도수행을 무리하여서는 안 된다. 부득이 의자에 앉아 관음주송 기도수행을 할 때에는, 의자에 앉은 자세에서 양 발을 30센티 정도 벌리어 자세를 바르게 하여 기도수행을 하는 것이 좋다.

관음주송 기도수행자는 걸음을 할 때에도 수행을 놓치지 말아야 한다. 일반적으로 수행을 하다가 지루하고 따분함을 달래기 위하여 한적한 곳이나 사찰 경내를 조용히 걷는 것을 경행(經行)이라고 한다. 그러나 관음주송 기도수행자는 경행이 단순한 걸음걸이가 아님을 인식하여야 한다.

관음주송 기도수행의 최종 목표는 금강삼매법을 완전히 터득하여 성불하는 것이다. 금강삼매법 터득과 경행은 상당한 관련성이 있기에, 경행에 대하여 주위를 환기시킨다.

걸음걸이를 할 때 단순히 터벅터벅 걷지 말고, 걸을 때 발 뒷꿈치부터 땅에 닿게 하여 발가락으로 떼며 걷고, 입으로 또는 마음 속으로 한 발 디딜 때 '관', 또 한 발 디딜 때 '세', 다음 발 디딜 때 '음', 다음 발 디딜 때 '보', 다음 발 디딜 때 '살' 하면서 마음을 발바닥에 둔다고 염두에 두면 된다.

이는 삼라만상을 주재하시는 관세음보살님을 닮아가겠다는 의지의 마음으로서 공경(恭敬)에 위배되는 것이 아니니 염려를 놓아도 된다. 이런 경행이 익숙해지면, 신체적 건강은 증진되며, 무릎 허리 목 등 모든 관절에 도움이 되어 앉아서 기도수행을 할 때 큰 이로움이 있게 된다.

참고로 세존은 도를 이루시고도 제자들을 인솔하여 하루 4키로 내지는 8키로의 거리를 걸으시면서 수행, 교화하셨다는 사실을 잘 이해하면 될 것이다.

(4)관음주송 기도수행 중 지켜야 할 사항

관음주송은 수행의 증과가 빠른 관계로 마구니 등 주위의 여러 상황에 의하여 장애가 있을 수 있으므로 매 기도수행 중 염두에 두어야 할 사항들이다.

1)관음주송 기도수행에서 마칠 때까지 눈을 뜨지 말아야 한다.

여타의 기도수행이 대부분 그러하듯이, 관음주송 기도수행에서도 눈을 뜨지 말아야 한다. 일회 기도수행 시간(대체적으로 한 시간 반에서 세 시간) 중 눈을 뜨면 집중력이 떨어지고 의욕이 반감되어 쉽게 자리를 뜨게 되고, 더욱 중요한 것은 대체적으로 관음주송은 법당에 모여 같이 기도수행을 하므로 눈을 뜨고 타인을 본다거나 하면 본인 기도수행이 아니고 타인 등의 기도수행으로 이전되기가 십상이어서 경계하는 것이다.

부득이 눈을 떴을 경우에는 자리를 정돈하고 다시 앉아 마음을 추스르고 정진을 계속 하든가, 자리에서 일어나 바람을 쏘이어 기분전환을 시켜 다시 정진하는 것이 좋다.

관음주송 기도수행은 묘법으로 이루어지기 때문에 눈을 감고 어둠 속에서 광명의 진리를 찾는 법이다.

2)타인의 관음주송 기도수행 소리에 신경 쓰지 말아야 한다.

관음주송 기도수행은 무생법인, 즉 광명 속에서 관세음보살을 친견하기 전까지는 주로 본인 업장소멸 기도수행이다. 참회의 본인 업장소멸에 일차적으로 집중하여야 하므로 타인의 관음주송 소리에 신경 쓰면 집중이 안 된다. 타인 관음주송 소리에 신경 쓰기 시작하면 타인의 음에 마음을 빼앗겨 본인의 내적 역량이 쌓이지 않게 된다.

더욱 중요한 것은 타인의 관음주송 소리에 신경을 쓰다 보면 타인의 기도수행에 의존적이 되기 쉬워 본인 업장소멸보다는 타인의 업장소멸을 도와주는 형국이 된다. 물론 무생법인을 얻은 후에는 보살행의 공덕으로 될 수 있지만, 그 전에는 본인만 힘들게 된다.

3)기도수행 중 일어나는 현상에 매정하게 대처하고 하심의 고음 관음주송을 하여야 한다.

관음주송 기도수행을 하다보면 그 무엇이 얼굴, 손, 신체의 일부를 간질이기도 하고, 감은 눈앞에 어른거리기도 하며, 때론 부처인양 선지식인양 현혹하기도 한다. 이 모든 것이 업장소멸을 방해하는 사(邪)들의 장난놀음이므로 매정하게 하여 움직임이나 응함이 없게 해야 한다. 사들의 장난놀음에 따라 응하기 시작하면, 사들은 흥미를 느껴 계속적으로 장난을 치게 된다.

관음주송 기도수행이 많이 되어 있는 수행자일수록 조심해야 하는 경계이다. 일반적으로 관음주송 음이 목이나 가슴에서 나오면 이러한 이상한 현상에 많이 시달리게 된다. 기도 음이 하복부에서 잡히어 나오는 경계이면, 어지간한 사들은 근접을 못하고, 방해를 하더라도 일시적이고, 더욱 중요한 것은 사들을 제도하여 천도하는 의미가 있으므로 공덕으로 변하게 된다.

사들의 장난놀음이 너무 자주 또 강도가 심하면, 꼭 관음주송 기도수행을 한 선지식에게 도움을 청하여야 한다.

4)기도수행 중 느낀 내용이나 체득한 상황을 기도수행 중이든 수행 후이든, 타인에게 절대로 발설하지 않는 것이 좋다.

관음주송 기도수행은 수행의 강도가 강할 뿐만 아니라 수행의 성취도 빠른 기도수행법이라 기도수행 중 변화무쌍한 경계를 많이 체험하게 된다.

본인의 업장이 해소되기 시작하다 보면 본인 전생의 일들이 나타나게 된다. 예를 들면 과거 전생에 타국에서 살았다면, 그 나라의 말이 그냥 입에서 튀어 나오게 된다. 이럴 때에도 아랫배에 힘을 주고, 음이 하복부에서 나오는 데에만 신경 쓰다 보면 과거 전생의 업장이 해소되고, 그 경계를 벗어나게 된다.

또, 조상님 중 일정한 영혼이 후손 관음주송 기도수행자의 마음을 빌어 천도가 되려고 들어와 이런 저런 상(相)을 일으키는데, 그 때 하심의 고음 관음주송이 되지 않으면 상(相)에서 반연된 얘기들이 입으로 나오게 된다. 이 때 그 얘기들을 따라 자꾸 하게 되면 서양의 표현으로는 영매, 동양적 견해로는 무속인의 경계와 같아진다. 이럴 때에도 아랫배에 힘을 주고 하복부에서 음이 나오면, 천도의 효험은 그대로 보고 그 경계에서 벗어나게 된다.

또 기도 후 하심이 약하여 기도수행 중에 있었던 내용을 자랑스럽게 증만심에서 발설하게 될 수 있는데, 이는 가벼운 처신이고 수행자의 자세는 아니다. 참으로 이상한 이치이다. 발설을 하면 이후 기도수행 공부가 진전이 없다는 것이다. 정말 조심하여야 하는 내용이다.

하심의 고음 관음주송을 하게 되면 공부가 8지의 무생법인을 얻을 때 전이라도 관음신장들이 미리 기도수행자의 공부를 도와주고 점검하고 있다. 물론 하심의 고음 관음주송 기도수행이 잡혀 있지 않은 기도수행자에게는 어림도 없는 사항이지만, 경거망동한 구업 때문에 천복을 놓치지 않기를 간절히 바란다.

참고가 될 수 있기에 첨언하면, 관음주송 기도수행은 음이 외부로 드러나는 수행법이다. 앞서 먼저 수행하여 여러 현상과 경계를 경험한 수행자는 타인의 기도수행 음을 들어보면 공부의 상태를 대략적으로 파악할 수 있으므로 입을 여는 것을 조심하여야 하고, 또 공부가 뒤처져 있는 사람에게는 선지식을 알선해 줄 수는 있을지언정 선지식 역할을 하려고 한다면 아만심만 증장되어 공부가 이상한 경로로 들어가게 됨을 명심하여 한다.

5)기도수행자는 타인을 마음으로부터 존중하여야 한다.

관음주송 기도수행자는 기도수행 중인 타인을 마음으로부터 진실로 존중할 필요가 있다. 중생계를 뛰어넘지 못한 중생들로서 대부분 아상을 뒤로 하고 업장을 녹여 해소코자 각자 각자는 자존심도 버리고 눈물겨운 분투를 한다. 이런 타인을 존중하지 못함은 존중치 않는 본인만 참회의 기도수행에서 벗어나 아상을 키우는 격이 된다.

관음주송 기도수행은 참회가 그 본분이므로 참회하려는 의지가 약한 기도수행자는 아상만 키우는 기도수행으로 나아가게 되어 결국 본인은 선지식의 길에서 벗어나게 된다.

또 관음주송 기도수행자는 관음주송 기도수행자이든 아니든 모든 사람을 존중하여야 한다. 수행의 정도가 높은 수행자에게는 남녀노소를 떠나서 공부 선배로 존중해 드려야 하며, 갓 시작한 기도수행 후학에게도 일시에 업장소멸하여 선지식이 될 수 있는 가능성을 보유하고 있기에 무시하지 말고 존중하여야 한다.

아직 인연이 닿지 않아 관음주송 기도수행을 시작하지 않은 사람들도 인연이 닿아 높은 증과를 얻을 가능성을 보유하고 있기에 무시하지 말고 존중하여야 한다. 관음주송 기도수행은 하심 참회 기도수행으로 제대로 들어가면 많은 시간과 공력 낭비 없이 업장소멸을 이룰 수 있는 가장 강도가 세고 빠른 수행법임을 이해하여야 하는 것이다.

'수능엄삼매경'에서의 '막 발심해서 수기를 이미 얻은 것'이란 내용을 소개한다.

'혹 어떤 사람이 오랫 적부터 덕의 근본을 심었고, 착한 행을 수습하며, 부지런한 마음으로 정진하여 모든 근이 맹리(猛利)하고, 큰 법을 좋아하며, 대비한 마음이 있어 중생을 위하여 해탈도를 구하는 이 사람은 발심하자 곧 불퇴전(반드시 성불이 결정되었다는 동시에 보살위에서 타락하지 않을 위치)에 머물러서 보살 지위에 들어가고 다 정해진(畢定) 곳의 수(數)에 끼어 팔난을 벗어나리니 이와 같은 사람들은 막 발심할 때에 여러 부처님은 곧 아뇩다라삼먁삼보리 수기를 주시되, "명호는 이와 같고 국토는 이와 같고 수명은 이와 같다."고 하시나니, 이와 같은 사람들은 여래께서 마음을 알으시고 수기를 주시나니, 이를 발심하자 곧 수기를 주는 것이라 이름하느니라.' 라고 하였다.

수능엄삼매경의 내용을 참고하여서 경거망동을 경계하여야 한다.

6. 참회 기도수행

관음주송 기도수행은 실은 참회의 기도수행법이다. 참회 기도수행을 잘 하면, 업장은 저절로 눈 녹듯 녹아 없어져 마음의 선근이 증장된다. 업장이 녹으면 녹을수록 계를 지키는 것도 스스로 따라오게 되는 것이므로 참회 기도수행이 선지식에 이르는 지름길이다.

(1) 참회

먼저 '천수경' 의 내용 일부를 소개한다.

아석소조제악업(我昔所造諸惡業)
개유무시탐진치(皆由無始貪瞋癡)
종신구의지소생(從身口意之所生)

일체아금개참회(一切我今皆懺悔)
아득한 옛날부터 내가 지은 모든 악업
크고 작은 그것 모두 탐 진 치로 생기었고
몸과 입과 뜻을 따라 무명으로 지었기에
나는 지금 진심으로 그 모든 것 참회하나이다.

살생중죄금일참회(殺生重罪今日懺悔)
투도중죄금일참회(偸盜重罪今日懺悔)
사음중죄금일참회(邪淫重罪今日懺悔)
망어중죄금일참회(妄語重罪今日懺悔)
기어중죄금일참회(綺語重罪今日懺悔)
양설중죄금일참회(兩舌重罪今日懺悔)
악구중죄금일참회(惡口重罪今日懺悔)
탐애중죄금일참회(貪愛重罪今日懺悔)
진에중죄금일참회(瞋恚重罪今日懺悔)
치암중죄금일참회(癡暗重罪今日懺悔)

살생한 죄를 오늘 참회합니다.
도둑질한 죄를 오늘 참회합니다.
사음한 죄를 오늘 참회합니다.
거짓말한 죄를 오늘 참회합니다.
발림 말한 죄를 오늘 참회합니다.
이간질한 죄를 오늘 참회합니다.

나쁜 말한 죄를 오늘 참회합니다.

탐애한 죄를 오늘 참회합니다.

성낸 죄를 오늘 참회합니다.

우치한 죄를 오늘 참회합니다.

　10악업(十惡業)에 대한 참회이다. 10악업은 10선업(十善業)에 대치되는 내용으로 몸으로 짓는 즉 신업(身業)의 세 가지(살생, 투도, 사음), 입으로 짓는 즉 구업(口業)의 네 가지(망어, 기어, 양설, 악구), 마음으로 짓는 즉 의업(意業)의 세 가지(탐애, 진에, 치암)를 말한다.

　일반적으로 얘기하는 선, 악의 개념과 내용적으로는 다를 바 없으나, 불법에서는 이를 정형화시켜 선은 10선을 잘 이행하는 것이고, 악은 10악을 행하는 것으로 한다.

　업(業, karma)이란 몸, 입, 뜻으로 짓는 말과 동작과 생각하는 것과 그 세력을 말한다. 업은 짓는다는 의미로서 정신으로 생각하는 작용의 의념(意念)이며, 이것이 뜻을 결정하고 선악을 짓게 하여 업이 생긴다.

　불법에서는 삼업(三業)을 중요시 하는데, 삼업이란 어떤 일을 하려는 의지가 의업(무엇을 하려는 생각, 뜻, 의지, 마음작용) 즉 행위의 정신적 측면을 강조한 것이며, 그것이 신체적 행동으로 나타나는 것이 신업(몸으로 짓는 동작 행위)이며, 언어 표현으로 나타나는 것이 구업(입으로 짓는 말)이다. 그러므로 삼업청정 수행법이 되어야 좋은 과보가 쌓인다.

　업은 또 사업(思業)과 사이업(思已業)으로 나눈다. 사업은 뜻으로 활동하는 정신 내부의 의업을 말하고, 사이업은 한 번 뜻을 결정한 후에 외부에 표현되는 신업, 구업을 말한다.

또 몸과 입으로 외부에 표현되는 표업(表業)에 의하여 그 표업이 끝난 후에도 밖으로는 표현되지 않아도, 그 선업이나 악업을 상속하는 것을 무표업(無表業)이라 한다.

각종의 업들은 없어지는 것이 아니라 마음의 가장 깊숙한 곳(흔히들 제8식의 아뢰야식이라고 함)에 저장된다. 이러한 각종의 업은 마음 가장 깊숙한 곳에 거의 무의식(이를 種子, 習氣인 제8식이라고 표현 함) 상태로 은거하고 있으며, 이 습기인 무의식이 반연(攀緣)하여 잠재의식(이를 意인 제7식의 말라식이라 함)의 상태로 마음에 존재하고 있다가, 사람이 5근(안, 이, 비 설, 신)으로 외부 사물이나 경계를 인식(이를 前五識이라 함)하여 의식(意識, 이를 제6식이라고 함)을 만들면 이 의식과 결합하여 생각으로 머리에 떠오르게 되는 것이다.

특히 악업들이 모이고 모여, 무엇을 하려고 하는데 생각과 같이 되지 않을 정도로 고착화 되어 있는 좋지 않는 것을 업장(業障)이라고 한다. 참회를 통하여 우선 이 업장을 녹이고, 더 나아가 악업의 종자까지도 씻어 없애 버리는 것이다.

참(懺)이란 과거의 잘못을 뉘우쳐서 예전의 나쁜 짓인 10악업의 죄들을 모두 뉘우치고는 다시는 영원히 일어나지 않게 하는 것을 말한다.

회(悔)란 뒷날 생길 허물을 생기지 않게 하려고 미리 다짐하는 것을 말한다. 그러므로 참회란 과거에 지은 나쁜 모든 짓인 10악업의 모든 죄들을 지금 깨달아 영원히 모두 없애버림으로써 다시는 그런 일을 하지 않겠다고 하는 것을 말한다.

불가에서는 참회와 관련하여 회광반조(廻光返照)라는 표현을 자주 쓴다. 회광반조란 해가 지기 직전에 일시적으로 햇살이 강하게 비추어 하늘이 잠시 동안 밝아지는 자연 현상, 또는 사물이 쇠멸하기 직전에 잠시 왕성한 기운을 되찾는 경우 곧 촛불이 사그라지기 전에 한 차례 크게 불꽃을 일으키는 것과 같은 것으로, 이것이 죽음 직전에 이른 사람이 잠시 동안 정신이 맑아지는 것을 비유한 것이다.
이를 불가에서는 자신의 내면세계를 돌이켜 반성, 참회하여 진실한 자신 즉 불성을 발견하는 것으로 수용한 것이다.

참회에는 진정성의 정도에 따라 세 가지가 있다. 하품참회는 온 몸에서 열이 나고 눈에서는 눈물이 흐르는 참회이며, 중품참회는 온 몸에는 땀이 나고 눈에는 피가 흐르는 참회이며, 상품참회는 온 몸의 털구멍과 눈에서 피가 흐르는 참회이다.

(2)참회 기도수행

'천수경'에 다음과 같은 내용이 있다.

백겁적집죄(百劫積集罪)
일념돈탕제(一念頓蕩除)
여화분고초(如火焚枯草)

멸진무유여(滅盡無有餘)

죄무자성종심기(罪無自性從心起)

심약멸시죄역망(心若滅時罪亦亡)

죄망심멸양구공(罪亡心滅兩俱空)

시즉명위진참회(是卽名爲眞懺悔)

백겁 천겁 쌓인 죄업

한 생각에 없어져서

마른 풀을 불태운 듯

흔적조차 없어져라

죄의 자성 본래 없어 마음 따라 일어난 것

마음 한번 없어지면 죄업 또한 사라지네

죄도 업도 없어지고 마음 또한 공하여야

이것을 이름 하여 진참회라 하는도다.

　기억나는 과거의 잘못을 뉘우치면서 다시는 그러한 언행을 하지 않고, 마음에서라도 생각하지 않기를 마음 깊숙한 곳에 다짐하면서 관세음보살을 부르는 것을 참회의 관음주송 기도수행이라 한다. 참회의 관음주송 기도수행이 되어야만 업장이 녹아 해소된다.

　참회의 관음주송 기도수행이 되지 않으면 아상을 바탕으로 한 망상의 기도수행이 되어, 업장을 불러 첨가시키는 손해의 기도수행이 되기가 쉽다.

몇 십년을 '관세음보살'을 불렀지만 성과가 없는 분들의 대부분은 참회의 관음주송 기도수행을 실천하지 않으신 기도수행자, 엄밀히 표현하면 노래 부르듯, 운동하듯, 그냥 시간 때우기 식의 '관세음보살'을 부른 것이다.

진전이 별무인 기도수행자에게 신체에 대하여 5종의 부정한 심정으로 '관음주송 기도수행'을 할 것을 권한다. 신체에 대한 5종의 부정한 심정(心情)의 의미는 육신이란 것이 죄의 모임체임으로 받아들이는 것을 말한다.

1)종자부정(種子不淨)으로, 이 몸은 과거의 번뇌와 업을 종자로 하고, 현재 부모의 정혈을 종자로 하여 생긴 것으로 받아들인다.

2)주처부정(住處不淨)으로, 열 달 동안 모태(母胎)의 부정한 곳에 있어서 자라난 것으로 받아들인다.

3)자체부정(自體不淨)으로, 이 몸은 4대(지:딱딱한 성질, 수:축축한 성질, 화:따뜻한 성질, 풍:서늘한 성질)로 이루어진 화합물이라고 받아들인다.

4)외상부정(外相不淨)으로, 눈 귀 코 입 생식기 항문의 아홉 구멍에서 항상 더러운 것이 흐르는 것으로 받아들인다.

5)구경부정(究竟不淨)으로, 이 몸은 현재 뿐만 아니라 죽은 후에도 무덤 속에서 썩고 냄새나고 더러움이 가득 찬 것으로 받아들인다.

'일심칭명 관세음보살'인 관음주송 기도수행으로 정착 되려면, 참회의 관음주송 기도수행을 하여야 하는 것이다.

참회의 관음주송 기도수행을 하면, 자연히 눈물이 나고 온 몸에 땀이 흐르게 된다.

참회의 관음주송 기도수행은 수행자가 기도수행 시 과거에 행한 죄업에 대하여 생각나는 대로 하심 즉 마음 깊숙한 곳에서부터 잘못을 인정하고 다시는 그러한 죄업을 짓지 않겠다고 일심으로 관세음보살에게 무릎이라도 꿇고 비는 심정인 강한 자기반성이므로, 종국에는 눈물이 나올 수밖에 없는 기도수행이다.

또 그 참회로 인하여 목이 터져라 울부짖듯이 '관세음보살'을 부르므로 심할 경우 목에서 피를 토하기도 한다.

참회의 관음주송 기도수행은 기억나는 대로의 모든 죄업(현생의 죄업에 대하여 참회가 되면 전생의 죄업이 기억나게 되고, 전생의 죄업에 대하여 참회가 되면 전 전생의 죄업이 기억나는 등 세세생생의 죄업이 기억남)을 녹이므로, 종국에는 온 몸이 땀으로 흠뻑 젖을 수밖에 없는 강렬한 기도수행이다.

참회의 관음주송 기도수행으로 업장이 녹음에 따라 마음을 뒤덮고 있던 먹구름 같은 무명이 서서히 걷히기 시작하여, 해와 달이 먹구름을 뚫고 빛을 드러내듯이, 선하여 맑고 밝은 본마음이 조금씩 발하기 시작한다.

본마음이 발하기 시작하면서 얼굴에 화색이 돌고, 목소리는 더욱 맑고 기운차지며, 기분은 좋아진다.

마음이 달라져 선(善)함을 더욱 발하기에 악행은 줄어들게 되고 자연히 계율은 점점 더 잘 지켜지게 된다.

모든 걸 가로막고 있던 지긋지긋한 업장이 녹음에 따라 사회생활의 일들은 순조롭게 풀려지기 시작한다.

  참회 기도수행 중 업장이 소멸하는 현상을 본인이 느낄 수 있다. 몸에 흐르는 땀액이 운동 시 흘리는 땀과는 틀려 더욱 끈적이나, 냄새는 그리 고약하지 않고, 때론 좋은 향기가 나기도 한다.
  땀이 흐르더라도 기도수행 중에는 땀을 닦는 등 일체 개의치 말고, 기도수행을 마치고 땀액이 인체에서 어느 정도 마른 후 씻는 것이 좋다.
  기도수행 중 바람이 불어 들어 올 수 있는 상황이 아닌데, 서늘한 바람이 부는 것 같은 느낌이 들기도 하고, 또 무엇이 타는 것 같은 고약한 냄새가 나기도 하고, 또 그 무엇이 얼굴이나 귓볼, 손, 머리카락을 만지는 듯한 느낌이 들기도 하는데, 이도 참회를 통한 업장소멸이 이루어지고 있다는 반증이므로 개의치 말고 기도수행에 집중하여야 한다.

  몸과 마음이 가볍고 민첩해졌음을 스스로 느끼거나, 관음주송 기도수행이 수월하게 됨을 느끼거나, 상서로운 좋은 꿈을 꾸거나, 여러 신령스럽고 상서로운 이상한 모습을 보거나, 착한 마음이 열리는 것을 느끼거나, 혹은 앉아 있는 중에 저절로 몸이 구름의 그림자처럼 되는 것을 느끼거나, 주위 사람들이 전보다 더 친절하게 대하여 주거나, 생각지도 않았던 일가친척에게 소식 또는 내방이 있거나, 그리웠던 친구가 기대하지도 않았는데 기별이 있다거나 하는 것은 참회를 통한 업장소멸이 이루어지고 있다는 반증이다.

  업장은 사람에 따라 전, 현생의 여러 업에 의하여 두터운 정도가 틀리지만, 녹여 해소하는 기간은 일반적으로 참회의 관음주송 기도수행을 한다는 전제하에서, 하루 3시간씩 300일을 기준하면, 약 1년 정도 열심히 하면 무난할 것이다.

중요한 것은 기간이 문제가 아니라, 참회의 관음주송 기도수행을 얼마나 진실되고 성실히 하여 업장을 올곧게 녹여 해소 시키느냐일 것이다.

7.하심의 고음 관음주송

일심으로 관음주송을 하여 세 시간 정도 쉬지 않고 계속할 수 있는 상태를 하심의 고음 관음주송이라 한다.

하심의 고음 관음주송이 되면 따로 특별히 참회의 생각을 하지 않더라도 그 자체가 참회의 내용을 포함하고 있다.

참회의 관음주송 기도수행으로 업장이 녹기 시작하면 '관세음보살'을 부르는 음이 맑아지고 힘이 있어 우렁차지며, 하복부의 깊숙한 곳에서 나오기 시작한다. 여기에서 조금 더 나아가면 하심(下心)의 고음(高音) 관음주송을 익힐 수 있게 된다.

한 마디로 하심의 고음 관음주송은 단전(丹田)에서 나오는 음이다. 음이 단전에서 이루어지는 것이므로, 하심의 고음 관음주송은 그 자체가 참회의 기도수행 성격을 지니고 있어서, 이로부터는 업장들이 녹아 해소될 수밖에 없다.

하심의 고음 관음주송자에게는 열 가지 공덕이 있다.

1)졸음을 없애 주는 공덕이 있다.

관음주송 기도수행 시 졸음에는 두 경우가 있다. 하나는 인체 생물학적으로 졸리는 경우와 또 하나는 수마(睡魔:수행자를 졸리게 하여 수행을 방해하는 마구니)라는 마구니에 휩싸이어 졸고 있는 경우이다.

일반적으로 관음주송은 주경야선(晝耕夜禪:낮 시간은 일을 하고 밤 시간은 참선 내지는 기도수행을 하는 것을 말함)으로 행하여 진다. 낮 시간에는 사회생활을 하여 생업에 종사하고, 대체로 밤 11:00-새벽4:00에 잠자는 시간을 아껴서 수행정진을 한다.

몸이 피곤하고 잠이 부족하여 새벽 시간에 접어들면 졸음이 밀려드는 것은 누구에게나 일어나는 자연적이고 당연한 현상이다. 졸음이 온다고 하여 졸음을 따르지 말고, 귀중한 시간을 내어 관음주송을 하기에 '이 자리가 마지막이다' 라는 각오로 음을 단전 부위에 집중하여 큰 소리로 관음주송 기도수행을 하면, 졸음을 슬기롭게 피하여 목표한 시간까지 수행을 할 수 있다.

수마는 수행자를 졸리게 하여 수행을 방해하는 마구니로서 수행자에게는 당연히 따르는 마구니이다. 수마라는 마구니의 생김체는 거무스름한 안개 같은 형상이다. 이 마구니는 수행하는 사람이 수행처에 앉아서 꾸벅꾸벅 조는 모양에 즐거움과 재미를 느끼는 무명번뇌의 일종이다. 저녁에 대략 서 너 시간 잠을 자고, 새벽 시간 기도 수행 시 졸고 앉아 있으면 십중팔구는 수마에 휩싸여 있는 것이다.

초심자는 수마가 농락하고 있음을 잘 느끼지 못하지만, 수마를 이기기 위하여 싸워 본 수행자는 수마의 상(相)을 관(觀)하지 못하더라도 수마가 수행을 방해하고 있을 때에는 직감적(直感的)으로 감지할 수 있다.

참을 수 없을 정도의 졸음이 밀려들어 수마(睡魔)에 농락당하게 되면 귀중한 시간을 내어 수행하는 그 날의 불사공덕(佛事功德)은 별무소득(別無所得)이 되기 십상이다.

마구니에게 농락당하여 꾸벅꾸벅 졸게 되면 마구니는 이를 재미있어 하고 즐거워하기에 다음날 수행에도 그 다음날 수행에도 장난을 치게 된다.

수마는 한 번 조복을 받으면 어지간하여 다시 장난을 치지 못하므로 정신을 바짝 차려 하심의 고음 관음주송 기도수행을 하여 조복 받아야 한다.

2)마구니가 놀라서 도망가는 공덕이 있다.

관음주송 기도수행을 하다 보면 업장을 형성하고 있는 마구니들의 움직임을 감지하는 경우가 있다. 사바세계의 마구니들일 수도 있고, 본인 업장의 마구니들일 수도 있으며, 타인 업장의 마구니들일 수도 있다. 마구니들의 움직임이 감지되면 그리 유쾌한 일은 아니다.

특히 관음주송 기도수행을 오랜 기간 많이 한 수행자들 중 일부가 관음주송 음을 가슴에 집중하여 할 경우 잘 감지되곤 한다.

하심의 고음 관음주송은 수행자에게 내부적으로 마구니들의 움직임 가지를 원천적으로 차단하여 수행을 돕는 효과가 있고, 외부적으로 마구니들의 접근을 막아서 본인의 기도수행에 집중할 수 있도록 하는 효과가 있다.

하심의 고음 관음주송은 마구니의 장난을 근본적으로 차단 한다.

3)기도수행 소리가 시방에 두루한 공덕이다.

　사람들이 일반적으로 내는 소리, 말, 대화 등은 없어지는 것이 아니라 우주 공간 속에 남게 된다. 그러나 그 대부분의 소리, 말, 대화 등은 비슷한 소리, 말, 대화 등에 용해되기가 쉽다.

　하심의 고음 관음주송은 그 자체 강력한 에너지를 보유하고 있기에 타음에 포함, 용해되는 것이 아니라 우주 공간 속에 남게 된다. 그러하기에 하심의 고음 관음주송은 수행자 본인의 독특한 음색을 하여 우주 공간에 축적되게 된다. 이러한 음들이 쌓이고 쌓여 시방세계에 가득하게 된다.

4)지옥, 아귀, 축생의 고통을 쉬게 하는 공덕이다.

　3악도(지옥, 아귀, 축생)의 중생은 고통이 많으나, 그 고통을 벗어날 수 있는 수행을 하지 못한다. 그러나 관음주송 기도 음을 듣는 순간만이라도 일시적으로 고통을 쉬게 된다.

　하심의 고음 관음주송은 음에 힘이 있어 3악도의 중생들에게까지 들리게 되는 것이므로 고통 많은 중생들을 쉬게 하여 줄 수 있다. 이러한 공덕이 쌓이고 쌓여 수행자 마음의 삼악도는 제도되어 가는 것이다.

5)다른 음성에 장애를 받지 않는다.

　관음주송은 대체적으로 타인과 같이 행하여 진다. 기도수행 중 타인의 관음주송 또는 기타 음을 듣게 되어 본인의 기도수행 집중에 방해를 받게 되는 경우가 왕왕 있다.

또 마구니가 특정 음을 내어 수행자 본인도 순간적으로 그 음을 따라 하는 경우가 있다.

하심의 고음 관음주송은 수행자 본인의 관음주송 음에 고도로 집중하게 되어 타인의 음이나 마구니의 음을 차단하는 효과가 있다. 그러므로 하심의 고음 관음주송은 여타 음에 장애를 받지 않고 수행자 본인의 관음주송 기도수행에 집중하게 된다.

6)기도수행의 마음이 흩어지지 않는 공덕이다.

하심의 고음 관음주송이 되려면 오로지 하심하여 '관세음보살' 하는 음이 단전에서 이루어져야 하고, 이러한 상태가 되어야 최소한 1시간 이상 기도수행을 할 수 있다.

이런 고도의 집중이 흐트러지면 '관세음보살' 하는 음이 가슴부위, 목 부위에서 떠서 나오게 되는데, 음이 뜨게 되면 하심의 고음 관음주송이라 할 수 없다. 이러하기에 하심의 고음 관음주송은 고도의 집중을 요하므로 기도수행의 마음을 흐트리지 않을 수 있는 것이다.

7)용맹스런 정진을 성취하는 공덕이다.

하심의 고음 관음주송은 온 몸에 땀이 자연히 흐를 정도로 강도가 있는 기도수행이다.

이런 수행을 높여 나가고 깊게 하면, 수행자 본인에게는 수행의 용맹이 자라게 된다. 용맹의 정도가 깊어지면 기도수행의 두려움은 사라지고 자신감이 생긴다. 그 자신감으로 기도수행을 더 나아가면 본인이 단순한 기도자가 아니라 수행인임을 인식하게 된다. 그러하기에 하심의 고음 관음주송은 기도수행의 용맹스런 정진을 성취하게 된다.

8)부처님께서 기뻐하시는 공덕이다.

부처님께서는 중생이 마음을 깨쳐 선행을 함에 큰 기쁨을 가지신다. 부처님은 중생이 업장을 해소하고 마음을 깨쳐 보살도의 선행을 하고자 하심의 고음 관음주송을 하는 것에 대하여 기뻐하심은 당연한 이치이다.

더욱이 하심의 고음 관음주송은 중생세계를 근본적으로 맑게 하여 깨끗한 불국 정토의 세계를 이루는데 기여함이 있다. 하심의 고음 관음주송은 부처님에게 사랑받는 지름길 중의 하나이다.

9)삼매가 뚜렷하게 드러나는 공덕이다.

하심의 고음 관음주송은 업장을 녹여 해소시키는 방안으로, 수행의 그 어떤 방법보다도 탁월한 효과가 있다. 업장이 녹아 해소되어야만 공해탈문에 들어 관세음보살님을 친견하고 무생법인을 득하게 된다. 이후 대승보살도를 잘 행하여만 육근이 청정하여 지고 각종 삼매법을 증득하게 된다. 하심의 고음 관음주송은 육근청정의 지름길이므로 삼매도 뚜렷하게 드러날 수 있다.

10)극락세계에 왕생하는 공덕이 있다.

하심의 고음 관음주송은 그 자체 업장을 빨리 녹이는 탁월한 수행법이어서 성불하여 극락세계에 갈 수 있다.

8. 심안(心眼)

업장을 녹여 해소하려면 하심의 참회 기도수행이 있어야 한다. 하심의 참회 기도수행으로 업들이 모이고 모여 두터운 막이나 사(邪)로 정착되어 있는 업장이 녹아 해소되면 하복부 근처에 인체의 눈과 흡사한 모습을 한 마음의 눈을 발견하게 된다.
이 인체의 눈과 흡사한 모습을 한 마음의 눈을 심안이라고 한다.

기도수행자는 참회의 기도수행 과정을 거쳤기에 눈을 감고 본인 인체의 일정부분을 관조할 수 있는 역량이 있으므로 심안을 관할 수 있다. 심안은 인체의 눈과 달리 깜박임 등 움직임이 없고, 항상 그 자리에 그대로 스스로의 모습을 하고 있다.
지금까지는 눈을 감고 생각으로 참회의 관음주송 기도수행을 주로 하였다. 마음에 누적되어 있는 업들의 모임체인 업장을 의지를 바탕으로 하여 생각으로 집중하여 마음에서 녹여 해소시켰다.
이제부터는 관음주송 기도수행을 하면서 심안에 집중하고 관하여야 한다. 외부에서 타인이 보기에도 기도수행자의 기도수행 자세나 음성 등 집중하는 모습이 이전과는 괘를 달리 함을 느낄 수 있다. 기도수행자 본인은 관음주송 기도수행을 하여도 지루하지 않고 관의 즐거움에 젖기 시작한다.
심안은 하복부 근처에 있으므로 심안에 집중하여 관을 하면서 관음주송 기도수행을 하면, 관음주송 기도수행 음이 고요해지기 시작한다.

스승이나 큰 선지식의 도움 인연으로 업장소멸은 쉬 할 수 있어도, 심안을 관하는 단계에서부터는 철저히 본인 노력이 필요하다. 오로지 심안에 집중하여 스스로 참구하여야 한다.

관음주송 기도수행 중에도 심안에 집중하여야 하며 잠들기 전에도 심안에 집중하여 속으로 '관세음보살'을 암송하다가 잠들어야 한다. 잠에서 깨어났을 때에도 심안부터 살피고 집중하여야 한다.

타인과의 대화도 줄이고 식사 시에도 눈을 뜨고 밥은 먹지만 심안에 집중하여 관을 하여야 한다.

주위의 시비를 멀리하고 앉은 자리가 부처라는 철저한 인식으로 있는 그 자리에서 심안에 더욱 더 집중하여 찾고 또 찾아야 한다.

명심하여야 할 점은 심안 수행단계에서 끊임없는 참구에 실패하면, 그런 정상적인 수행 과정이 다시 도래하기 쉽지 않고, 수행이 엇박자로 나아가 정체 내지는 퇴보되기가 십상이다.

업장이란 것은 소멸되었다 하더라도 본인 마음에서 즉시 해결할 수 있는 경지에 이르기 전까지는 긴 세월이 걸리지 않아 다시 형성되는 것이므로, 인연이 되어 고생 고생하여 업장을 소멸시키어 심안의 수행 단계에 이르렀기에 천재일우의 호기를 절대로 놓쳐서는 안 된다.

옛 성현의 말씀 중에 "숲에 들어가도 풀을 건드리지 않고, 물에 들어가도 물결을 일으키지 않는다. 산은 산, 물은 물, 스님은 스님, 속인은 속인, 주장자는 주장자, 이 모두를 뒤로 하고, 천 봉우리 만 봉우리 바로 들어간다."는 내용이 있다.

심안 관조 기도수행 단계에서부터 요긴한 말씀들이다. 주변의 잡다한 말과 이론들을 잠시 뒤로 하고 오로지 심안을 관하여야 한다.

심안을 관조하면서 관음주송 기도수행을 하면, 양 눈섶 사이 미간에 밝은 흰 색이 조금씩 발하기 시작하고, 입 안에서는 달콤한 침샘이 흐르기 시작한다.
이러한 제 현상을 타인에게 발설해서는 더욱 안 된다. 타인의 업장이 침투하여 더 나아감을 방해 받기가 십상이다.

여기에서 더욱 나아가면, 심안이 자리를 잡아서 있기도 하고 없기도 한 상태에 이른다. 이는 심안이 마음에 자리하였기에 걱정을 놓아도 된다.
즉 심안으로 관하기 시작하여 일정한 시일이 지나, 눈을 감고 온전히 관할 수 있는 역량이 구비되면, 심안이라고 특정지울 특별한 경계가 있지 않게 된다. 이는 심안이 이미 마음에 완전히 용해되어 관을 온전히 할 수 있는 토대를 형성한 것으로 승화되었기 때문이다.

관음주송 기도수행이 생각이 아니라 관(觀)이 되는 것이다. 관음주송 기도수행자에게는 수행의 급진전이 있게 되어 수행의 결실을 거둘 수 있는 경지로 들어 갈 수 있다. 그러므로 관음주송 기도수행자는 수행에 게으름을 내지 말아야 한다.
또 증만심(增慢心:이루지 못하였으면서도 이루었다고 하는 교만심)을 내지 말아야 한다. 게으르거나 증만심은 부처님을 친견하고 무생법인을 얻는 길에 큰 장애가 된다.

증만심을 경계하여 관음주송 기도수행을 하여 더 나아가면 일심(一心)의 관음주송 기도수행이 완성되어 공(空)의 세계로 접어들게 된다.

홀연히 마음이 텅 빔을 관하기 시작한다. 마음이 텅 비어, 마치 텅 빈 항아리 같이 관하여 지기도 하고, 깊은 벽 사이에 텅 비어 있는 자태이기도 한 공이 관하여 진다.

9. 자성불(自性佛)

관음주송 기도수행을 하여 더 나아가면, 텅 비어 있는 마음 근저에 부처가 앉아 있음을 관할 수 있게 된다. 마음의 근저에 관하여 지는 부처를 자성불이라 한다.

여기에서 경거망동하여 관음주송 기도수행을 게을리하지 말고 더욱 더 나아가야 한다. 마음의 부처를 관하면서 관음주송 기도수행을 계속하여야 한다.

관음주송 기도수행을 하면서 마음의 부처를 관하면, 어느 순간부터 앉아 있기도 하고, 서 있기도 하며, 온 몸을 따라 이리 저리 움직이기도 하고, 머리의 중심에 앉아 있기도 하게 된다.

마음의 부처에서 몸속의 부처로의 움직임은 수행자로 하여금 마음뿐만 아니라 온 몸을 관할 수 있는 역량이 생기게 한다.

신통변화를 부리는 몸속의 부처는 수행자의 몸과 의식의 변화를 위하여 자기 역할을 하고 있는 것은 사실이나, 분명한 것은 너무 방치하면 수행의 다음 단계로의 이행에 장애가 될 수 있으므로, 멍하니 따라 다녀 관을 계속함으로써 방치하여서는 안 된다.

하심의 관음주송 기도수행으로 애초의 제 자리, 제 모습인 마음의 근저에 정좌하고 있는 부처로 확고히 자리매김 하도록 하는 것이 중요하다.

여기에서 주의하여야 할 점은 마음의 부처를 관할 수 있는 역량이 된다고 하여, 참선을 하면서 마음의 부처를 관하여서는 안 된다는 것이다. 참선을 제대로 할 수 있는 경지는 10지 공부가 완성된 수행자에서부터이다.

여기까지의 관음주송 기도수행자는 제대로 된 참선을 할 수 있는 수행의 경지에 이르지 못하였으므로 참선으로는 움직임이 있는 부처를 마음의 근저에 정좌시킬 수 없다. 지난하더라도 관음주송 기도수행을 계속하여야 한다.

10. 무상경계(無常境界)

마음의 근저에 있는 자성불을 관하면서 관음주송 기도수행을 계속하여 나아가 일정시점이 지나면, 정좌하고 있는 자성의 부처가 빛을 발하여 온 몸 내부를 비추고, 온 몸에 광명이 차오르는 것을 느낄 수 있다.

광명이 온 몸에 가득하면 강한 힘이 붙어서 신체가 강건해 지는 것을 느낄 수 있고, 얼굴 손 등 신체의 일부에 금빛이 약간씩 바래 져 나옴을 육안으로도 볼 수 있다.

 광명으로 가득 한 신체이므로 관음주송 기도수행을 더 나아가면 내부에 비추던 빛이 외부로도 확산됨을 관할 수 있다.

   계속하여 더 나아가면 빛이 내려오는 듯, 빛을 따라가는 듯한 경계에 들게 된다. 절대로 관음주송 기도수행을 멈추어서는 안 된다.

 빛이 내려오는 듯, 빛을 따라 가는 듯한 그 경계에 집착하지 말고 관음주송 기도수행을 계속하여야 한다.

 식사나 화장실 다녀오는 것도 잊고 오로지 관음주송 기도수행을 힘차게 계속하여야 한다.

 관음주송 기도수행을 시작하여 지금까지 얼마나 많은 피눈물과 땀을 흘리고 쏟았던가? 그 자리에서 생을 다 할 수 있다는 각오로 관음주송 기도수행을 더욱 가멸차게 밀고 나아가야 한다.

   어느 시점, 수행자 본인이 발붙이고 사는 지구를 벗어나는 경계에 이른다. 지구는 점점 더 작게 느껴지고 대우주를 향하여 멀리 멀리 여행하게 된다. 무수한 행성과 별들을 지나고 끊임없는 여행으로 이어진다.

 이 또한 자연스럽게 관조하여야 하며, 알음알이를 내지 말고 관음주송 기도수행을 계속하여야 한다.

   관음주송 기도수행을 계속하여 더 나아가면, 빛도 어두움도 없고, 형상을 하고 있는 것은 아무것도 없는 묘한 경지에 들게 된다.

이 묘한 경지에 들면 기쁨도 아니고 슬픔도 아닌, 즐겁지도 고통스럽지도 않고, 기도수행이 힘들지도 않은 지금까지 체험하여 보지 못한 상태를 느끼게 된다.

여기까지의 경계를 무상경계라고 한다.

최종의 무상경계에 들면 참으로 묘한 감정에 사로잡힌다.

일체가 너무나 허망하게 느껴져 알 수 없는 눈물이 그냥 흐른다.

'우리네 인생이 풀잎의 이슬이요.

바람 속의 등불이라.

일체가 인연 소산으로 영원함은 없고

바람에 구름일 듯 부초의 신세로다.

산은 산이고 물은 물이며

봄이면 꽃 피고 겨울이면 눈 오는 것을

제행은 무상이요 제법은 무아인데

그 무엇에 착을 두리오.'

무상계(無常戒)의 내용 중 일부를 기도수행자에게 맞게 수정하여 소개한다.

무상계는 열반 얻는 긴요한 문이며

고통 바다 건네는 든든한 배라.

부처님도 이 계로써 열반에 드셨고

중생들도 고통 바다 건네느니라.

그대 이제 몸과 마음 놓아버리고
신령한 심식이 말끔히 밝아
위없는 청정계를 이제 받으니
이런 다행 또 다시 어디 있으랴.
금일 기도수행자 지성으로 살필지니라.
세월 흐름의 불길은 활활 타오르고
대천세계 모두가 무너진다면
수미산도 쓰러지고 바다도 말라지거늘
그대 몸이 나고 늙고 죽는 일이며
근심하고 슬퍼하고 아파하거나
그대 뜻에 맞거나 어기는 일들,
이 같은 온갖 것은 어찌 있으랴
기도수행자여, 다시 깊이 살필지어다.

뼈와 살과 빛깔은 흙으로 갈 것이고
피와 침과 물기는 물로 다 갈 것이고
따뜻한 몸 기운은 불로 다 갈 것이며
움직이는 힘이란 바람으로 가게 되어
사대가 제 각기 흩어질 이 몸
수행의 보리나무 외에 어디 쓰랴.

기도수행자시여,
사대로 이루어진 그대의 몸은 실로는 거짓이요

허망함이니 그리 집착할 바 못되느니라.
그대는 옛적부터 오늘날까지
무명으로 인하여 행이 있었고,
행을 인연하여 식이 있었고
식을 인연하여 명색이 있었고,
명색을 인연하여 육입이 있으며
육입을 인연하여 촉이 있었고,
촉을 인연하여 수가 있으며
수를 인연하여 애가 있었고,
애를 인연하여 취가 있으며
취를 인연하여 유가 있었고,
유를 인연하여 생이 있으며
생을 인연하여 늙고 병들고
근심 슬픔 죽음이 있게 되었느니라.

무명이 멸한 즉 행이 멸하고,
행이 멸한 즉 식이 멸하며
식이 멸한 즉 명색이 멸하고,
명색이 멸한 즉 육입이 멸하며
육입이 멸한 즉 촉이 멸하고,
촉이 멸한 즉 수가 멸하며
수가 멸한 즉 애가 멸하고,
애가 멸한 즉 취가 멸하며

취가 멸한 즉 유가 멸하고,
유가 멸한 즉 생이 멸하며
생이 멸한 즉 근심 슬픔과
늙음이나 죽음이 없게 되느니라.
모든 법은 본래로 쫓아오면서
어느 때나 스스로 적멸상이니,
제자가 진실한 길 모두 행하면
오는 세상 기어이 성불하리라.

이 세상 모든 것은 무상하나니
그 모두는 생멸하는 현상이로다.
생하고 멸함이 다해 마치면
적멸의 즐거움이 드러나느니

위없는 부처님께 귀의 하오리
위없는 가르침에 귀의 하오리
거룩한 선지식께 귀의 하오리

　최종의 무상경계에서는 기쁨도 슬픔도 없는 것이다.
　눈물이 흐르면 흐르는 대로 내버려 두고, 일체를 자연스럽게 관하면서
관음주송 기도수행을 계속하여야 한다.
　관음주송 기도수행을 계속해 나아가면 어느 덧 눈물은 조금씩 마르고,
무상경계의 끝자락에 닿음을 관하게 된다.

11.부처님 친견

　무상경계의 끝자락에서 부터는 멀리서 강렬하고 환한 빛의 세계가 서서히 열리는 것을 관할 수 있다.

　관음주송 기도수행을 힘껏 하여 빛의 세계에 다가가서 진입하여야 한다. 진입하여, 강렬하고 환한 빛의 세계에 완전히 마음과 몸이 푹 쌓이도록 관음주송 기도수행을 계속하여야 한다.

　강렬하고 환한 빛의 세계 즉 광명천지를 불계(佛界)라 한다. 광명천지는 너무나 웅대하여 크기를 헤아릴 수가 없을 정도이다.

　광명천지에 들면 너무 안락하고 평온하여 관음주송 기도수행의 음은 환희심으로 가득 찬 열락의 음이 된다.

　광명천지에 온전히 들면 부처님(관세음보살님)을 친견할 수 있다.

　광명 가운데 백의(白衣)에 금빛 치장을 하신 관세음보살님이 금빛 연화좌를 타시고 미끄러지듯이 은근하게 서서히 다가오신다.

　두리둥실 고요하게 점점 다가오신다.

　앞에 오셨을 때의 환희는 세상의 그 무엇으로도 표현할 수 없는 대감격 그 차체이다.

　대자대비의 온화한 미소를 머금은 너무나 자상하신 관세음보살님이시다. 그 자태는 너무나 부드러우면서 곱고 단아하시고 화려하기까지 하시다.

　오랫동안 미아(迷兒)로 방치되었던 어린 아이가 어버이를 만난 듯, 지고지순한 사랑의 여인을 만난 듯 포근한 품의 관세음보살님이시다.

너무나 평온하여 영원히 머물고 싶고, 응석부리며 따라다니고 싶은 관세음보살님이시다.

관세음보살님은 미동도 말씀도 없으셨는데, 어느 순간 몸속에 무엇을 넣어 주신 것을 느끼게 된다.

몸속에 들어와 서서히 조화를 이루고 안착 되었을 때, 이것이 계(戒)와 법(法)과 수기(授記)란 것을 인식하게 된다.

계와 법과 수기란 것을 인식하여 깨닫는 순간, 관세음보살님께서는 온화한 미소와 함께 고개를 끄덕여 주신다.

얼마나 힘든 과정을 거쳐서 여기까지 왔던가?

감격에 겨운 환희의 눈물이 흐른다.

환희의 눈물이 마를 즈음 관세음보살님께서는 온화한 미소를 잠시 거두시고 적정삼매의 고요함에 드신다.

고요함이 흐른 후, 떠나심을 위한 움직임이 서서히 있게 된다.

너무나 당혹스러워 '관세음보살'을 크게 외쳐보지만, 두리둥실 은근히 고요하게 차츰 멀어지신다.

점점 멀어지셔서 모습이 완전히 사라지시는 것과 같이하여 광명천지도 서서히 걷히게 된다.

부처님 친견 후 광명천지가 서서히 걷히고 나면, 현실의 수행도량에 앉아 관음주송 기도수행을 하고 있는 한 수행자로 돌아와 있음을 분명하게 인식하여야 한다.

엄청난 일련의 과정에 한동안 멍하기도 하다. 그러나 여기에서 바로 인식하여야 하는 것은 지금부터 정법공부의 본 궤도에 든 초보 도인이리는 점이다.

다시 말하면 지금까지의 공부가 내아공(內我空)을 완성하였다고도 하며, 7지 공부가 완성되어 무생법인을 얻어 8지에 든 수행자라고도 한다.

관음주송 기도수행자의 관세음보살 친견 시 부처님의 형상에 대하여는 성관음, 천수천안관음이 보편적이다. 그러나 이론적으로 육관음(六觀音)을 세워 일반화하였기에 살펴본다.

육관음이란 관세음보살은 6도(六道)를 순회하면서 중생을 교화한다고 하여, 6종을 세워 6관음으로 한 것을 말한다. 성(聖), 천수(千手), 마두(馬頭), 십일면(十一面), 준제(准提), 여의륜(如意輪), 혹은 준제관음을 제하고 불공견색(不空羂索)관음을 더하기도 한다.

1)성관음은 정(正)관음이라고도 한다.

형색은 백육색(白肉色), 왼손을 펴서 젖에 대고, 오른손에 연꽃을 쥐고, 결가부좌하였으며, 보관(寶冠) 중에 무량수불을 안치함이 보통이다.

2)천수관음은 구족하게는 천수천안관세음, 천안천비관세음 또는 대비(大悲)관음이다.

온 몸이 황금색이며 27면, 천수, 천안이 있는 관음보살이다. 보통 천수상은 두 눈 두 손 밖에, 양쪽에 각각 20수가 있고 손바닥 마다 한 눈이 있다. 이 40수는 자비로써 한 손마다 각기 25유(有)를 구제하므로

40*25는 천수가 되고 따라서 눈도 천안이 된다. 이것은 일체 중생을 제도하는 큰 작용이 있음을 표한 것으로 특히 지옥의 고통을 해탈케 하여 모든 원을 성취케 한다고 한다.

3)마두관음은 무량수(無量壽)의 분노신(忿怒身)이다.

관세음으로써 자성신(自性身)을 삼고, 머리에 말의 머리를 이고 있으므로 마두관음 또는 마두대사(馬頭大士), 마두명왕(馬頭明王)이라 한다. 말의 머리를 이고 있는 것은 전륜성왕의 보마(寶馬)가 사방으로 내달리면서 위력으로 굴복시키는 것과 같이, 생사의 큰 바다를 건너다니면서 4마(魔)를 항복받는 큰 위신력과 큰 정진력을 나타내는 것으로 주로 축생들을 교화하여 이롭게 한다고 한다.

4)십일면관음은 대광보조(大光普照)관음이라고도 한다.

아수라도에 있는 것들을 구제하는 보살로서 머리 위에 열 한 개의 얼굴이 있는 관음으로서 전후좌우의 10면(面)은 보살이 수행하는 계위(階位)인 10지(地)를 표하고, 맨 위의 불면(佛面)은 불과(佛果)를 표한다. 이는 중생의 11품류(品類)의 무명번뇌를 끊고, 불과를 얻는 뜻을 상징한다고 한다.

5)준제관음은 준지(准眠), 존제(尊提)관음이라고도 한다.

천인장부(天人丈夫)관음이라고도 하여 인도(人道)의 능화(能化)라 한다. 준제는 청정이라 번역, 곧 심성(心性)의 청정함을 찬탄하는 이름으로 칠구지불모(七俱眠佛母)라 한다. 칠구지는 7억, 그 광대한 덕을 나타내는 뜻이다.

6)여의륜관음은 여의는 여의보주(如意寶珠), 륜은 법륜으로서 여의보주의 삼매에 들어 있으면서 뜻과 같이 설법하여 6도 중생의 고통을 덜

어주고 세간, 출세간의 이익을 주는 것을 본뜻으로 하는 보살이라는 의미이다. 형상은 전신이 황색이며 여섯 손이 있으니 오른쪽의 상수(上手)는 사유(思惟)하는 모양이고, 다른 손에는 여의보주를 들고, 왼쪽의 상수는 광명산(光明山)을 누르고, 다음 손에는 연꽃을, 또 다음 손에는 금륜(金輪)을 들었다. 6수(手)는 6도를 구제하는 표치이고, 또 두 팔만 있는 상도 있다.

7)불공견색관음은 생사 대해(大海)에 묘법연화의 미끼를 내리고 심념불공(心念不空)의 낚시줄로 중생인 고기를 낚아 열반의 언덕에 이르게 한다는 관음이다.

관세음보살 친견 전까지는 몸, 입, 뜻으로 수행하는 공을 쌓아야 하였으므로 공용(功用)의 상태라 함에 대하여, 친견 후부터는 무엇을 하려고 미리 마음 속으로 계획하고 분별하는 일이 없이 자연에 맡기더라도 지혜가 저절로 진리에 계합하는 무공용지(無功用智)가 발휘된다.

그러므로 향후 대보살이 되기 전까지는 화신(化身), 즉 부처님 사자(使者) 내지는 사도(使徒) 자격이 되는 것이다.

관세음보살을 친견하였다고 하여 증만심을 가져도 아니 되며, 우쭐하여 주위에 자랑삼아 발설하게 되면 자칫 시비에 휘말릴 수 있으니 자중하는 것이 이로울 것이고, 차분히 관음주송 기도수행 시작에서부터 부처님 친견까지의 과정을 마음 속으로 정리하는 것이 필요하다.

특히 기도수행 과정 속에서 알게 된 본인의 지나온 현생 인연과 전생 인연들에 대하여 정리하여 마음에 각인시켜야 한다. 전, 현생의 인연이 향후 수행 인연에 지대한 영향을 끼치고, 또 어려움에 처했을 때 돌파의 길잡이가 될 수 있다.

 정리가 끝났으면 한 동안 쉬면서 떨어진 체력도 회복하고, 외법공(外法空) 공부를 행할 마음의 준비를 단단히 하여야 한다.

 내아공(內我空)은 나의 사대(지, 수, 화, 풍)로 구성된 물질인 몸과 수, 상, 행, 식의 화합성인 마음이 모두 공하여 자성(自性)이 없음을 말하고, 외법공(外法空)은 삼라만상의 정신, 물질의 모든 법은 모두 인연에 의하여 일시적으로 생겨난 가짜 존재로서 실체가 없고, 자성이 없는 것을 말한다.

 '법구경' 의 몇 가지 말씀들을 소개한다.

 '꽃을 찾아 헤매는 나비와 같이, 꿀을 찾아 떠도는 벌과 같이, 불빛을 쫓아 달려드는 불나방과 같이, 애욕에만 정신이 팔려있는 사람을 죽음의 신은 순식간에 모든 것을 앗아 가리, 홍수가 잠든 마을을 휩쓸어 가듯, 불씨가 온 천하를 다 태우듯, 한 밤에 도둑이 모든 것을 가져가듯이'

 '사랑에서 근심이 오고 애착에서 두려움이 온다. 사랑과 애착이 없으면 근심과 두려움이 없다.'

 '바른 법이 아닌 욕정 속에 던져지면 물 밖으로 던져진 물고기처럼 그 마음은 마왕에게 사로잡혀 아무리 벗어나려고 해도 벗어나기 어렵다.'

 또 '아무리 폭풍이 몰아쳐도 바위산은 흔들리지 않는 것처럼 큰 덕을

쌓는 어진 사람은 비방에도 칭찬에도 흔들리지 않는다.'

'생각을 깊이 하고 참을성 있고 항상 정진하는 부지런한 사람은 자유와 평화와 안락이 있는 가장 높은 세계인 열반에 이르리라.'

'잠 못 드는 사람에게 밤은 길고, 피곤한 나그네에게 길은 멀듯이 진리를 모르는 어리석은 자에게 생사 윤회의 고는 끝이 없다.'

불도 수행하는 자 신독(愼獨)할 줄 알아야 한다.

비록 어두운 방에 혼자 있더라도 큰 손님을 대한 것처럼 하여 보이든 안보이든 한결같이 조신하여 안과 밖을 다르게 하지 말아야 한다.

신독할 줄 알면 선신들이 보호하여 재난이 있는 곳에서도 어려움을 겪지 않게 되고, 신독치 못하면 하늘이 용납지 않아 비록 편안한 곳에서도 편치 못하게 된다.

불도 수행하는 자 말을 많이 하지 말고 몸을 가벼이 움직이지 말아야 한다. 입은 화의 문이니 반드시 엄히 지켜야 하고, 몸은 재앙의 근본이니 응당 가볍게 움직여서는 안 된다.

자주 나는 새는 갑자기 그물에 걸리는 재앙이 있고 함부로 돌아다니는 짐승은 화살에 다칠 염려가 있는 것이다.

불도 수행하는 자 교만하여 남의 미움과 질투를 받지 않게 해야 한다.

교만이란 허망함은 겸손으로 다스릴 줄 알아야 하고, 미움과 시기 질투라는 물거품은 타인에 대한 공경으로 일어나지 않게 하여야 한다.

교만은 마왕이 되는 지름길이며, 시기 질투는 아수라의 권속으로 전락하게 된다.

산이 높으면 계곡이 깊은 법이다. 원숭이 재주 자랑은 결국 나무에서 떨어지는 꼴을 당하게 되고, 영웅호걸 수난 많아 인생 역정 파란 만장케 되고, 절색미인 유혹 많아 삶이 순탄치 않게 되는 것이다.

도가 사람을 멀리하는 것이 아니라 사람이 스스로 도를 멀리하는 것이다.

12. 이근원통법(耳根圓通法)

수행자의 부처님 친견은 본인에게는 확신과 주위의 수행자들에게는 신심(信心) 고취를 위한 일정한 신비 이적 현상이 있을 수 있다.

수행 도량에 큰 광명이 내린다거나, 해의 주위에 상서로운 빛들이 보인다거나, 달무리가 휘황찬란하여 마치 우주 대향연이 이루어지는 것처럼 보인다거나, 용의 모양새와 비슷한 안개가 서린다거나, 상서로운 기운이 감돌아 온갖 좋은 향기가 난다거나 등 갖가지의 현상들이 있을 수 있다.

수행자는 일련의 신비 이적 현상에 대하여 놀라거나 경거망동하지 말고, '이 또한 그러하구나'라고 무덤덤하게 받아들이는 것이 마음의 산란을 줄여 준다.

이런 중 수행자는 여러 가지 음의 '관세음보살'하는 소리를 듣게 된다. 사람이 내는 음성은 아닌데 분명 들리게 된다.

처음에는 어리둥절하지만 이내 정신을 차리고 자세히 들어 보면 하늘에서 수행자에게 일러주는 소리인 줄 알게 된다.

여러 형태의 '관세음보살' 하는 음을 들을 수 있는데, 그 중 맑고 아름다우며, 고요하지만 그윽하고, 우렁차고 힘이 넘치며, 들음으로써 마음이 평안해지고, 따라하여 그 음을 익히고 싶은 '관 세 음 보 살' 하는 음을 들을 수 있다. 수행자는 부처님께서 '잘 들어서 그런 음이 이루어지는 이치를 잘 연구하여 익혀 증득케 하기 위하여' 친히 가르쳐 주심을 직감적으로 알게 된다.

이 '관 세 음 보 살' 하는 음을 듣고(聞), 깊게 생각하여(思), 같은 음이 되고자 노력하는(修) 것을 최상, 최고속의 이근원통 하는 수행이라고 한다.

원통 하는 수행에 나아가면 얼마 지나지 않아 반야라는 것이 눈앞에 나타나게 된다. 이 반야는 수행자 본인에게 속하여 항상 같이 하며, 눈을 뜨고도 볼 수 있고, 눈을 감고도 볼 수 있다.

이 반야라는 것이 지혜이므로 너무 궁금해 하지 말고 수행에 진력하여야 한다. 수행함에 따라 반야는 늘기 시작한다. 굳이 알음알이를 일으키지 말고, 다만 지혜가 늘어간다고 여기면 무난하다.

원통을 하고자 하는 수행자는 본인이 법계의 진리를 증득하기 위하여 수행함을 잊지 말아야 한다. 그러므로 모든 법이 실성(實性)이 없으며 유(有)와 공(空)의 두 가지 집착을 떠난 진공(眞空)이며, 차별있는 사법

(事法)과 평등한 이법(理法)은 분명하게 존재하면서도 서로 융합하는 것이며, 우주간의 온갖 물건과 중생은 서로 서로 일체를 함용하고 있다는 것을 이해하여야 한다.

수행자는 수행 시 자비(慈悲)에 대하여 검고(玄) 검은(玄) 마음(心)이 아닌(非) 마음(心)으로 이해하여야 이로움이 크게 된다. '법화경 서품'에서의 '자비로 몸을 씻고(以慈修身)'란 의미에 대하여 깊게 생각해 보아야 한다.

자비에 대하여 이론적으로는 세 가지 의미가 있다.

1)중생연자비(衆生緣慈悲)는 10방(方) 5도(道)의 중생을 보되, 육연자(肉緣者)와 같이 생각하여 고통을 없애고, 즐거움을 주려는 마음에서 일어나는 자비이고,

2)법연자비(法緣慈悲)는 번뇌의 속박을 벗어나, 모든 법이 다 공한 이치를 깨달은 3승의 성자가 고통을 없애고 낙을 주게 되기를 구하는 중생에 대하여 그가 바라는 바와 같이 해 주는 자비이며,

3)무연자비(無緣慈悲)는 불심으로 일체 법이 실성이 없고, 다 허망한 줄로 관하고는, 마음을 이끌어 일으킬 것이 아무 것도 없거든 이 무연의 불심으로 미망(迷妄)한 세계에 왕래하는 중생을 불쌍히 여겨 진지(眞智)를 얻게 하려는 자비를 말한다.

'금강경'에서는 4상(四相)이 없어야 보살이라고 가르친다.

가장 높고 바른 깨달음을 얻고자 하는 선남자 선여인이 어떻게 살아야 하며, 어떻게 그 마음을 다스려야 하느냐에 대하여,

"알에서 태어난 것이나, 태에서 태어난 것이나, 습기에서 태어난 것이나, 변화하여 태어난 것이나, 형상이 있는 것이나, 형상이 없는 것이나, 생각이 있는 것이나, 생각이 없는 것이나, 생각이 있는 것도 아니고 없는 것도 아닌 온갖 중생들을 내가 모두 완전히 열반에 들게 하리라. 이와 같이 헤아릴 수 없이 많은 중생을 열반에 들게 하였으나, 실제로는 열반을 얻은 중생이 아무도 없다. 왜냐하면, 보살에게 자아가 있다는 관념, 개아가 있다는 관념, 중생이 있다는 관념, 영혼이 있다는 관념이 있다면 보살이 아니기 때문이다."라고 하셨다.

4상은 다음과 같다.

1)아상(我相)은 나를 구성하는 요소는 색(물질적인 것), 수(외계의 사물을 대할 때의 감각), 상(감각에 따라 일어나는 생각), 행(생각이 의지가 되어 움직이는 것), 식(최종적인 인식과 판단)이 실체가 없는 공한 것임에도 그것을 모르고 자아에 집착하여 이기적인 고집이 일어나는 것이다. 그리하여 모든 것은 자기가 중심이 되어야 하며, 자기 소유가 있다고 집착하는 것을 말한다.

2)인상(人相)은 인간 본위의 관념에서 생기는 고집이다. 생명의 실상에 미혹하여 사람의 생명만이 소중한 것이며, 반대로 축생 따위의 다른 생명체는 존재가치를 무시하고, 오직 인간에게 유용하도록 일방적으로 이용하는 것이다. 인간 위주의 집착에서 모든 것을 대립적으로 생각하는 상대주의적, 인간 우월에서 오는 반생명적인 행위 등이 인상에 속한다.

3)중생상(衆生相)은 정식(情識)이 있는 중생들과 오온의 조직 작용이 없는 것들, 다시 말해 동물계와 식물계를 대립시켜 생명의 의미를 동물

의 범주 안에서만 부여하는 것, 중생을 가벼이 생각하는 것을 말한다.

4)수자상(壽者相)은 육체적 생존만이 생명이라고 고집하는 그릇된 생명관으로, 생사가 없는 열반의 경지를 모르고 몸이 살아 있을 때만 생명이고 삶이라고 고집하는 소견이다.

수행자가 마음에 관념을 가지면 자아 개아 중생 영혼에 집착하는 것이고, 법이라는 관념을 가지면 자아 개아 중생 영혼에 집착하는 것이고, 법이 아니라는 관념을 가져도 자아 개아 중생 영혼에 집착하는 것이다. 그러므로 법에 집착해서도 안 되고 법 아닌 것에 집착해서도 안 된다.

수행자의 마음에 상이 있게 되는 것은 무명(無明) 즉 검고 검은 그 무엇이 작용하여 생하는 것이므로, 검고 검은 그 무엇들을 수행으로 없애어야 상이 없는 맑고 밝음이 유지되는 것이다.

'금강경'에서의 '약견제상비상즉견여래(若見諸相非相卽見如來:만약 모든 상이 상이 아닌 줄로 보면 곧 바로 여래를 보리라)'라는 가르침은 무명으로 인한 상이 없어야 한다는 것이다.

수행자는 최종 목표가 백색삼매(白色三昧)임을 분명히 인식하고, 수행 시 자비법에 매진하여야 한다.

이근원통의 수행법이 깊어지면 질수록 몸의 모든 세포가 변화됨을 수행자 본인은 알게 된다.

백색삼매는 번뇌 무더기인 중생신(衆生身)을 번뇌가 없는 청정법신(淸淨法身)으로 변화시키어야 이루어지는 삼매이다.

부처님의 '관 세 음 보 살' 하는 음과 같아지려면, 단순히 음을 닮고자 하여서는 형식만 익히게 되어 진정성(眞情性) 부족으로 결국에는 증득치 못하게 된다. 깊고 깊은 수행으로 나아가면 스스로 체득하게 된다.

자비란 한낱 서원만으로 이루어지는 것이 아니라 처절한 고행과 불구덩이 같은 고통과 시련 속에서 자라고 깊어지는 것이기에 오로지 수행으로 극복하여야 한다.

수행자는 4무량심(四無量心)을 마음 깊숙이 저장하고서 원통 수행으로 들어가야 한다. 사무량심(四無量心)은 한없는 중생을 어여삐 여기는 마음의 네 가지로, 무량한 중생을 상대로 하며, 또 무량한 복과(福果)를 얻으므로 무량(無量)이라 한다.

4무량심은 다음과 같다.

1)자(慈)무량심은 모든 사람들을 더 행복하게 하여 주겠다는 마음이다. 어떠한 경계에서도 인욕하여 성냄이 없는 무진(無瞋)을 체(體)로 하여야 한다.

처음에는 자기가 받은 낙을 남도 받게 하려고 뜻 두고, 먼저 친한 이부터 시작하여 일체 중생에게까지 미치게 하는 것으로 방편 한다.

2)비(悲)무량심은 모든 사람들의 괴로움을 덜어주고자 하는 마음이다. 어떠한 경계에서도 인욕하여 성냄이 없는 무진(無瞋)을 체(體)로 하여야 한다.

남의 고통을 벗겨주려는 마음으로, 처음은 친한 이의 고통을 벗겨주기로 하고, 점차로 확대하여 다른 이에게까지 미치는 것으로 방편 한다.

3)희(喜)무량심은 모든 사람들의 행복을 함께 기뻐해 주는 마음이다.

오로지 기쁨으로 충만하여 번민이나 후회심이 없는 희수(喜受)를 체(體)로 하여야 한다.

다른 이로 하여금 고통을 여의고, 낙을 얻어 희열(喜悅)케 하려는 마음으로 처음은 친한 이부터 시작하여 점점 다른 이에게 미치게 한다.

4)사(捨)무량심은 모든 사람들에게 베푼 일에 대해 보답을 바라지 않고 남으로부터 받은 피해도 모두 용서해 주는 마음이다.

어떠한 경계에서도 욕심이 없게 하는 무탐(無貪)을 체(體)로 하여 중생을 평등하게 보아 원친(怨親)의 구별을 두지 않으려는 마음으로 처음은 자기에게 아무런 관계가 없는 이에 대하여 일으키고, 점차로 친한 이와 미운 이에게 평등한 마음을 일으키는 것으로 방편 한다.

원통 하여 백색삼매를 이루고자 하는 수행자에게는 반드시 아수라왕과 그 권속들, 마왕과 그 권속들이 나타나 수행을 방해하며, 이로 인하여 도과(道果) 증득에 지장을 받게 되어 있다. 이는 수행자의 수행 부족에서 오는 것이므로 수행을 돕기 위하여 나타나는 현상과 일들이라고 받아들여야 이롭다.

일반적으로 마왕과 아수라왕은 5신통력을 구비하고 있다. 이들의 신통력을 누진통으로 극복하여야 하는데, 성불한 등각의 대보살과 부처님은 원통 하여 청정법신을 만드셨기에 온전한 누진통이 계시어 사자분신삼매로 마를 온전히 제도할 수 있다. 그러나 원통 하지 못한 수행자는 누진통이 온전치 못한 것이니, 공부 부족의 자기반성으로 받아들여 오로지 수행정진으로 어려움을 극복하여야 한다.

아수라왕과 그 권속들은 시기 질투에 의해서 싸움만을 생각하고 있는 악신들로서 인욕의 무진(無瞋)과 기쁜 마음의 희수(喜受)에 마음이 안착되어야 극복될 수 있고, 마왕과 그 권속들은 남녀의 정분(情分)남을 즐기는 악신들로서 어떠한 경계에서도 욕심이 없게 하는 무탐(無貪)에 안주하여야 극복될 수 있다.

아수라왕과 그 권속들, 마왕과 그 권속들의 방해를 뛰어넘어 4무량심이 완성되면, 모든 법이 모이는 해장(海藏), 해인(海印)삼매와 마음이 동하고 분별하는 기억이 쉬는 멸진정(滅盡定)을 이해하게 된다.

'능엄경'에서 여러 도인들이 육근 즉 안근, 이근, 비근, 설근, 신근, 의근의 여섯 가지, 육경 즉 색, 성, 향, 미, 촉, 법의 여섯 가지, 육식 즉 안근식, 이근식, 비근식, 설근식, 신근식, 의근식의 여섯 가지, 칠대 즉 지대, 수대, 화대, 풍대, 공대, 식대, 근대의 일곱 가지 등 총 25가지의 수행방법에 대하여 답하고, 이에 대하여 문수보살이 총평한다.

총평한 문수보살의 게송을 살펴보면,
"깨달음의 바다 그 성품 맑고 둥글어
둥글고 맑은 깨달음이 원래 묘하네.
원래 밝음이 비치어 대상이 생기나니
그 대상이 생기면 밝은 성품 없어지네.

혼미하고 미망하여 허공이 생기게 되고
허공을 의지하여 세계가 성립되네.

생각이 엉켜서 국토가 생기고
깨닫고 아는 것이 중생되었네.

허공이 대각 중에서 생겨남이
바다에서 물거품이 일어나는 듯하니
작은 티끌같이 많은 유루의 국토가
모두 허공에 의하여 생기는 것이네.

물거품이 없어지면 허공도 없나니
하물며 다시 삼유(삼계)가 있겠습니까.
본원으로 돌아가면 성품이 둘이 아니나
돌아가는 방편으로는 여러 문이 있다네.

성인의 성품으로는 통하지 않음이 없어
순하고 거스름이 모두가 방편이지만
초심자로서 삼매에 들어갈 적엔
더디고 빠름이 같지 않다네.

색(色)은 생각이 엉키어 이루어진 티끌
정밀하고 또렷함으로도 통할 수가 없으니
이렇게 명철하지 못한 것으로
어떻게 원만하게 통함을 얻을 수 있겠습니까?

음성은 섞여진 언어이므로
다만 이름과 구절과 의미뿐이니
한 마디 말이 일체를 포함할 수 없거늘
어떻게 원만하게 통함을 얻을 수 있겠습니까?

냄새는 코와 만나야만 느낄 수 있고
코를 떠나서는 본래 있는 것이 아니니
항상 깨닫는 것이 아니거늘
어떻게 원만하게 통함을 얻을 수 있겠습니까?

맛의 성품 본연(本然)한 것이 아니요.
맛보는 그 때에만 있는 것이니
그 느낌이 항상한 것이 아니거늘
어떻게 원만하게 통함을 얻을 수 있겠습니까?

감촉은 감촉하는 대상으로 인해 느끼고
그 감촉의 대상이 없으면 감촉을 느낄 수가 없나니
합하고 여읨에 성품이 일정치 않거늘
어떻게 원만하게 통함을 얻을 수 있겠습니까?

법이란 내진(內塵)에 의한 것이라 하는데
내진에 의한 것이면 반드시 처소가 있으리니
주체와 객체가 널리 통하지 못하거늘

어떻게 원만하게 통함을 얻을 수 있겠습니까?
보는 성품이 비록 밝다고 하여도
앞만 밝고 뒤는 밝지 못하여
사방에서 하나 반이 모자라거니
어떻게 원만하게 통함을 얻을 수 있겠습니까?

코로 숨쉬는 것은 들고 남에 통하기는 하나
눈앞에 교차하는 기운이 없어
산산이 흩어져 섭입(涉入)이 없으니
어떻게 원만하게 통함을 얻을 수 있겠습니까?

혀는 무단히 들어가지 않는지라
맛을 통해야만 느낌이 생기나니
그 맛이 없으면 느끼는 것이 없게 되거늘
어떻게 원만하게 통함을 얻을 수 있겠습니까?

몸은 감촉하는 대상과 같이
각각 원만하게 깨닫고 보지 못하나니
몸과 감촉은 한계가 있어 서로 합하지 못하거늘
어떻게 원만하게 통함을 얻을 수 있겠습니까?

지근(知根)은 어지러운 생각이 섞이어
탐료(마음의 심층의식, 제8식)를 끝내 볼 수 없으니

허망한 생각을 벗어나지 못하거늘
어떻게 원만하게 통함을 얻을 수 있겠습니까?

식견(識見)은 세 가지(근, 경, 식)가 어우러진 것이라
근본을 따져 보면 실상이 아니니
자체가 애당초 결성됨이 없거늘
어떻게 원만하게 통함을 얻을 수 있겠습니까?
 [본다고 하는 것은 보는 주체(眼根)와 보는 대상(眼境)과 보는 대상을
통해 생기는 알음알이(眼識)가 어우러짐으로써 가능해진다는 뜻]

마음으로 듣는 것이 시방세계에 통하는 것은
큰 인연의 힘으로 생긴 것이니
초심자는 들어갈 수 없거늘
어떻게 원만하게 통함을 얻을 수 있겠습니까?

코에 생각을 두라 함은 본래가 방편이므로
다만 마음을 붙들어서 머물게 하심이니
머무는 것은 마음이거늘
어떻게 원만하게 통함을 얻을 수 있겠습니까?

법을 설하여 말과 글로 희롱함은
깨달아 앎을 먼저 이룬 것이니
말과 글귀는 번뇌가 없어짐이 아니거늘

어떻게 원만하게 통함을 얻을 수 있겠습니까?
계율을 지킴은 몸만을 단속하는 것
몸이 아니면 단속할 대상이 없으니
원래가 일체에 두루하지 아니한 것이거늘
어떻게 원만하게 통함을 얻을 수 있겠습니까?

신통은 본래 숙세의 인연이니
법진(法塵)을 분별함과 무슨 관계이며
생각과 인연은 물질을 여읜 것이 아니거늘
어떻게 원만하게 통함을 얻을 수 있겠습니까?

만약 땅의 성품으로 관찰한다면
굳고 막혀 통달하지 못하였으니
유위법은 성인의 성품이 아니거늘
어떻게 원만하게 통함을 얻을 수 있겠습니까?

물의 성품으로 관찰한다면
상념(想念)은 진실하지 않은 것이요
여여(如如)는 느끼고 보는 대상이 아니거늘
어떻게 원만하게 통함을 얻을 수 있겠습니까?

불의 성품으로 관찰한다면
있음을 싫어함이 참으로 여읜 것이 아니며

초심자에게 맞는 방편이 아니거늘
어떻게 원만하게 통함을 얻을 수 있겠습니까?

바람의 성품으로 관찰한다면
움직이고 고요함이 상대가 없지 아니하니
상대가 있음은 최상의 깨달음이 아니거늘
어떻게 원만하게 통함을 얻을 수 있겠습니까?

허공의 성품으로 관찰한다면
혼둔(昏鈍)은 애당초 깨달음이 아니니
깨달음이 없으면 보리와 다르거늘
어떻게 원만하게 통함을 얻을 수 있겠습니까?

의식의 성품으로 관찰한다면
관찰할 의식이 항상 머물지 아니하며
마음을 붙들어 둔다는 것이 허망한 것이거늘
어떻게 원만하게 통함을 얻을 수 있겠습니까?

모든 행은 무상한 것이며
생각하는 성품은 본래 나고 죽는 것이니
인과가 지금 다르게 느껴지거늘
어떻게 원만하게 통함을 얻을 수 있겠습니까?

제가 지금 세존께 아뢰옵니다.
부처님께서 사바세계에 오시니
여기서 가르치시는 참된 가르침의 실체는
깨끗함의 소리를 듣는 데 있는 듯 하옵니다.

삼마지를 닦아서 얻으려 하면
진실로 들음으로 들어가야 합니다.
고통에서 벗어나 해탈 얻게 하나니
훌륭하여라, 관세음이시여.

항하사처럼 오랜 겁 동안
미진수(微塵數) 불국토에 드나들면서
크고도 자재한 신력 얻어서
두려움 없음을 중생에게 베푸옵니다.

오묘한 소리와 관세음과
범음과 해조음으로
세상을 구제하여 다 편안케 하며
세상을 벗어나 항상 머무름을 얻게 하옵나이다.

제가 지금 부처님께 아뢰옵나니
관세음이 말한 대로
사람들이 고요히 쉬고 있을 때

시방에서 한꺼번에 북을 치거든
열 곳의 소리 일시에 듣는 것과 같나니
이는 곧 원만한 진실인가 하나이다.

눈은 담장 밖의 것을 보지 못하며
입과 코도 그러하듯이
몸은 접촉하는 대상과 합해야 느낌이 생기며
마음과 생각은 분분하여 두서가 없네.

담벽이 가렸어도 소리를 들을 수 있고
멀거나 가깝거나 다 들을 수 있으니
다섯 개의 감각기관이 모두가 능하지 못하되
이것만이 원만하게 통하는 진실인가 하나이다.

소리의 성품은 움직이고 고요해서
듣는 가운데 있기도 하고 없기도 하며
소리가 없으면 들음이 없다고 할지언정
진실로 듣는 성품이 없는 것은 아니네.

소리가 없더라도 없어진 것이 아니고
소리가 있어도 생긴 것이 아니네.
생과 멸을 다 여의었으니
이는 항상하고 진실한가 하나이다.

비록 몸 속에 있을지라도
생각하지 않는다고 없는 것은 아니니
깨닫고 보는 것이 생각에서 벗어나서
몸과 마음으로 미칠 수가 없습니다.

지금 이 사바세계는
말로써 논란해야만 내 뜻을 밝힐 수 있나이다.
중생들이 본래의 듣는 성품 혼미하여
소리만을 따르므로 유전(流轉)합니다."라고 하여 이근원통 수행을 최고
로 하였다.

　원통이 성숙되면 해장, 해인삼매로 법의 보고가 되고, 멸진정이 이루
어져 반야바라밀다가 완성되어 금강삼매에 주(住)하게 된다.

　세존의 유지(遺志)인 '불유교경(佛遺敎經)'의 핵심 내용을 살펴보면,
반야바라밀다를 스승 삼아, 5근(안, 이, 비, 설, 신)을 제어하며, 마음을
경계하여 다구(多求), 수면(睡眠), 진에(瞋恚), 공고(貢高:공부가 높음에
빠져 있는 것), 첨곡(諂曲:남을 속여 넘기기 위하여 갖은 아양을 부리면
서 고분고분하게 비위를 맞추는 짓)을 여의고 팔대인각(八大人覺)을 닦
아서 방일에 흐르지 말고, 항상 적정한 곳을 구하여 정진할 것을 가르
치셨다.
　팔대인각은 보살 연각 성문 등의 역량(力量)이 큰 이들이 일으키는 8종
의 생각을 말한다.

1)소욕각(小欲覺)은 얻지 못한 5욕법 가운데서 널리 구하려 하지 않는 생각이고,

2)지족각(知足覺)은 이미 얻은 것만으로 만족함이며,

3)원리각(遠離覺)은 적정각이라고도 하며, 세속의 번뇌를 여의고 적정한 것을 좋아하는 생각이고,

4)정진각(精進覺)은 선법을 닦는 데 용맹 정진하여 그치지 않는 생각이고,

5)정념각(正念覺)은 바른 이치를 일심으로 생각하고 다른 생각을 섞지 않는 것이며,

6)정정각(正定覺)은 선정을 닦아 모든 어지러운 생각을 쉬고, 몸과 마음이 고요함을 얻어 삼매가 앞에 나타나는 것이고,

7)정혜각(正慧覺)은 문혜, 사혜, 수혜를 닦아 참되고 바른 지혜가 발생하는 것이며,

8)무희론각(無戲論覺)은 쓸데없는 말을 멀리 여의고, 정어(正語)에 주하는 것을 말한다.

모든 난관을 극복하고 오로지 반야바라밀다를 완성하여, 무색계의 비상비비상처지에 주하여 10정, 10인, 10통을 완성하는 금강삼매법을 달통하여야 한다.

금강삼매법 달통이 이근원통법의 완성임을 이해하여야 한다.

이근원통법(耳根圓通法)의 완성은 듣는 것으로부터 흐름에 들어가되 처소가 없어서 들어간 곳이 이미 고요해지니, 움직이고 고요한 두 모습

이 또렷이 생기지 아니하고, 이와 같이 점점 더해서 듣는 주체와 들을 대상이 다 끊어지며 듣는 주체가 다 끊긴 것도 남아있지 아니하여 깨닫는 주체와 깨달을 대상이 공하여지며, 공하였다는 깨달음이 아주 원만하여 공한 것도 공할 것도 없어져 나고 없어짐이 끊어지면 고요함이 앞에 나타나게 되어, 홀연히 세간과 출세간을 초월하여 시방이 원명해지면서 두 가지 수승함을 얻게 되는데, 하나는 위로 시방의 모든 부처님의 본각인 오묘한 마음과 합하여 부처님의 인자하신 힘과 동일하게 되는 것이고, 둘째는 아래로 시방의 모든 육도 중생과 합하여 중생과 더불어 비앙(悲仰)이 동일해지는 것을 말한다.

수행자는 이근원통법을 잘 마무리 하여야 한다. 이근원통이 완성되어야 백색삼매가 이루어 지고, 진공의 대원경지가 열리게 된다.

'빠알리 경장'에서 세존은 청정한 독신 생활에 대하여,
"어떤 수행자가 실제로 여인과 성행위를 하지 않고, 여인의 안마와 마사지를 받지 않고, 여인과 농담도 주고받지 않으며, 놀이로 즐기지 않는다. 그리고 여인의 눈을 응시하지도 않으며, 벽 뒤에서 아니면 울타리를 통해 여인의 웃음소리, 말소리, 노랫소리 등을 귀 귀울여 듣지도 않는다. 그러나 그는 과거에 여인과 웃고 떠들고 놀던 때를 회상한다.
그는 이것을 즐기고 기다리고 만족을 느낀다.
이것도 또한 청정한 독신 생활의 삶에서 깨지고 얼룩진 삶이다.
그는 청정하지 못한 독신의 삶을 사는 사람이고 성적인 사슬에 묶여 있는 사람이라고 불린다. 그는 생 로 병 사 슬픔 고통 절망에서 헤어 나

오지 못한다. 그는 괴로움에서 벗어나지 못한다.

　나는 이 중에서 내 안에 버려지지 않은 성적인 속박을 하나도 발견하지 못하였다. 나는 이 세상에서 위없는 완전한 깨달음을 이루었다고 천명하였다. 나의 해탈은 확고부동이다."라고 가르치셨다.

　마음 챙김의 자가진단(自家診斷) 방법이 될 수 있기에 소개하였다.

　이근원통 하여 대선지식(大善知識:성불한 대보살)이 되면 중생들에 있어서는 다음과 같은 요익함이 있게 된다.

　천하 만물에게 생멸의 상(相)을 없게 하며,

　애욕의 정을 없게 하며,

　늙어 병이 나는 고통을 받지 않게 하며,

　빈부의 수치를 없게 하며,

　좋고 싫음의 환을 없게 하며,

　너와 나를 가르는 마음을 없게 하며,

　유능하다고 교만한 마음을 없게 하며,

　대지의 인간에게 마음도 형상도 수명도 명예도 안락도 평등하게 하며,

　삼라만상 육도 사생에서 헤매는 영혼을 깨우쳐 정각 보리를 얻을 수 있게 할 수 있는 대의원(大醫員)이 되는 것이다.

　세세한 이론적인 논거는 다음 장으로 넘긴다.

제2장 증과(證果)

'화엄경'에서는

'만일 어떤 사람이 일체의 부처를 알고자 한다면(若人欲了知三世一切佛), 마땅히 법계의 본성을 관하라(應現法界性). 모든 곳은 오로지 마음이 지어내는 것이다(一切唯心造).'라고 하여 마음에서 진리를 찾아야 함을 가르치고 있으며, '능엄경'에서는 '만법이 생기는 것은 오로지 마음에서 나타나는 것이다(萬法所生 唯心所現).'라고 하여 삼라만상의 제 현상들은 마음들이 지어낸 것이라고 가르치고 있다.

일체만상 모든 것이 마음으로 인연한 것이기에 마음에서 진리를 찾아야 함은 당연한 이치이다. 관음주송 기도수행자는 열심히 수행하여, '금강경'에서의 '응무소주이생기심(應無所住而生其心:마땅히 머무를 바 없이 마음을 낸다)'이라는 가르침과 같이 걸림이 없는 참자유인이 되어야 하는 것이다.

세상의 무상함을 느낌에 빠르고 느림이 있는 것을 말(馬)에 비유한 것으로 사마유(四馬喻)란 표현이 있다.

　1)채찍의 그림자만 보고도 놀래는 말은, 다른 마을에 아무개가 죽었단 말을 듣고 놀래는 사람을 말하고,

　2)채찍이 털에 닿고야 놀래는 말은, 자기 마을에 죽은 이가 있음을 보고 놀래는 사람을 말하고,

　3)채찍이 살갗에 맞고야 놀래는 말은, 자기의 친척이 죽는 것을 보고 놀래는 사람을 말하고,

　4)채찍에 맞아 뼈에 사무치도록 아파야만 놀래는 말은, 자기가 병들어 앓고야 비로소 놀래는 사람을 말한다.

　삼라만상은 마음으로 건립되어, 마음이 주체가 되어 돌고 돈다. 어떤 마음은 번뇌가 적어 자유로우며, 또 어떤 마음은 번뇌가 많아 고통스러울 따름이다. 번뇌란 생각이 아니기 때문에 수행을 행하면 차츰 줄어드는 것이고, 또 온전히 제도되면 완전 소멸되는 것이므로, 각자 본인에게는 소멸되어 없어진 번뇌는 더 이상 존재하지 않게 된다. 없어진 번뇌만큼 자유로움은 증장된다. 그러므로 누가 이 도리를 자각하여, 수행을 먼저 시작하느냐가 중요한 점인 것이다.

　'마치 풀잎 끝의 이슬방울이 해가 뜨면 재빨리 말라버려 잠시도 가지 않듯이, 우리의 삶도 물거품 같다. 마치 큰 빗방울이 물에 떨어져 물거품이 생겼다가 순식간에 사라져 잠시도 가지 않듯이, 우리의 삶도 또한 물거품 같다. 마치 물 위에 막대기로 그은 선이 긋자마자 사라져 잠시도 가지 않듯이, 우리의 삶도 또한 물 위에 그린 선과 같다. 마치 산의 계곡 물이 재빨리 흘러 모든 것을 휩쓸어 가며 잠시도, 순간도, 일초도

머물지 않고 돌진하며 소용돌이치며 흐르듯이, 우리의 삶도 또한 산의 계곡 물과 같다.' 라는 말씀의 가르침과 같이, 방치한 번뇌를 제도하여 진정한 자유의 참 열락을 누리기에는 우리네 인생이 그렇게 여유로운 기간이 아니다.

노소부정(老少不定)이란 말이 있다. 나이 젊었다고 해서 반드시 노인보다 뒤에 죽는다고 정해진 것도 아니고, 나이 늙었다고 해서 반드시 젊은 사람보다 먼저 죽는다고 정해진 것도 아닌 것을 말한다. 이것은 인생이 무상하여 내일의 목숨을 미리 알 수 없는 것을 말한 것이다.

'관음주송 기도수행'을 서둘러서 번뇌를 조복 받아야 한다. 집안이 좋고, 재물이 풍족하고, 학식이 뛰어나 따르는 이가 많은 자만심과 허세가 심한 사람이 성인에게 도전하듯이 물음을 던졌다.

"무엇을 도라고 하며, 무엇을 지혜라고 하며, 무엇을 덕 높은 사람(長老)이라 하며, 무엇을 단정(端正)하다고 하며, 무엇을 수행자라 하며, 무엇을 출가 비구라 하며, 무엇을 어질고 밝은(仁明)이라고 하며, 무엇을 도가 있다고 하며, 무엇을 계를 받드는 것이라고 합니까?"라고 질문하였다.

이에 성인은 "도란 항상 배우기를 좋아하고 올곧음을 스스로 실천하며 오직 보배로운 지혜의 마음을 간직하는 것이며, 지혜란 말을 잘하는 것이 아니라 두려워하는 마음 없이 선(善)을 지켜가는 것이다. 덕 높은 사람이란, 나이가 많고 머리가 흰 것이 아니라 모든 존재의 이치를 꿰뚫어 알고 순하고 조화로우며 어질고 명달(明達)하여 청정한 삶을 사는 사람을 말한다. 단정함이란, 탐욕과 질투, 허영과 위선이 없고 악의 뿌리까지 끊어 버려서 성냄이 없는 모습이다. 수행자란, 외형적으로 머리를 깎은 사람을 말하는 것이 아니고 거짓과 악행을 끊고 마음을 고요히 하여 원대한 구도의 자세를 갖춘 사람이다. 출가 비구란, 겉으로 무소유를 표방하며 걸식(乞食)생활을 하는 자가 아니라 모든 죄업을 남김없이 떨쳐 버리고 청정하고 지혜로운 삶을 살아가는 사람이다. 어질고 밝은이란, 입으로 떠드는 것이 아니라 마음이 청정하여 거짓으로 꾸밈이 없고 적멸의 고요함을 지켜 가는 사람이다. 도가 있다는 것은, 천하의 생명을 어루만져서 해악을 끼치는 일이 없는 것이며(無害爲道), 법 혹은 계를 받드는 것은, 말로 해명하는 것이 아니라 스스로 법을 의지해서 도를 지켜 나가는 것이다."라고 답하여, 자만심과 허세가 심한 사람을 진리의 삶에 들게 하였다.

우리들 본인들에 대한 말씀으로 받아들여서 번뇌를 소멸시키는 수행으로 향하여야 할 것이다.

번뇌를 조복 받아 소멸시키면, 도와 지혜와 덕 높음과 단정과 마음의 출가와 어질고 밝음이 따라오는 것이 진리임을 이해하여야 한다.

부처님의 깨치신 법신에는 자수용신, 타수용신의 두 방면으로 묘한 작용이 있게 된다.

자수용신(自受用身)은 수행을 통하여 얻어진 불과(佛果)와 자내증(自內證)의 법문을 스스로 수용하고 즐기는 불신을 말하고, 타수용신(他受用身)은 이 깨침의 보과와 뛰어난 법문을 다른 사람에게 수용시키기 위해 지도하고 교화하는 불신이다. 타수용신을 드러낼 때 이를 보신이라고 표하기도 하는데, 보신의 설법은 그 대상이 초지 이상의 보살로서 제일의제(第一義諦)인 매우 깊은 교법이 설해지기 때문에 지전의 보살(보살 52위 중 40위까지의 보살)이나 범부는 설법의 대상이 되지 않는다.

특히 부처님이 삼매로써 설법 대상을 움직여 정확하게 그 뜻에 맞게 타수용신법을 수용시킬 수 있는 수행자는 10지 보살이 아니면 불가능하다고 한다.

관음주송 기도수행자는 관세음보살과 거의 비슷한 대보살이 주위에 있다고 믿어야 한다. 관음주송 기도수행자들의 수행 경지가 상당히 깊은 경지에까지 이르러 있는 것이 작금의 실상인 것을 이해하여야 할 필요가 있다. 이러한 대보살님은 타수용신법으로 제도를 하시기에 어떤 사람이 관음주송 기도수행을 하면, 상태에 맞게 말없이 보이지도 않고 느낄 수도 없게끔 이끌어 주시므로 수행의 증과가 빠를 수밖에 없다. 그러므로 외형으로 사람을 판단치 말고, 일단 관음주송 기도수행의 경지가 깊다고 느껴지는 수행자에게는 겸손한 마음을 갖으면 크게 이로움이 있게 된다.

그러나 모든 사람이 일시에 성불하여 대보살이 된다는 것은 어디까지나 이론적인 측면이고, 실제에 있어서는 현생의 공부에 차이가 있는 것은 어쩔 수 없다.

보살이 수행하여 성불에 이르기까지 매우 긴 기간이 걸리는데, 이를 3아승기겁(三阿僧祇劫)이라 한다.

제1아승기겁은 신심을 가지고 수행을 시작하여 10주, 10행, 10회향의 3위(位)를 행하여 마치는 기간으로, 7만 5천 부처님께 공양하여야 한다고 할 만큼 무수한 공덕 쌓음과 이루 헤아릴 수 없는 한량없는 시간이 걸린다는 것이고, 제2아승기겁은 10지 중 초지로부터 7지까지 수행하여 마치는 기간으로, 7만 6천 부처님께 공양하여야 한다는 것이고, 제3아승기겁은 8지로부터 10지의 공부를 완성하고 성불에 이르는 기간으로, 7만 7천 부처님께 공양하여야 한다고 할 만큼 무수한 공덕과 한량없는 시간이 소요된다.

수행자는 본인의 공부가 어느 단계에 있고, 다음 생에 어느 세계에 나는지를 판단하여야 수행의 지표가 될 수 있는 것이므로, 삼아승기겁 이론과 '법화경', '화엄경'에서의 가르침을 기준으로 하여 관음주송 기도 수행의 단계를 3단계로 분류하였다.

제1단계는 믿음을 가지고 기도 수행하여 10주위, 10행위, 10회향위를 함양한 일반 범부의 단계이다.
관음주송 기도수행을 시작하여 '관세음보살' 하고 부르는 음이 하복부의 단전에서 나오기 시작하기 바로 찰라 전까지의 상태로, 오리사의 번뇌 즉 견혹(見惑)이 제도되는 단계이다.

제2단계는 '관세음보살' 하고 부르는 음이 하복부 단전에서 이루어져서, 일심의 '관음주송'에로 향하여 일심을 완성하고, 또 '관세음보살' 하고 부르는 음이 온 몸으로 울려 퍼져서 맑고 아름다우며 힘차게 되어 온 몸이 광명으로 가득하고, 그 광명으로 인하여 불계(佛界)의 대광명과 합체가 되는 단계이다.

기도수행을 행함으로써 거치른 오둔사 즉 사혹(思惑)의 번뇌를 본격적으로 제도하여 없애는 과정이다.

십지품의 초지인 환희지에서 7지인 원행지가 완성되어 부처님 친견하고 무생법인 얻는 과정까지이다.

제3단계는 8지에서 부처님 음성을 듣고, 부처님 음성과 같은 '관 세음 보 살' 하고 부르는 음을 수행 완성하여 대보살이 되는 단계이다.

부처님 친견하고 무생법인 얻으면 반야라는 것이 눈앞에 나타나게 되고, 커지기 시작하여 수행을 행함에 따라 증장되어서 반야바라밀다가 완성된다. 완성된 반야바라밀다에 의(依)하고 금강삼매에 주(住)하여 진공(眞空)의 대원경지(大圓鏡智)를 달통하는 성불의 대보살이 되는 단계이다.

이 단계에서 미세한 번뇌 즉 진사혹(塵沙惑)을 모두 제도한다.

그 뒤의 등각 대보살과 묘각 부처님은 참고로 기술하였다.

대우주의 구조로는 [부록1]을 참조하고, 공부 단계의 52위는 [부록2]를 참조하길 바란다.

1. 10바라밀

마음의 법은 증득(證得)하여 전법륜(轉法輪)하는 것이다. 증득 대상이 10바라밀이며, 전법륜 방편이 10바라밀이므로, 우선 10바라밀에 대하여 정확히 이해하여야 한다.

10바라밀은 6바라밀(보시, 지계, 인욕, 정진, 선정, 반야)에 방편바라밀, 원바라밀, 력바라밀, 지혜바라밀을 더한 것이다.

10바라밀은 보리심으로부터 착한 뿌리와 큰 서원의 물이 흘러나와서 네 가지 거두어 주는 법으로 중생에게 가득 차게 하지마는 다하지 아니하고, 더욱 불어서, 내지 온갖 지혜의 바다에까지 들어가서 가득 차게 하여 수승(殊勝)되어 지게 하여야 한다.

(1)보시(布施)바라밀

재물과 정신을 타인에게 베풀어 줌을 말한다. 보시에는 재시(財施), 법시(法施), 무외시(無畏施)의 세 가지가 있다.

재시는 재물을 아끼지 않고 주위에 베풀어 줌을 말한다. 법시는 자기가 터득한 부처님 진리를 남김없이 타인에게 가르쳐 주는 것을 말한다. 무외시는 타인의 심리적 불안, 공포 등을 없애주는 것을 말한다.

'화엄경 현수품'에서는 '광명을 놓으니 이름이 능사(能捨)라. 이 빛이 간탐 중생을 깨우쳐서 항상 보시를 즐겨 마음에 집착이 없게 하나니라. 간탐하는 마음이 조복키 어려우나 능히 조복하고 재물이란 꿈과 같고 뜬구름과 같음을 알아서 보시하는 청정한 마음이 증장할새 이런 고로 이 광명을 얻어 이루나니라.' 라고 하였다.

보시바라밀로는 간탐(慳貪:물건을 아끼고, 탐내어 구하면서 만족할 줄을 모르는 정신작용)을 깨뜨린다.

보시바라밀이 깊어지면, 다음과 같은 열 가지 청정한 보시가 이루어진다.

　1)평등한 보시로, 중생을 가리지 않는다.

　2)뜻을 따르는 보시로, 그들의 소원을 채우게 한다.

　3)난잡하지 않는 보시로, 이익을 얻게 한다.

　4)마땅함을 아는 보시로, 상 중 하를 알아서 베푼다.

　5)무주상(無住相) 보시로, 과보를 구하지 않는다.

　6)터놓은 보시로, 마음에 연연하지 않는다.

　7)온통 하는 보시로, 끝까지 청정하게 행한다.

　8)보리에 회향하는 보시로, 함이 있고 함이 없음을 멀리 떠난다.

　9)중생을 교화하는 보시로, 도량에 이르도록 버리지 않는다.

　10)세 바퀴(三輪)가 청정한 보시로, 주는 이와 받는 이와 물건을 바른 생각으로 관찰하여 허공과 같이 성품이 없게 맑게 행한다.

　만일 보살들이 이 열 가지 청정한 보시에 편안히 머물면 여래의 위없는 청정하고 광대한 보시를 얻게 된다.

　보시바라밀의 방편으로 '화엄경 입법계품'에서 '이른바 한량없는 나툰 몸 구름을 내어 시방의 모든 세계에 가득하여서 보살들이 보시바라밀을 행하던 일을 말하여 모든 일에 미련이 없고 모든 중생에게 두루 보시하여 주며 마음이 평등하여 교만이 없고 안팎의 것을 모두 주되 버리기 어려운 것을 버리게 하였다.'라고 하였다.

(2)지계(持戒)바라밀

보살 스스로의 계율을 잘 지키는 삼취정계(三聚淨戒)의 실천이다.

삼취정계는 마음과 몸을 바르게 하여 바르게 하고 스스로의 범죄를 방호하는 율의계(律儀戒)와 중생들에게 온갖 두려움을 없애주고 심지어 짐승의 공포까지도 없애주는 10선계를 포함한 섭선법계(攝善法戒)와 중생들에게 자비를 베풀며 모든 이익을 가져다주는 요익유정계(饒益有情戒)를 말한다.

10선계는 몸(動作), 입(言語), 뜻(意念)으로 10악을 범치 않는 제계(制戒)로서, 몸으로 짓는 세 가지로 불살생(不殺生), 불투도(不偸盜), 불사음(不邪淫)과 입으로 짓는 네 가지로 불망어(不妄語), 불양설(不兩舌), 불악구(不惡口), 불기어(不綺語)와 뜻으로 짓는 세 가지로 불탐욕(不貪欲), 불진에(不瞋恚), 불사견(不邪見)이 있다.

'화엄경 명법품'에서는 '여러 가지 계율을 갖추어 가지면서도 집착하지 아니하고 아만(我慢)을 영원히 여의면, 이것은 지계바라밀을 청정케 함이니라.'라고 하였으며, '화엄경 현수품'에서는 '또 광명을 놓으니 이름이 제열(除熱)이니라, 이 빛이 능히 파계한 자를 깨우쳐서 널리 하여금 청정한 계를 받아 지녀서 발심하여 스승 없는 도를 원하여 증득케 하나니라. 중생을 권하여 이끌어 계를 받아 지녀서 열 가지 선업도를 다 청정케 하며 또 하여금 발심하여 보리도를 향하게 할새 이런 고로 이 광명을 얻어 이루나니라.'라고 하였다.

'화엄경 십지품'에 있는 내용을 소개한다.

'불자여, 보살이 2지인 이구지(離垢地)에 머물면,

 성품이 저절로 일체 살생(殺生)을 멀리 여의어서, 칼이나 작대기를 두
지 아니하고, 원한을 품지 아니하고, 부끄럽고 수줍음이 있어 인자하고
용서함이 구족하며, 일체 중생으로 생명있는 자에게는 항상 이익하고
사랑하는 마음을 내나니, 보살이 오히려 나쁜 마음으로 중생을 시끄럽
게 하지도 않거늘, 하물며 저에게 중생이란 생각을 내면서, 짐짓 거치
른 마음으로 살해할까보냐.

 성품이 훔치지(偸盜) 않나니, 보살이 자기의 재산에는 만족함을 알고
다른 이에게는 인자하고 사랑하여 침노하지 않으며, 다른 이에게 소속
한 물건에는 남의 것이라는 생각을 내어 훔치려는 마음이 없고, 풀잎
하나라도 주지 않는 것은 가지지 않거든, 하물며 생활에 필요한 물건이
리오.

 성품이 사음(邪淫)하지 않나니, 보살이 자기의 아내에 만족함을 알고
다른 아내를 구하지 않으며, 다른 이의 아내나 첩이나, 다른 이가 수호
하는 여자나, 친족이 보호하거나, 약혼하였거나, 법으로 보호하는 여인
에게 탐하는 마음도 내지 않거든, 하물며 종사하며, 또 제 곳이 아닌 것
이리오.

 성품이 거짓말(妄語)을 하지 않나니, 보살이 항상 진실한 말과 참된 말
과 시기에 맞는 말을 하고, 꿈에서라도 덮어두는 말을 차마 하지 못하
며, 하려는 마음도 없거든 하물며 짐짓 범하리오.

성품이 이간하는 말(兩舌)을 하지 않나니, 보살이 이간하는 마음도 없고 해치려는 마음도 없으며, 이 말로써 저를 파괴하기 위하여 저에게 말하지 아니하고, 저 말로써 이를 파괴하기 위하여 이에게 말하지 않으며, 아직 파괴하지 않은 것을 파괴하게 하지 않고, 이미 파괴한 것을 더 증장하지 않으며, 이간하는 것을 기뻐하지도 않고, 이간하기를 좋아 하지도 않으며, 이간할 말을 짓지도 않고, 이간하는 말은 실제거나 실제가 아니거나 말하지도 아니하느니라.

성품이 나쁜 말(惡口)을 하지 않나니, 이른바 해롭게 하는 말, 거치른 말, 남을 괴롭히는 말, 남을 성내게 하는 말, 앞에 대한 말, 앞에 대하지 않는 말, 불공한 말, 버릇없는 말, 듣기 싫은 말, 듣는 이에게 기쁘지 않는 말, 분노한 말, 속을 태우는 말, 원혐 맺는 말, 시끄러운 말, 좋지 않은 말, 달갑지 않은 말, 나와 남을 해롭게 하는 말, 이런 말을 모두 버리고, 윤택한 말, 부드러운 말, 뜻에 맞는 말, 듣기 좋은 말, 듣는 이가 기뻐하는 말, 남의 마음에 잘 들어가는 말, 운치있고 규모있는 말, 여러 사람이 좋아하는 말, 여러 사람이 기뻐하는 말, 몸과 마음에 희열한 말을 항상 말하느니라.

성품이 번드르르한 말(綺語)을 하지 않나니, 보살은 언제나 잘 생각하고 하는 말, 시기에 맞는 말, 진실한 말, 이치에 맞는 말, 법다운 말, 도리에 맞는 말, 교묘하게 조복하는 말, 때에 맞추어 요량하여 결정한 말을 좋아하느니라. 이 보살이 웃음거리도 항상 생각하고 말하거든, 어찌 짐짓 산란한 말을 하리오.

성품이 탐(貪)내지 않나니, 보살이 남의 재물이나 다른 이의 물건을 탐하지 않고 원하지 않고 구하지도 않느니라.

성품이 성내지(瞋恚) 아니하나니, 보살이 일체 중생에게 항상 자비한 마음, 이익하는 마음, 가없이 여기는 마음, 환희한 마음, 화평한 마음, 포섭하는 마음을 내어, 미워하고 원망하고 해치고 시끄럽게 하는 마음을 아주 버리고, 항상 인자하고 도와주고 이익하려는 일을 생각하여 행하느니라.

또 사뙨 소견(邪見)이 없나니, 보살이 바른 도리에 머물러서 점치지 않고, 나쁜 계율을 가지지 않고, 마음과 소견이 정직하고 속이고 아첨하지 않으며, 불보 법보 승보에 결정한 신심을 내느니라.
불자야, 보살이 이와 같이 열 가지 선한 법을 행하여 항상 끊임이 없느니라.' 라고 하였다.

지계바라밀로 파계(破戒:한 번 계를 받은 사람이 신, 구, 의 3업을 조심하지 못하고, 계법에 위반되는 일이 있는 것)를 깨뜨린다.
일반적으로 계율을 파한 사람은 자기를 해롭게 하고, 나쁜 이름이 따르고, 지혜 있는 이에게 꾸중을 듣고, 죽을 때에 뉘우쳐지고, 죽어서 악도에 떨어진다.

지계바라밀의 방편으로 '화엄경 입법계품'에서 '중생의 수효와 같이 한량없는 나툰 몸 구름을 내어 법계에 가득하게 모든 중생의 앞에 나타나서 깨끗하게 계율을 지킴을 말하며, 범죄하지 아니하고 여러 가지 고행을 닦아 다 구족하며, 모든 세간에 의지하지 않고 모든 경계에 애착이 없으며, 생사하는 데서 바퀴 돌듯이 오고감을 말하며, 모든 경계가 다 부정하다고 말하며, 모든 법이 다 무상하다고 말하며, 모든 변천하는 것이 다 괴롭고 맛이 없다고 말하며, 세간 사람들로 하여금 뒤바뀐 것을 버리고 부처의 경지에 있어서 여래의 계율을 지니게 하며, 이렇게 여러 가지 계율을 말하여 계율의 향기가 널리 풍기어 중생들을 성숙케 하였다.' 라고 하였다.

(3)인욕(忍辱)바라밀

모든 어려운 일을 참고 견디어 내는 것을 말한다. 내원해인(耐怨害忍), 안수고인(安受苦忍), 제찰법인(諸察法忍)의 세 가지가 있다.

내원해인은 다른 사람으로부터 피해를 당할 때 인욕하며 지혜롭게 피해를 면할 수 있도록 하는 것을 말한다. 안수고인은 추위와 더위 등 자연의 나쁜 조건을 극복하고 죽음이 닥쳐올 만큼 어려운 고통을 겪어도 이를 능히 참아 견디는 것을 말한다. 제찰법인은 사성제, 12인연 등 여러 진리를 관찰하고 진리를 통달하기 위하여 어려운 고통을 참고 견디는 것을 말한다.

인욕이란 모든 좋고 나쁜 대경에 대하여 마음이 움직이지 않고(忍), 참아서 감내(堪耐)하는 것을 말한다.

'화엄경 명법품'에서는 '온갖 나쁜 것을 모두 참으면서 여러 중생에게 마음이 평등하여 흔들리지 않기를 마치 땅이 모든 것을 지니는 것과 같이 하면 이것은 인욕바라밀을 청정케 함이니라.' 라고 하였으며, '화엄경 현수품'에서는 '또 광명을 놓으니 이름이 인엄(忍嚴)이라. 이 빛이 성내는 자를 깨우쳐서 저로 하여금 아만(我慢)을 여의고 성냄을 제(除)하여 항상 참고 부드럽고 온화한 법을 즐기게 하나니라. 중생의 포악(暴惡)함이 참기 어렵거늘 보리를 위한 연고로 마음이 움직이지 아니하여 항상 참는 공덕 칭찬하기를 즐길새 이런 고로 이 광명을 얻어 이루나니라.' 라고 하였다.

인욕바라밀로 진에(瞋恚:자기의 마음에 맞지 않는 경계에 대하여 미워하고 분하게 여겨, 몸과 마음을 편안치 못하게 하는 심리작용)를 깨뜨린다.

인욕바라밀의 방편으로 '화엄경 입법계품'에서 '또 중생의 수효와 같은 갖가지 몸 구름을 내어 모든 고통을 참으라 말하나니, 이른바 베고 오리고 때리고 꾸짖고 업신여기고 욕하여도 마음이 태연하여 흔들리지도 어지럽지도 말며, 여러 가지 행에 낮지도 높지도 말고 중생들에게 교만한 마음을 내지 말며, 법의 성품에 편안히 머물고 그대로 알며, 보리심을 말하되 다함이 없나니, 마음이 다하지 않으므로 지혜도 다하지 않아 모든 중생의 번뇌를 끊으며 중생들의 미천하고 누추하고 완전치 못한 몸을 말하여 염증을 내게 하고, 여래의 청정하고 미묘하고 위가 없는 몸을 말하여 즐거움을 내게 하나니, 이런 방편으로 중생들을 성숙케 하였다.' 라고 하였다.

(4)정진(精進)바라밀

해태심과 방일심을 없애 능히 무량한 선법을 일으키고 증장하게 하는 것을 말한다. 안갑정진(按甲精進), 섭선정진(攝善精進), 이락정진(利樂 精進)이 있다.

안갑정진이란 병사가 갑옷을 입고 진지에 들어가 전투를 하되 추호의 공포심 없이 대위세를 보이며 싸우는 것과 같이 용맹하게 수행에 힘쓰고, 또 견고하고 용감한 자세로 더욱 근면하고 자책하여 목적한 바의 과업에로 매진하여 노력하는 것을 말한다. 섭선정진이란 인간이 평소에 비록 작은 선행이라 할지라도 소홀히 하지 않고 실천하고, 그 뒤 이에 만족하지 않고 더욱 큰 선행을 위하여 노력하는 것을 말한다. 이락정진이란 이익과 안락으로 내세의 이익을 이라 하고, 현세의 이익을 낙이라 하는데, 본인과 중생을 이익케 하고 안락케 하기 위하여 쉬지 않고 노력하는 것을 말한다.

'화엄경 명법품'에서는 '모든 업을 두루 지으며 항상 닦아서 게으르지 아니하고 여러 가지 짓는 일에 퇴전하지 아니하며 용맹한 세력을 제어할 이 없고 모든 공덕에 취하지도 버리지도 아니하면서 능히 온갖 지혜의 문을 만족하면 이것은 정진바라밀을 청정케 함이니라.'라고 하였으며, '화엄경 현수품'에서는 '또 광명을 놓으니 용맹(勇猛)이라. 이빛이 게으른 자를 깨우쳐서 저로 하여금 항상 삼보 가운데 공경하고 공양하되 피로하고 싫음이 없게 하나니라. 만약 저가 항상 삼보 가운데 공경하고 공양하되 피로하고 싫음이 없으면 곧 능히 네 가지 마의 경계에서 벗어나 빨리 위 없는 불보리를 이루나니라. 중생을 권하여 교화해하여금 정진케 하여 항상 부지런히 삼보에게 공양하여 법이 멸하고자 할 때 오로지 수호할새 이런 고로 이 광명을 얻어 이루나니라.' 라고 하였다.

정진바라밀로는 해태(懈怠:좋은 일을 당하여도 게을러서 용감하지 못하는 정신작용)를 깨뜨린다.

정진바라밀의 방편으로 '화엄경 입법계품' 에서 '또 중생 세계와 같은 갖가지 몸 구름을 내어 중생들의 좋아함을 따라서 용맹하게 정진하여 모든 지혜로 도를 도와주는 법을 닦으라 말하며, 용맹하게 정진하여 마와 원수를 항복 받으라 하며, 용맹하게 정진하여 보리심을 내고 흔들리지도 물러가지도 말라 하며, 용맹하게 정진하여 모든 중생을 제도하여 생사의 바다에서 벗어나게 하라 하며, 용맹하게 정진하여 모든 나쁜 길의 험난을 멸하라 하며, 용맹하게 정진하여 무지한 산을 깨뜨리라 하며, 용맹하게 정진하여 모든 부처님 여래에게 공양하되 고달픈 생각을 내지 말라 하며, 용맹하게 정진하여 모든 부처님의 법륜을 받아 지니라 하며, 용맹하게 정진하여 모든 장애의 산을 무너뜨리라 하며, 용맹하게 정진하여 모든 중생을 교화하여 성숙케 하라 하며, 용맹하게 정진하여 모든 부처님의 국토를 깨끗하게 장엄하라 하나니, 이런 방편으로 중생을 성숙케 하였다.' 라고 하였다.

(5)선정(禪定)바라밀
마음에 산란함이 없고 동요함이 없으며 미세한 번뇌까지 정화하는 것을 말한다. 안주정려(安住靜慮), 인발정려(引發靜慮), 변사정려(辨事靜慮)의 세 가지가 있다.

안주정려란 마음을 한 곳에 집중하여 산란을 막고 동요치 않게 하여 고요함에 머무르는 것을 말한다. 인발정려란 마음을 고요하게 하여 더욱 깊은 선법으로 향하게 함을 말한다. 변사정려란 마음을 산란에서 벗어나게 하여 안온 속에서 세상사의 잡다한 일을 능숙하게 처리하는 것을 말한다.

 '화엄경 명법품'에서는 '다섯 욕심 경계에 탐하지 아니하며, 차례로 닦는 선정을 모두 성취하여, 항상 바르게 생각하여 머물지도 않고 나오지도 아니하며, 온갖 번뇌를 능히 소멸하며, 한량없는 삼매 문을 내며, 끝없는 큰 신통을 성취하며, 거슬리고 순하게 차례차례 모든 삼매에 들며, 한 삼매 문에서 그지없는 삼매 문에 들어가며, 온갖 삼매의 경계를 다 알며, 온갖 삼매와 삼마발저(等持:마음이 들뜨거나 침울하지 않는 평온에 이른 상태)와 지혜 인과 더불어 서로 어기지 아니하며, 온갖 지혜의 지위에 빨리 들어가나니, 이것이 선정바라밀을 능히 청정함이니라.'라고 하였으며, '화엄경 현수품'에서는 '또 광명을 놓으니 이름이 적정(寂靜)이라. 이 빛이 능히 뜻이 산란한 자를 깨우쳐서 그로 하여금 탐 진 치를 멀리 여의어서 마음이 움직이지 않고 바르고 안정하게 하나니라. 온갖 나쁜 지식의 뜻 없는 말과 잡되고 물든 행을 멀리 여의고 선정과 아란야(空閑處:한적한 곳으로 수행자들이 머물기에 적합한 곳)를 찬탄할새 이런 고로 이 광명을 얻어 이루나니라.'라고 하였다.

선정바라밀로는 산란(散亂:우리의 대경이 변하여 마음이 고정하기 어려움)을 깨뜨린다.

선정바라밀의 방편으로 '화엄경 입법계품'에서 '또 갖가지 한량없는 몸 구름을 내어 여러 가지 방편으로 중생들의 마음을 기쁘게 하여 나쁜 뜻을 버리고 모든 욕망을 싫어하게 하는데, 부끄러움을 말하여 중생들이 모든 감관을 숨겨 보호하게 하며, 위 없이 깨끗한 행을 말하고 욕심 세계는 마의 경계라고 말하여 두려움을 내게 하며, 세상의 욕락을 좋아하지 말라고 말하여 법의 즐거움에 머물되 차례차례로 모든 선정과 삼매의 낙에 들어가게 하며, 그들로 하여금 생각하고 관찰하여 모든 번뇌를 멸하게 하며, 또 모든 보살의 삼매바다와 신통한 힘으로 변화하여 나타나서 자유자재하게 유희함을 말하여 중생들로 하여금 환희하고 기뻐서 모든 근심을 여의고 마음이 깨끗하며 모든 근이 용맹하여 법을 소중하게 여기어 닦아 증장케 하였다.'라고 하였다.

(6)반야(般若)바라밀

지혜(智慧)바라밀이라고도 하며, 지혜를 숙성시키어 최상의 지혜를 발하여 현전의 제법으로 하여금 염정(染淨)의 차별이 존재하지 않게 하는 것을 말한다. 생공무분별혜(生空無分別慧), 법공무분별혜(法空無分別慧), 구공무분별혜(究空無分別慧)의 세 가지가 있다.

생공무분별혜란 모든 중생들의 아(我)란 집착은 진리를 모르는 무지에서 비롯되므로 아란 집착할 것이 못된다고 이해함을 말한다. 법공무분별혜란 삼라만상의 모든 것은 그 실체가 공한 것임을 이해함을 말한다.

구공무분별혜란 궁극에는 아와 밖의 모든 것의 그 본질은 공한 것임을 이해함을 말한다.

'화엄경 명법품'에서는 '여러 부처님께 법을 듣고 받아 지니며, 선지식을 친근하여 섬기고 게으르지 아니하며, 항상 법문 듣기를 좋아하여 마음에 만족함이 없고, 들음을 따라 이치답게 생각하며, 참된 삼매에 들어 모든 사특한 소견을 여의며, 모든 법을 잘 관찰하여 실상의 인(印)을 얻으며, 여래의 공용(功用)없는 도를 분명히 알며, 넓은 문의 지혜를 타고 온갖 지혜의 문에 들어가서, 영원히 휴식함을 얻으면, 이것이 반야바라밀을 청정함이니라.'라고 하였으며, '화엄경 현수품'에서는 '또 광명을 놓으니 이름이 혜엄(慧嚴)이라. 이 빛이 어리석고 미(迷)한 자를 깨우쳐서 그로 하여금 진실한 법을 증득하고 연기를 알아서 모든 근과 지혜를 다 통달케 하나니라. 만약 능히 진실한 법을 증득하고 연기를 알아서 모든 근과 지혜를 다 통달하면 곧 일등(日燈) 삼매법을 얻어서 지혜의 광명으로 불과를 이루나니라. 국토 재물 자기 몸까지 모두 능히 버리고 보리를 위하여 바른 법을 구하며 듣고 나서는 오로지 중생을 위해 부지런히 설할새 이런 고로 이 광명을 얻어 이루나니라.'라고 하였다.

반야바라밀로는 우치(愚癡:事象에 의혹되어 진리를 분별치 못하는 어리석음)를 깨뜨린다.

반야바라밀의 방편으로 '화엄경 입법계품'에서 '또 중생세계와 같은 갖가지 몸 구름을 내어 그들을 위하여 시방국토에 가서 부처님과 스승과 선지식에게 공양하고 모든 부처님의 법륜을 받아 지니되 부지런히 정진하고 게으르지 말라고 말하며, 또 모든 여래의 바다를 찬탄하고 모든 법문 바다를 관찰하라고 말하여, 모든 법의 성품과 모양을 나타내 보이며, 모든 삼매의 문을 열며 지혜의 경계를 열고 중생의 소견을 깨뜨리게 하며, 지혜의 해가 떠서 중생들의 어리석은 어두움을 파하여 그들이 환희하여 온갖 지혜를 이루게 하였다.' 라고 하였다.

(7)방편(方便)바라밀

방편(方便)의 방은 방법이고 편은 편리로서, 일체 중생의 근기에 계합하는 방법과 수단을 편리하게 쓰는 것을 말한다. 또 방은 방정한 이치이고 편은 교묘한 언어로서, 여러 가지 근기의 중생들에게 방정한 이치와 교묘한 말을 하는 것이다.

또한 방은 중생의 방성(方城)이며 편은 교화하는 편법으로, 여러 근기의 중생에게 방역에 순응하여 적당히 교화하는 편법을 쓰는 것이다. 즉 중생을 제도하기 위해 여러 가지 수단과 방법을 강구하는 것이며, 또는 그 수단과 방법을 방편이라 한다.

부처님은 근기가 아직 성숙하지 못하여 깊고 묘한 교법을 받아들이지 못하는 어리석은 중생들을 깊고 묘한 진실도로 나가게 하기 위하여 낮고 보잘 것 없는 방편으로써 중생을 교화하였다.

'화엄경 명법품' 에서는 '온갖 세간에서 짓는 업을 일부러 나타내며, 중생을 교화하매 게으르지 아니하며, 그들로 즐겨함을 따라 몸을 나타내며, 모든 행하는 일에 물들지 아니하며, 혹은 범부를 나타내고 혹은 성인의 행하는 행을 나타내며, 혹은 생사를 나타내고 열반을 나타내며, 모든 지을 것을 잘 관찰하며, 온갖 장엄하는 일을 나타내면서도 탐착하지 아니하고, 모든 갈래에 두루 들어가 중생을 제도하나니, 이것이 곧 방편바라밀을 청정함이니라.' 라고 하였다.

방편바라밀의 방편으로 '화엄경 입법계품'에서 '또 중생의 세계와 같은 여러 가지 몸 구름을 내어 모든 중생의 앞에 나아가서 그들에게 알맞게 여러 가지 말로 법을 말하는데, 세간의 신통과 복력도 말하고, 세 세계가 모두 무서운 것이라 말하여, 세간의 업을 짓지 말라고 말하여 세 세계를 여의고 소견의 숲에서 벗어나게 하며, 온갖 지혜의 길을 칭찬하여 그들로 하여금 2승의 지위에서 뛰어 나게 하며, 생사에 머물지도 말고 열반에 머물지도 말라고 말하여 함이 있는 데나 함이 없는 데 집착하지 않게 하며, 천궁에 머물거나 내지 덕운비구(선재동자가 친견한 53선지식 중 1인)에 머물라고 말하여 그들로 하여금 보리심을 내게 하나니, 이런 방편으로 중생들을 교화하여 필경에 지혜를 얻게 하였다.' 라고 하였다.

(8)원(願)바라밀

서원바라밀이라고도 하며, 원은 '바란다'는 뜻이므로, 원바라밀은 바라는 것을 반드시 얻으려고 하는 희망을 말한다. 이 원에는,

가)처음으로 진리를 갈구하며 발심하는 발심원(發心願)

나)미래세에 출생하여 중생을 선도하고 두루 이익되게 하겠다는 수생

원(受生願)

다)모든 진리를 올바로 사유하고 참다운 지혜로써 간택하며, 뛰어난 공덕을 쌓아 중생을 교화하겠다고 결심하는 소행원(所行願)

라)일체의 진리와 보리의 공덕을 포섭하고 수용하겠다는 정원(正願)

마)정원에서 더욱 나아가 법과 중생을 위하여 몸을 바치겠다는 대원(大願) 등이 있다.

'화엄경 명법품'에서는 '끝까지 일체 중생을 성취하며, 끝까지 일체 세계를 장엄하며, 끝까지 일체 부처님들께 공양하며, 끝까지 장애 없는 법을 통달하며, 법계에 가득한 행을 끝까지 수행하며, 오는 세월이 끝나도록 몸이 항상 머물며, 지혜로 온갖 마음을 끝까지 알며, 흘러 헤매(유전)고 도로 멸함(환멸)을 끝까지 깨달으며, 일체 국토를 끝까지 나타내고, 여래의 지혜를 끝까지 증득하려 하나니, 이것이 원바라밀을 청정함이니라.'라고 하였다.

원바라밀의 방편으로 '화엄경 입법계품'에서 '또 모든 세계의 티끌 수 몸 구름을 내어 모든 중생의 앞에 나아가 잠깐잠깐마다 보현보살의 모든 행과 원을 보이며, 잠깐잠깐마다 청정한 큰 원이 법계에 가득함을 보이며, 잠깐잠깐마다 모든 세계 바다를 깨끗하게 함을 보이며, 잠깐잠깐마다 모든 여래 바다에 공양함을 보이며, 잠깐잠깐마다 모든 법문 바다에 들어감을 보이며, 잠깐잠깐마다 모든 세계 바다의 티끌 수 세계 바다에 들어감을 보이며, 잠깐잠깐마다 모든 세계에서 오는 세월이 끝나도록 온갖 지혜의 도를 청정하게 수행함을 보이며, 잠깐잠깐마다 여래의 힘에 들어감을 보이며, 잠깐잠깐마다 모든 세 세상의 방편 바다에 들어감을 보이며, 잠깐잠깐마다 모든 세계에 가서 갖가지 신통변화를 나타냄을 보이며, 잠깐잠깐마다 모든 보살의 행과 원을 보여서, 모든 중생으로 하여금 온갖 지혜에 머물게 하여, 이렇게 하는 일을 쉬지 아니하였다.' 라고 하였다.

(9)역(力)바라밀

몸과 마음을 요란하게 하여 선법을 방해하고 좋은 일을 깨뜨려 수도에 장애가 되는 것을 막는 힘을 말한다. 이 역에는 사택력(思擇力:지혜로써 사물을 진리롭게 생각하며 실천하는 힘)과 수습력(修習力:육바라밀을 수행하는 정진력)이 있다.

'화엄경 명법품'에서는 '깊은 마음의 힘을 갖추었으니 잡되게 물듦이 없는 연고며, 깊이 믿는 힘을 갖추었으니 꺾을 이가 없는 연고며, 대비의 힘을 갖추었으니 싫어함을 내지 않는 연고며, 대자의 힘을 갖추었으니 행함이 평등한 연고며, 모두 지니는 힘(總持力)을 갖추었으니 방편으로 온갖 뜻을 능히 갖는 연고며, 변재의 힘을 갖추었으니 일체 중생으로 하여금 기쁨이 만족케 하는 연고며, 바라밀의 힘을 갖추었으니 대승을 장엄하는 연고며, 큰 서원의 힘을 갖추었으니 길이 끊어지지 않는 연고며, 신통의 힘을 갖추었으니 한량없는 것을 내는 연고며, 가지(가피)하는 힘을 갖추었으니 믿어 이해하고 받아들이게 하는 연고니, 이것이 곧 역바라밀을 청정함이니라.' 라고 하였다.

역바라밀의 방편으로 '화엄경 입법계품'에서 '또 모든 중생의 마음 수효와 같은 몸 구름을 내어 모든 중생의 앞에 나아가서 보살들이 온갖 지혜를 모으는데 도를 도와주는 법을 말하되, 그지없는 힘과 온갖 지혜를 구하는데 깨뜨릴 수 없는 힘과 다하지 않는 힘과 위없는 행을 닦아 물러가지 않는 힘과 중간에 끊어지지 않는 힘과 나고 죽는 법에 물들지 않는 힘과 모든 마의 군중을 파하는 힘과 모든 번뇌의 때를 여의는 힘과 모든 업장의 산을 깨뜨리는 힘과 모든 겁에 있어서 크게 가엾이 여기는 행을 닦는데 게으르지 않는 힘과 모든 부처님이 국토를 진동하여 모든 중생들을 환희케 하는 힘과 모든 외도를 깨뜨리는 힘과 넓은 세간에서 법륜을 굴리는 힘을 말하여 이런 방편으로 중생들을 성숙케 하여 온갖 지혜에 이르게 하였다.' 라고 하였다.

(10)지혜(智慧)바라밀

삼라만상의 온갖 이치를 사실대로 알고, 진리에 계합되게 행을 지음을 말한다. 지는 결단을 의미하며, 모든 사상(事象)과 도리에 대하여 옳고 그름과 삿되고 바름을 분별하는 마음의 작용이다. 지는 혜의 여러 가지 작용의 하나이나 지혜라 붙여 쓴다.

6바라밀의 반야(지혜)바라밀과의 차이는 반야(지혜)바라밀에서는 인과법, 사성제, 12연기법, 8정도 등을 이해하는 것이고, 10바라밀의 지혜바라밀은 불법의 각종 이치를 이해하고, 이를 체득하여, 전법륜하는 것이다.

'화엄경 명법품'에서는 '탐욕이 많은 이를 알며, 성냄이 많은 이를 알며, 어리석음이 많은 이를 알며, 세 가지가 평등한 이를 알며, 배우는 지위를 수행하는 이를 알며, 잠깐 동안에 그지없는 중생의 행을 알며, 그지없는 중생의 마음을 알며, 일체 법의 진실함을 알며, 일체 여래의 힘을 알며, 법계의 문을 두루 깨닫나니, 이것이 곧 지혜바라밀을 청정함이니라.' 라고 하였다.

지혜바라밀의 방편으로 '화엄경 입법계품' 에서 '또 중생들의 마음 수효와 같은 한량없이 변화하는 몸 구름을 내어 시방의 한량없는 세계에 나아가서 중생의 마음을 따라 모든 보살의 지혜와 행을 연설하나니, 이른바 모든 중생의 세계 바다에 들어가는 지혜를 말하며, 모든 중생의 마음 바다에 들어가는 지혜를 말하며, 모든 중생의 근성 바다에 들어가는 지혜를 말하며, 모든 중생의 수행 바다에 들어가는 지혜를 말하며, 모든 중생을 제도하되 때를 놓치지 않는 지혜를 말하며, 모든 법계의 음성을 내는 지혜를 말하며, 잠깐마다 모든 법계 바다에 두루하는 지혜를 말하며, 잠깐 동안마다 모든 세계 바다가 무너짐을 아는 지혜를 말하며, 잠깐 동안마다 모든 세계 바다가 이루어지고 머물고 장엄이 차별함을 아는 지혜를 말하며, 잠깐 동안마다 모든 여래를 자재하게 친근하고 공양하며 법륜을 듣는 지혜를 말하며, 이러한 지혜바라밀을 보이어 중생들을 기쁘게 하며, 화창하고 즐겁고 마음이 청정하여 결정한 이해를 내고 온갖 지혜를 구하여 물러감이 없게 하였다. 보살의 모든 바라밀을 말하여 중생을 성숙케 하듯이, 모든 보살의 가지가지 수행하는 법을 말하여 이익케 하였다.' 라고 하였다.

2. 제1단계

관세음보살이 부처님임을 믿고, 관세음보살에게 귀의심을 내어서, '관음주송 기도수행'을 시작하여 '관세음보살' 하고 부르는 음이 하복부에서 이루어지는 시점까지의 과정이다. 이 기간 동안에 10심, 10주, 10행, 10회향의 마음이 증득되어 자리하게 된다.

관음주송 기도수행자는 인종, 귀천, 남녀노소 불문한다.

'법화경 제바달다품'에서,
용녀가 "법을 듣고 보리를 성취함은
오직 부처님만 아시고 증명하시리니
제가 대승의 교법을 열어 괴로운 중생을
제도하여 해탈케 하겠나이다."라고 하였다.
이에 사리불이 용녀에게,
"여자의 몸은 때묻고 더러워서 법기(法器)가 아니니,
어떻게 무상보리(無上菩提)를 얻으리요."라고 함에 대하여,
'용녀는 홀연히 잠깐 사이에 남자로 변하여 보살행을 갖추고,
곧 남방 무구세계(無垢世界)로 가서
보배 연꽃에 앉아 등정각을 이루니,
삼십이상과 팔십종호를 갖추어 널리
시방의 일체 중생을 위하여 묘법을 설하였다.'라고 하여, 여성도 대보살이 될 수 있음을 가르치셨고, 또 '범본 반야심경'에 의하면 사리자가

묻고, 관자재보살이 답하기 전에 '만약 훌륭한 남자나 여인' 이란 표현이 있다.

'훌륭한 남자나 여인'을 '선남자 선여인' 이라고도 표하기도 하는데, 이는 남녀의 구별 없이 인간은 누구나 무생법인을 얻어 반야를 득하고, 반야바라밀다를 만들 수 있으며, 반야바라밀다에 의하여 성불의 등각 대보살이 될 수 있으며, 반야바라밀다에 의하여 삼세제불의 부처님이 될 수 있음을 의미하는 것으로 중요한 대목이나, 범본에서 한문 번역본이 이루어지면서 생략되었다.

'법화경 신해품' 에서 혜명수보리, 마하가전연, 마하가섭, 마하목건련 등 늙고 노쇠한 장로들이,

"이미 몸이 늙고 피로하여

다만 공(空), 무상(無相), 무작(無作)만 생각하옵고,

저 보살법에 노닐면서 신통이 자재하여

불국토를 깨끗이 하고, 중생을 성취시키는 일은

마음에 기뻐하지 아니 하였나이다.

그러한 까닭을 말씀드리자면,

세존께서는 저희들로 하여금 삼계에서 벗어나

열반을 증득하게 하셨사오며,

또 이제 저희가 늙고 노쇠한 탓에,

부처님께서 보살을 교화하시는 아뇩다라삼먁삼보리에는

일념도 좋아하거나 즐거운 생각을 내지 아니하였나이다.

저희가 이제 부처님 앞에서

성문에게 아뇩다라삼먁삼보리 수기 주심을 듣자옵고

마음이 매우 환희하여 미증유를 얻었나이다.

생각지도 아니하다가 이제

홀연히 희유한 법을 듣자옵고

스스로 깊이 경하하옵니다.

크고 좋은 이익을 얻었사오니,

한량 없는 진기한 보배(지혜와 복덕)를 구하지 아니하고도

저절로 얻었나이다.”라고 하여, 나이가 있는 사람들도 대보살이 될 수 있음을 가르치셨고, 더 더욱 ‘법화경 상불경보살품’에서,

‘상불경보살이 숙세(宿世)의 죄보 마치고 명을 마치려 할 때,

이 경을 얻어 듣고 육근이 청정해져,

신통력으로 수명이 늘어나 대승의 교법을 설하였다.’라고 하여, 육근 청정의 공부가 되면 수명 또한 늘어남을 가르치셨다.

　‘법화경 제바달다품’에서,

‘아니 겨우 여덟 살인 사갈라 용왕의 딸 용녀는

대승의 교법을 열어 괴로운 중생을 제도하여 해탈케 하였다.’라고 하고,

또 법화경 묘장엄왕본사품’에서,

‘정장 정안 두 아들은 대신통력과 복덕과 지혜를 지녀,

보살이 행할 도를 닦아서, 육바라밀, 방편바라밀,

자비희사의 사무량심, 삼십칠품의 조도법을

다 명료히 통달하였고,

보살의 정삼매, 일성수삼매, 정광삼매, 정색삼매,
정조명삼매, 장장엄삼매, 대위덕장삼매를 얻어 통달하여서,
묘법을 보이어, 아버지와 어머니를 부처님 법에로 귀의시켰다.' 라고 하
여, 어린 젊은 사람도 대보살이 될 수 있음을 가르치셨다.

  인종의 차별뿐만 아니라 지구상의 중생만이 그 대상이 아닌 보문시현
(普門示現)임은 관세음보살보문품에서 관세음보살은 '갖가지 형상으로
온갖 국토에 다니며'에서 온갖 국토는 사바세계, 즉 지구뿐만 아니라,
중생들이 있다면 모든 곳을 다 찾아간다는 의미이다. 만일 지구 외에
다른 별나라에도 중생들이 있다면, 그리고 그곳의 누군가가 어려움에
처하여서 관세음보살의 명호를 부른다면 거기에도 찾아갈 것임을 보이
는 내용이다.

  관음주송 기도수행자는 좋은 친구를 벗하여야 더 깊은 마음의 세계로
나아갈 수 있다.
  '아함경'에 의하면 사이비 친구와 진실한 친구에 대한 가르침이 있다.

  사이비 친구(사귈만한 사람이 못되는 사람)란 무엇이건 빼앗아가는
사람, 말만 앞세우는 사람, 아첨하는 사람, 좋지 않은 장소에 출입하는
사람은 사귈만한 사람이 못되는 사람이라고 했다.
  무엇이건 빼앗아가는 사람은 적은 것을 내놓고 큰 것을 바라며, 상대
방이 자신보다 힘이 클 때에만 같이 움직이고 자신에게 이익 되는 일만
하기 때문에 해가 되는 사람을 말한다. 말만 앞세우는 사람은 과거의

일을 빌미삼아 우정을 가장하고 미래의 일을 꾀하며, 우정을 가장하고 하찮은 일로 환심을 사려하고 무슨 일이 일어나면 형편이 좋지 않다고 말하여 도움주기를 거절하기 때문에 친구가 될 수 없는 사람을 말한다. 아첨하는 사람은 상대방의 나쁜 점에는 동의하고 좋은 점에는 동의하지 않으며, 타인의 면전에서는 그를 칭찬하고 등 뒤에서는 헐뜯기 때문에 결코 친구가 될 수 없는 사람을 말한다. 좋지 않은 장소에 출입하는 사람은 술이나 게으름에 빠져 지낼 때에 사귄 친구들이고, 빈둥빈둥 거리를 돌아다닐 때 사귀던 친구들이고, 이런 저런 모임에서 사귀던 친구들이고, 도박 따위의 게으름의 원인이 되는 것에 빠져 지낼 때 사귀던 친구들이기 때문에 결코 친구가 될 수 없는 사람을 말한다.

 이런 사람들은 인생의 적이 되기 때문에 마치 험한 길을 피해가듯이 멀리 피하지 않으면, 폭력, 폭음, 과식, 사기꾼, 거짓말쟁이, 폭력을 휘두르는 사람으로 타락한다는 것이다.

　진실한 친구란 이끌어주는 사람, 괴로울 때나 즐거울 때나 변함없는 사람, 상대방의 입장을 생각한 뒤 말을 건네는 사람, 측은한 마음을 갖는 사람이 진정한 친구라고 했다.

이끌어주는 사람은 친구가 게으름에 빠지는 것을 지켜주고, 게으른 친구의 재산을 지켜주고, 겁에 질린 사람의 의지처가 되어주며, 무엇인가를 해야 할 일이 있을 때에는 상대방 재산의 두 배를 내놓는 사람을 말한다. 괴로울 때나 즐거울 때나 변함없는 사람은 친구에게 비밀이 없으며, 친구의 비밀을 숨겨주고, 어려움에 처해 있을 때에도 친구를 버리지 않고, 친구를 위해 목숨을 아끼지 않는 사람을 말한다. 상대방을 생각해서 말을 건네는 사람은 악을 막아주고 친구를 선으로 이끌며, 아직 듣지 못한 것을 듣게 해주며, 하늘에 이르는 길을 가르쳐주는 사람을 말한다. 측은한 마음을 갖는 사람은 친구의 몰락을 즐거워하지 않으며, 친구가 잘 되는 것을 기뻐하고, 친구의 험담을 막아주며, 자기의 친구를 다른 사람이 칭찬할 때에는 그 이상으로 칭찬하는 사람을 말한다. 자식이 어머니에게 의지하듯 서로 의지하는 사람은 진정한 친구이다.

이런 우정은 누구도 그 둘 사이를 갈라놓을 수 없다고 했으며, 이러한 진실한 친구가 없으면 차라리 '저 광야를 가고 있는 코뿔소의 외뿔처럼' 혼자서 가라고 하였다.

열심히 관음주송 기도수행을 정진하여 가면, 큰 회향심이 마음에 자리하게 된다. 회향(廻向)이란 회전취향(廻轉趣向)의 뜻으로, 자기가 닦은 선근공덕(善根功德)을, 다른 중생이나 또는 자기의 불과(佛果)에 돌려 향하게 하는 것을 말한다.

'대승의장(大乘義章)'에 의하면 3종회향이 있다.

1)중생회향(衆生廻向)은 자기가 지은 선근 공덕을 다른 중생에게 주려는 것으로, 불, 보살의 회향과, 세속에서 영가(靈駕)를 천도하기 위하여 독경하는 등을 말한다.

2)보리회향(菩提廻向)은 자기가 지은 온갖 선근을 회향하여 보리의 과덕(果德)을 얻으려고 취구(趣求)하는 것을 말한다.

3)실제회향(實際廻向)은 자기가 닦은 선근 공덕으로, 무위적정(無爲寂靜)한 열반을 취구하는 것을 말한다.

또 일반적으로 왕상회향(往相廻向)과 환상회향(還相廻向)이 있다. 왕상회향은 자기가 지은 과거와 금생의 선근공덕을 중생에게 베풀어서 함께 정토에 왕생하기를 원하는 것을 말하고, 환상회향은 정토에 왕생한 뒤에 다시 대비심을 일으켜 이 세계에 돌아와서, 중생을 교화하여 함께 불도에 들게 하는 것을 말한다.

회향심이 마음에 자리하게 되면 불도를 터득할 수도 있겠다는 자신감이 생기고, 불도를 터득하겠다는 서원과 함께 큰 보리심이 마음에 근원하게 된다. 이 모든 것이 '관세음보살' 하고 부르는 음이 하복부 단전에서 나오기 시작하는 시점으로, 쾌쾌 묵은 큰 업장들이 제도되었기 때문이다.

제1단계에서 후천적으로 습득한 그릇된 지식에 의해 일어나는 즉 이치를 명료하게 알지 못함으로써 일어나는 지적번뇌의 유신견, 변집견, 사견, 견취견, 계급취견인 견혹(見惑)의 5리사(五利使)가 제도 된다.
 1)물,심이 가화합하여 성립된 육체를 보고 참으로 '아' 라는 존재가 있다는 집착을 일으키고, 또 다른 물건에 대하여 이것이 나의 것이라 집착을 일으키는 잘못된 견해인 유신견(有身見)이 제도 된다.
 2)내 몸이 있다고 아견을 일으킨 위에, 내가 죽은 뒤에도 항상 있다던가(常), 아주 없어진다든가(斷), 어느 한편에 치우친 견해인 변집견(邊執見)이 제도 된다.
 3)주로 인과의 도리를 무시하는 옳지 못한 견해인 사견(邪見)이 제도된다.

4)소견을 고집하는 견이란 뜻으로, 신견 변견 사견 등을 일으키고 이를 잘못 고집하여 진실하고 수승한 견해라는 망견인 견취견(見取見)이 제도 된다.

5)계금에 대하여 생기는 그릇된 소견, 곧 인 아닌 것을 인이라 하고, 도 아닌 것을 도라 하는 아득한 소견인 계금취견(戒禁取見)이 제도 된다.

3.제2단계

관음주송 기도수행이 어느 정도 자리매김하여 '관세음보살' 하고 부르는 음이 본격적으로 하복부 단전에서 이루어지고, 아뇩다라삼막삼보리심이 생기기 시작한다.

또 단전으로 음을 내어 더욱 수행을 행하면, 음에 힘이 붙어 온 몸으로 퍼지게 된다. 음이 온전히 온 몸으로 퍼지는 경계가 6지에서 12연기의 지말무명이 제도되는 시점이다. 다시 말하면 일심이 완성되는 경지이다.

일심으로 더욱 수행하면 음이 온 몸으로 퍼져서 꽉 차며 먼 허공까지에도 나아가는 느낌을 갖게 된다. 이러한 수행 과정으로부터 6바라밀이 증득되고, 거치른 번뇌가 제도되어 공(空)이 드러나며, 7지의 원행지 수행을 잘 하면, 부처님을 친견하고 무생법인을 얻게 되는 단계이다.

우선 3종의 퇴굴심을 깨뜨려야 한다. 이는 관음주송 기도수행을 행하여 음이 하복부에서 이루어질 정도로 수행이 된 수행자가 문뜩 일으키는 번뇌이다. 3종의 퇴굴심은 다음과 같다.

1)보리광대굴(菩提廣大屈)은 부처님 지혜가 심원하다 함을 듣고, 퇴굴심을 내는 것을 말하고,

2)만행난수굴(萬行難修屈)은 6바라밀의 행이 수행하기 어렵다 함을 듣고 퇴굴심을 내는 것을 말하고,

3)전의난증굴(轉依難證屈)은 번뇌장, 소지장을 버리고 대열반, 대보리의 깨달음이 얻기 어려움을 생각하여 퇴굴심을 내는 것을 말한다.

이러한 퇴굴심을 이겨내지 못하면, 범부의 범주에 머무르게 되는 것이니, 선지식의 반열에 이르기 위하여는 관음주송 기도수행을 가멸차게 밀고 나아가야 된다. 퇴굴심이라는 것은 사실은 번뇌를 일으키는 조잡한 마군들이 수행자의 몸에서 벗어나기 싫어서 발버둥 치는 것임을 이해하여야 한다.

이 퇴굴심을 벗어버리지 못하면 환희심은 멀고도 멀어, 깊은 10선계로 나아가지 못하게 된다. 깊은 십선계로 나아가지 못하게 되면, 삼악도가 집이 됨을 명심하여야 한다.

깊은 10선계로 나아감은 오로지 수행 정진으로 따라오는 것이니, 한마디로 일심에로의 관음주송 기도수행에 진력하여야 한다.

'마음은 죄의 온상이요, 몸은 죄의 집합체' 라고 생각하고, 오로지 '관세음보살' 에 매달려야 한다. 지금부터는 계행을 잘 실천하여야 한다.

'밑 빠진 독에 물 붓기이고, 모래를 쪄서 밥을 구한다.' 라는 성현의 말씀이 있다, 이는 계행을 지켜야 하고, 또 번뇌를 없애기 위하여 수행을

하여야 한다는 말씀이다. 계행과 수행은 상호의존 관계이다. 계행을 잘 지키면 수행이 잘 되고, 또 수행이 깊어지면서 계행도 더 잘 이루어지는 것이다.

일심에로의 관음주송 기도수행이 어느 정도 수습되었더라도, 특히 '불음(不淫)의 행(行)'이 이루어지지 않으면, 일심에로의 관음주송 기도수행이 흐트러지는 것이니, 이 이치를 잘 강구하여 음이 하복부 단전에서 이루어져 온 몸으로 퍼지는 기도수행으로 가멸차게 정진 또 정진하여야 한다.

일심의 관음주송이 이루어지면 야차왕, 나찰왕과 그 권속들이 조복되어 제도 된다. 기도수행자는 특정한 집착에서 벗어나게 되고, 모든 계행이 성취되어 파계에서 벗어나게 된다.

일반적으로 성불(成佛)이란 표현을 많이 쓰나, 불도를 완성함은 철저히 본인의 순수한 노력이며, 이런 순수한 노력에 보이지 않는 가피가 스며드는 것이므로, 보다 적극적인 의미인 작불이란 표현이 더 적합하다. 작불(作佛)이란 뜻은 진실된 법을 수행으로 체득하여 도를 행해 마쳐서(行道已) 부처가 되는 것을 말한다. 즉 삼계의 허망한 모습(色)을 멸해 들어감(空)은 진정한 열반이 아니며, 여기에서 나아가 제법이 허망하고 무명이라는 자체가 본래 없는 것이어서 항상 열반의 모습(寂滅相) 자체라고 깊이 통달해 묘법을 깨닫는 것을 의미한다. 그러므로 기도수행의 정진 또 정진만이 대자유에 가까이 가는 유일한 통로임을 명심하여야 한다. 여기에서부터는 수행 공덕이 몸으로 체득되어 몸에 쌓이기 시작한다.

제2단계에서부터 올바른 관(觀)을 할 수 있는데, 관을 하여 나감에 따라 몸의 세세한 구석 구석과 전체를 관할 수 있게 된다. 이러한 관할 수 있는 능력을 천안(天眼:몸의 곳 곳 속을 관할 수 있는 능력)이 구비되었다고 한다.

제2단계에서 거치른 오둔사가 제도 된다. 오둔사는 선천적으로 타고난 즉 탐(貪), 진(瞋), 치(癡), 만(慢), 의(疑)로 대상에 집착함으로써 일어나는 심리적 애(愛)번뇌로 수혹(修惑) 또는 사혹(思惑)이라고 한다.

1)탐은 자기의 뜻에 잘 맞는 사물에 대하여 마음으로 애착케 하는 정신작용을 말한다.

2)진은 자기의 마음에 맞지 않는 경계에 대하여 미워하고 분하게 여겨, 몸과 마음을 편안치 못하게 하는 정신작용을 말한다.

3)치는 현상과 도리에 대하여 마음이 어두운 것으로 무명(無知)과 같은 의미이다.

4)만은 자기의 용모 재력 지위 등을 믿고 다른 이에 대하여 뽐내는 번뇌를 말한다.

5)의는 미(迷)의 인과나 오(悟)의 인과의 도리에 대하여, 유예(猶豫)하고 결정치 못하는 정신작용, 대상에 대하여 마음이 주저하고 결정치 못하는 정신작용을 말한다. 밤에 말뚝을 보고 사람인줄 의심하는 것과 같은 것이다.

(1)환희지(歡喜地)

초지의 환희지에 주(住)한다는 의미는 보살이 수행한 결과로 이 자리에 이르면, 진여의 이(理)의 1분(分)을 증득하여, 성인의 지위에 올라 다시는 물러나지 않고, 자리이타의 행을 이루어서 마음에 기뻐함이 많다는 뜻이다. 환은 몸의 즐거움이며, 희는 마음의 기쁨이다.

환희지에 이른 보살은 열 가지 믿음이 있다.
1)여래께서 세우신 수행(本行)에서 자신이 교화할 대상에 포함된다는 것을 믿으며,
2)모든 바라밀(십바라밀)을 성취하는 것을 믿으며,
3)온갖 뛰어난 마음의 경지에 들어감을 믿으며,
4)여래만이 갖춘 열 가지 힘을 성취하는 것을 믿으며,
5)여래의 네 가지 두려움 없음(무소외)을 구족하는 것을 믿으며,
6)부서지지 않으며 (다른 보살들과)공통하지 않은 불법을 생장(生長)하는 것을 믿으며,
7)불사의한 불법을 믿고,
8)중간과 끝이 없도록 넓은 부처님의 경계를 내는 것을 믿으며,
9)여래의 무량한 경계에 따라 들어가는 것을 믿으며,
10)부처님이 되는 결과(果)를 성취 할 것에 대한 믿음이 있다.
이러한 믿음이 있기에, 모든 것에서 그 마음은 필경 파괴되지 않으며, 다시 다른 연에 따라 바뀌지도 않게 된다. 그러므로 신해행지(信解行地)라 부르며, 또한 수행지(修行地)에 도달하였다고 부르는 것이다.

'화엄경 십지품'에서 세존께서는 "불자여, 어떤 중생이 선근을 깊이 심고 모든 행을 잘 닦고 도를 돕는 법을 잘 모으고 여러 부처님께 잘 공양하고 청정한 법을 잘 쌓고, 선지식의 거두어 주심이 되고 깊은 마음을 청정하게 하여, 광대한 뜻을 세우고, 광대한 지혜를 내면 자비가 앞에 나타나나니, 부처님의 지혜를 구함이며, 열 가지 힘을 얻으려 함이며, 크게 두려움 없음을 얻으려 함이며, 부처님의 평등한 법을 얻으려 함이며, 일체 세간을 구호하려 함이며, 큰 자비를 깨끗이 하려 함이며, 10력과 남음이 없는 지혜를 얻으려 함이며, 모든 부처님의 세계를 깨끗이 하여 장애가 없게 하려 함이며, 잠깐 동안에 일체 3세를 알고자 함이며, 큰 법륜을 굴릴 적에 두려움이 없으려 하는 연고로, 불자여, 이런 마음을 일으키노라.

대비심이 머리가 되어 지혜가 늘고, 공교한 방편에 포섭되고, 가장 훌륭한 깊은 마음으로 유지되며, 여래의 힘이 한량이 없어 잘 관찰하고 분별하며, 용맹한 힘과 지혜의 힘으로 걸림없이 지혜가 앞에 나타나고, 따라 순종하는 자연의 지혜로 일체 불법을 받아들이어, 지혜로써 교화하나니, 광대하기 법계와 같고 끝없기 허공과 같아서 오는 세월을 끝까지 다하느니라.

보살이 처음 이런 마음을 내고는, 곧 범부의 처지를 뛰어나 보살의 지위에 들어가서 여래의 집에 태어나나니, 그 가문의 허물을 말할 이가 없으며, 세간의 모든 갈래를 떠나서 출세간의 도에 들어가며, 보살의 법을 얻고 보살의 자리에 머물며, 3세가 평등한 데 들어가 여래의 종성에서 결정코 위가 없는 보리를 얻으리니, 보살이 이런 법에 머물면 보살의 환희지에 머물렀다 하나니, 동하지 않는 법과 서로 응하는 연고니라."라고 하셨다.

환희지를 얻고는 온갖 공포를 모두 멀리 여의게 되어, 살아갈 수 없을 공포(다른 이에게 공양을 바라지 않고 일체 중생에게 보시만 하므로), 나쁜 이름을 들을 공포(나란 고집을 떠났으므로 내 몸과 재물을 아끼지 않으므로), 죽을 공포(나란 소견을 여의어 나라는 생각이 없으므로), 나쁜 갈래에 떨어질 공포(자기가 죽어도 결정코 부처님이나 보살을 떠나지 아니할 줄 알기에), 대중의 위덕(威德)에 대한 공포(내가 좋아하는 것은 일체 세간에서 동등할 이도, 나을 이도 없다고 생각하므로) 등에서 벗어난다.

환희지에서는 열 가지 원을 발하게 된다.
　가)모든 부처님을 공양하겠다는 공양원(供養願)
　나)모든 부처님이 설한 바 법을 수지하겠다는 수지원(受持願)
　다)부처님께 법을 설해주기를 원하는 전법륜원(轉法輪願)
　라)모든 보살행을 수행하겠다는 수행원(修行願)
　마)중생들을 성숙케 하겠다는 성숙중생원(成熟衆生願)
　바)모든 부처님을 뵙고 모시겠다는 승사원(承事願)
　사)국토를 청정케 하겠다는 정토원(淨土願)
　아)언제나 모든 부처님과 보살들을 떠나지 않겠다는 불리원(不離願)
　자)언제나 중생을 이익케 하겠다는 이익원(利益願)
　차)모든 중생과 함께 깨달음을 얻겠다는 정각원(正覺願)이다.

원을 크게 내고는 이익하는 마음, 부드러운 마음, 따라 순종하는 마음, 고요한 마음, 조복하는 마음, 적멸한 마음, 겸손한 마음, 윤택한 마음, 동하지 않는 마음, 흐리지 않는 마음을 얻는다.

　이러한 마음에서 대자와 대비를 향하게 되고 모든 물건을 아끼지 않고 부처님의 큰 지혜를 구하며 크게 버리는 일을 수행하여, 가진 것을 모두 보시한다.

　이것을 환희지에 있어서 크게 버리는 일을 성취하는 것이라 한다.

　환희지에서는 십바라밀 중 보시바라밀이 치우쳐 많다. 환희지에 머물러서는 흔히 남섬부주의 왕이 되어 호화롭고 자재하며 바른 법을 보호하고, 크게 보시하는 일로 중생들을 거두어 주어 중생의 간탐하는 허물을 제하며, 항상 크게 보시함이 끝나지 아니하여, 보시하고 좋은 말을 하고 이익케 하고 일을 같이 한다.

　보살은 이와 같이 하는 모든 일에 대하여, 모두 부처님을 생각하고 법을 생각하고 선지식님들을 생각함을 떠나지 말아야 하며, 또 온갖 지혜의 지혜를 구족하려는 생각을 떠나지 말아야 한다.

(2) 이구지(離垢地)

　2지의 이구지는 번뇌의 때를 여의는 지위이다.

　환희지에서 이구지로 들어가려면 정직한 마음, 부드러운 마음, 참을성 있는 마음, 조복한 마음, 고요한 마음, 순일하게 선한 마음, 잡란하지 않는 마음, 그리움이 없는 마음, 넓은 마음, 큰 마음이 일어나야 한다.

보살이 이구지에 머물면 저절로 10선계를 지키게 된다.

열 가지 나쁜 업은 지옥이나 아귀나 축생에 태어나는 인이며, 열 가지 선한 업은 인간에나 천상이나 내지 색계나 무색계에 태어나는 인이다.

또 이 상품 십선업을 지혜로써 닦지마는, 마음이 용렬한 연고로, 3계를 두려워하는 연고로, 대비심이 없는 연고로, 다른 이의 말을 듣고 이해하는 연고로 성문승이 된다.

또 상품 십선업을 청정하게 닦지마는, 남의 가르침을 받지 않고 스스로 깨달은 연고로, 대비 방편을 갖추지 못한 연고로, 깊은 인연법을 깨달은 연고로 독각승이 된다.

또 상품 십선업을 청정하게 닦으면서 마음이 한량없이 광대하고 자비를 구족하고 방편에 포섭되고 큰 서원을 내고 중생을 버리지 아니하고 부처님의 지혜를 구하고 보살의 여러 지를 깨끗이 다스리고 모든 바라밀다를 닦으므로 보살의 광대한 행을 이루게 된다.

또 상상품 십선업으로는 온갖 것이 청정한 연고로, 내지 열 가지 힘과 네 가지 두려움 없음을 증득하는 연고로, 일체 부처님을 모두 성취하게 된다. 그러므로 보살은 '내가 이제 열 가지 선(善)을 평등하게 행하며 온갖 것을 구족히 청정하게 하리니, 이런 방편을 마땅히 배울 것이로다.' 라고 생각하여야 한다.

이구지에서는 십바라밀 중에서 지계바라밀이 치우쳐 많다. 보살이 이 이구지에 머물러서는 흔히 전륜성왕이 되고, 큰 법주가 되어 칠보가 구족하고 자재한 힘이 있어, 능히 일체 중생의 아끼고 탐하고 파계한 허물을 제멸하고, 좋은 방편으로써 그들을 십선도에 머물게 하며, 큰 시주가 되어 널리 주는 일이 끝나지 않으며, 보시하고 좋은 말을 하고 이익케 하고 일을 같이 한다.

　보살은 이와 같이 하는 모든 일이 대하여, 모두 부처님을 생각하고 법을 생각하고 선지식님들을 생각함을 떠나지 말아야 하며, 또 온갖 지혜의 지혜를 구족하려는 생각을 떠나지 말아야 한다.

(3)발광지(發光地)

　3지의 발광지는 점점 지혜의 광명이 나타나는 단계이다. 색계 초선천에 드는 마음이다. 보살이 2지를 깨끗하게 수행하고, 3지에 들어가려면 청정한 마음, 편안히 머무는 마음, 싫어서 버리는 마음, 탐욕을 여의는 마음, 물러가지 않는 마음, 견고한 마음, 밝고 성대한 마음, 용맹한 마음, 넓은 마음, 큰 마음을 일으켜야 한다.

　보살이 3지에 머물면 세상의 모든 법이 무상하고, 괴롭고, 부정하고, 파괴하고, 오래 있지 못하고, 찰라에 났다 없어지고, 과거에서 오는 것도 아니고, 미래로 가는 것도 아니고, 현재에 있는 것도 아님을 이해한다.

　또 이 법을 관찰하면 구원할 이도 없고, 의지할 데도 없고, 근심과 함께하고, 슬픔과 함께하고, 고통과 함께있으며, 사랑하고 미워하는 데 얽매이고, 걱정이 많아지고, 정지하여 있지 못하며, 탐욕 성내는 일 어리석은 불이 쉬지 아니하고, 여러 근심에 얽매어 밤낮으로 늘어나며, 요술과 같아서 진실하지 아니함을 이해한다.

이런 것을 이해하고는 모든 하염있는 법에 대한 싫증이 배나 더하여 부처님 지혜로 나아가는데, 부처님 지혜는 헤아릴 수 없고, 동등할 이 없고, 한량이 없고, 얻기 어렵고, 섞이지 않았으며, 시끄러움이 없고, 근심이 없고, 두려움 없는 성에 이르러, 다시 물러가지 않고, 한량없이 고통받는 중생을 구제함인 것을 또 이해하게 된다.

보살은 이와 같이 여래의 지혜가 한량없이 이익함을 이해하고, 모든 하염있는 법은 한량없이 걱정되는 줄을 알므로, 일체 중생에게 열 가지 불쌍히 여기는 마음을 낸다.

1) 중생들이 고독하여 의지할 데 없음을 보고 불쌍한 마음을 내며,
2) 중생들이 빈궁하여 곤란함을 보고 불쌍한 마음을 내며,
3) 중생들이 삼독 불에 타는 것을 보고 불쌍한 마음을 내며,
4) 중생들이 모든 업보의 옥에 갇힘을 보고 불쌍한 마음을 내며,
5) 중생들이 번뇌의 숲에 막혔음을 보고 불쌍한 마음을 내며,
6) 중생들이 잘 살펴보지 못함을 보고 불쌍한 마음을 내며,
7) 중생들이 선한 법에 욕망이 없음을 보고 불쌍한 마음을 내며,
8) 중생들이 부처님 법을 잃어버린 것을 보고 불쌍한 마음을 내며,
9) 중생들이 생사의 물결을 따르는 것을 보고 불쌍한 마음을 내며,
10) 중생들이 해탈하는 방편을 잃음을 보고 불쌍한 마음을 낸다.

보살이 이렇게 중생계의 한량없는 고통과 시끄러움을 보고, 크게 정

진할 마음을 내어 생각하기를 '이 중생들을 내가 구호하고 내가 해탈케 하고 내가 깨끗케 하고 내가 제도하고, 선한 곳에 두고 편안히 있게 하고 즐겁게 하고 알고 보게 하고 조복하게 하고 열반케 하리라.' 라고 생각하여야 한다.

보살이 이렇게 모든 하염있는 법을 싫어하고, 이렇게 일체 중생을 불쌍히 생각하고, 온갖 지혜의 지혜가 훌륭한 이익이 있음을 알고는, 여래의 지혜에 의지하여 중생을 제도하려 하면서 '이 중생들이 번뇌와 큰 고통 속에 빠졌으니, 무슨 방편으로 구제하여 구경열반의 낙에 머물게 할 것인가?' 라고 생각하여야 한다.

그리고 '중생을 제도하여 열반에 머물게 하려면 장애가 없이 해탈한 지혜를 여의지 않아야 하니, 장애가 없이 해탈한 지혜는 일체 법을 실상과 같이 깨달음을 여의지 않고, 일체 법을 실상과 같이 깨달음은 만들어짐도 없고 생멸도 없는 행의 지혜를 여의지 않고, 만들어짐도 없고 생멸도 없는 행의 지혜는 선정의 공교롭고 결정하게 관찰하는 지혜를 여의지 않고, 선정의 공교롭고 결정하게 관찰하는 지혜는 공교롭게 많이 앎을 여의지 않았도다.' 라고 생각하고, 보살이 이렇게 관찰하여 알고는, 바른 법을 곱이나 부지런히 닦으며, 밤낮으로 '법을 듣고 법을 기뻐하고 법을 좋아하고 법을 의지하고 법을 따르고 법을 해설하고 법을 순종하고 법에 이르고 법에 머물고 법을 행하여지이다.' 라고 원하여야 한다.

만일 사람이 말하기를 '내게 부처님이 말씀하신 한 구절 법으로 보살의 행을 깨끗이 할 것이 있는데, 그대가 능히 큰 불구덩이에 들어가서 엄청난 고통을 겪으면 일러 주리라.' 라고 하면, 그 때에 보살은 '나는 부처님이 말씀하신 한 구절 법을 듣고 보살의 행을 깨끗이 할 수 있다면, 삼천대천세계에 가득한 불구덩이 속에라도, 오히려 대범천의 위로부터 떨어져 들어가서 몸소 받들 터인데, 하물며 이 조그만 불속에 들어가지 못하랴. 그리고 불법을 구하기 위해서는 일체 지옥의 고통도 받으려 하건만, 하물며 인간에 있는 조그만 고통도 받지 않으리오.' 라고 생각하여야 한다.

보살이 발광지에 머물렀을 때에는, 사선(四禪)과 사무색정(四無色定)을 배워야 한다.

사선에는 초선, 제2선, 제3선, 제4선이 있다.

1)초선(初禪)은 욕심과 악한 일과 선하지 못한 법을 여의고, 깨달음(覺)도 있고, 관찰함(觀)도 있으면, 여의어서 기쁘고 즐거움을 내는(離生喜樂) 선정을 말한다.

2)제2선은 깨달음과 관찰함을 멸하고(滅覺觀) 속으로 한 마음을 깨끗이 하여(內淨一心) 깨달음도 없고 관찰함도 없으면(無覺無觀), 선정으로 기쁘고 즐거움을 내는(定生喜樂) 경계이다.

3)제3선은 기쁨을 여의고(離喜), 버리고 생각이 있고 바로 아는 데 머물러(住捨有念正知) 몸으로 즐거움을 받으면(身受樂), 여러 성인이 말하는 능히 버리고 생각이 있어 즐거움을 받는(諸聖所說能捨有念受樂) 선정을 말한다.

4)제4선은 즐거움을 끊되, 먼저 고통을 제하였고, 기쁨과 근심이 멸하

였으므로 괴롭지도 않고 즐겁지도 않으면, 버리는 생각이 청정하여 지는(捨念淸淨) 선정을 말한다.

 사무색정에는 공무변처정(空無邊處定), 식무변처정(識無邊處定), 무소유처정(無所有處定), 비상비비상처정(非想非非想處定)이 있다.
 1)공무변처정은 모든 물질이란 생각을 초월하고(超一切色想) 상대가 있다는 생각을 멸하여(滅有對想) 가지가지 생각을 생각하지 않으면(不念種種想), 끝없는 허공에 들어가 허공이 끝없는 곳에 머무는(住虛空無邊處) 선정을 말한다.
 2)식무변처정은 일체 허공이 끝없는 곳을 초월하면 끝없는 식에 들어가 식이 끝없는 곳에 머무는(住識無邊處) 선정을 말한다.
 3)무소유처정은 일체 식이 끝없는 곳을 초월하면 조그만 것도 없는 데 들어가 아무 것도 없는 곳에 머무는(無所有處) 선정을 말한다.
 4)비상비비상처정은 일체 아무 것도 없는 곳을 초월하면 생각이 있지도 않고 생각이 없지도 않은 곳에 머무는(住非有想非無想處) 선정을 말한다.

 이 보살은 마음이 인자(慈)함을 따르며, 넓고 크고 한량없고 둘이 아니고 원수가 없고 상대가 없고 장애가 없고 시끄러움이 없으며, 온갖 곳에 두루 이르며 법계와 허공계를 끝까지하여 일체 세간에 두루 하여, 불쌍히 여기고(悲) 기뻐하고(喜) 버리는 데(捨) 머무는 것도 그와 같다. 보살이 발광지에 머무르면 모아 쌓지 아니하므로 삿뙨 탐욕, 삿뙨게 성내는 일, 삿뙨 어리석음이 모두 끊어지고, 모든 선근이 점점 더 밝고 깨끗하여 진다.

이 보살은 참는 마음, 화평한 마음, 화순하는 마음, 아름다운 마음, 성내지 않는 마음, 동하지 않는 마음, 혼탁하지 않는 마음, 높고 낮음이 없는 마음, 갚음을 바라지 않는 마음, 은혜를 갚는 마음, 아첨하지 않는 마음, 속이지 않는 마음, 험피하지 않는 마음들이 점점 청정하여진다.

발광지에서는 십바라밀 중에서 인욕바라밀이 치우쳐 많다. 보살이 이 발광지에 머물러서는 흔히 33천왕이 되며, 방편으로써 중생들로 하여금 탐욕을 버리고, 보시하고 좋은 말을 하고 이로운 행을 하고 일을 함께 한다.

보살은 이와 같이 하는 모든 일에 대하여, 모두 부처님을 생각하고 법을 생각하고 선지식님들을 생각함을 떠나지 말아야 하며, 또 갖가지 지혜와 온갖 지혜의 지혜를 구족하려는 생각을 떠나지 말아야 한다.

(4) 염혜지(焰慧地)

4지의 염혜지(焰慧地)는 지혜의 광명이 번뇌를 태우는 단계이다.
보살이 3지를 닦고 4지에 들어가려면 법에 밝은 문(法明門) 열 가지를 수행하여야 한다. 중생계를 관찰하고, 법계를 관찰하고, 세계를 관찰하고, 허공계를 관찰하고, 식계(識界)를 관찰하고, 욕계를 관찰하고, 색계를 관찰하고, 무색계를 관찰하고, 넓은 마음으로 믿고 아는 계를 관찰하고, 큰 마음으로 믿고 아는 계를 관찰하는 것이다.

　보살이 염혜지에 머물면, 능히 열 가지 지혜로써 법을 말미암아 성숙한 안의 법(內法)을 얻고 여래의 가문에 나게 된다. 그 연고는,

1)깊은 마음이 물러가지 않고,

2)삼보에 깨끗한 신심을 내어 끝까지 무너지지 않고,

3)모든 행법이 생멸함을 관찰하고,

4)모든 법의 성품이 나지 아니함을 관찰하고,

5)세간이 이루어지고 망가짐을 관찰하고,

6)업으로 인하여 생이 있음을 관찰하고,

7)생사와 열반을 관찰하고,

8)중생의 국토에 대한 업을 관찰하고,

9)지나간 세월과 오는 세월을 관찰하고,

10)아무것도 다할 것이 없음을 관찰하는 때문이다.

　보살이 염혜지에 머물러서는 37보리분법을 배워야 한다.

　37보리분법(三十七菩提分法)이란 깨달음에 이르기 위한 서른일곱 가지 수행법으로, 여래지에 이르고자 육근청정을 얻기 위하여 닦는 37가지의 도품을 말한다.

1)4염처(四念處):네 가지 마음 챙김을 말한다.

　가)신념처(身念處):부모에게 받은 육신이 부정하다고 관하는 것을 말한다.

　나)수념처(受念處):우리의 마음에 낙이라고 하는 음행, 자녀, 재물

등을 보고, 낙이라 하는 것은 참된 낙이 아니고 모두 고통이라 관하는 것을 말한다.

다)심념처(心念處):우리의 마음은 항상 그대로 있는 것이 아니고, 늘 변화 생멸하는 무상한 것이라고 관하는 것을 말한다.

라)법념처(法念處):다른 만유에 대하여 실로 자아인 실체가 없으며, 또 나에게 속한 모든 물건을 나의 소유물이라고 하는데 대해서도, 모두 일정한 소유자가 없다고 무아관을 하는 것을 말한다.

4념처 수행으로 안 몸(內身)을 관(觀)하되 몸을 두루 관찰하며, 부지런히 용맹하게 생각하고 알아서, 세간의 탐욕과 근심을 제(除)한다. 바깥(外身)을 관하되 몸을 두루 관찰하며, 부지런하고 용맹하게 생각하고 알아서, 세간의 근심을 제한다. 안팎 몸을 관하되 두루 따라 관찰하며, 부지런하고 용맹하게 생각하고 알아서, 세간의 탐욕과 근심을 제한다.

이와 같이 안으로 받아들이고(內受) 밖으로 받아들이고 안팎으로 받아들임을 관하되 받아들임을 두루 따라 관찰하며, 안 마음과 바깥 마음과 안팎 마음을 관하되 마음을 두루 따라 관찰하며, 안법을 관하고 밖법을 관하고 안밖법을 관하되 법을 두루 따라 관찰하여, 부지런하고 용맹하게 알아서, 세간의 탐욕과 근심을 제한다.

2)4정근(四正勤):네 가지 바른 노력이다.

가)이생악령영단(已生惡令永斷):이미 생긴 악은 없애야 함을 말한다.

나)미생악령불생(未生惡令不生):아직 생기지 않은 악은 생기지 않도록 함을 말한다.

다)미생선령생(未生善令生):아직 생기지 않은 선은 생기도록 함을 말한다.

라)이생선령증장(已生善令增長):이미 생긴 선을 더 크게 함을 말한다.

3)4여의신족(四如意神足):신통을 얻기 위한 뛰어난 선정에 드는 네 가지 기반을 말한다.

가)욕여의족(欲如意足):신통을 얻기 위한 뛰어난 선정에 들기를 원하는 것이다.

나)정진여의족(精進如意足):신통을 얻기 위한 뛰어난 선정에 들려고 노력하는 것이다.

다)심여의족(心如意足):신통을 얻기 위한 뛰어난 선정에 들려고 마음을 가다듬는 것이다.

라)사유여의족(思惟如意足):신통을 얻기 위한 뛰어난 선정에 들려고 사유하고 주시하는 것이다.

4)5근(五根):미혹에서 깨달음으로 나아가는 다섯 가지 능력이다.

가)신근(信根):믿음으로써 법을 받아들이는 것을 말한다.

나)정진근(精進根):믿음으로써 법을 받아들이고 더욱 정진하는 것을 말한다.

다)염근(念根):정도만을 생각하고 그릇된 망령을 생각하지 않는 것을 말한다.

라)정근(定根):마음을 한 곳에 모아 흐트러지지 않게 하는 것을 말한다.

마)혜근(慧根):사념처의 지혜 자성을 스스로 비추는 지혜를 말한다.

5)오력(五力):오근이 실제로 활동하는 구체적인 힘으로, 오근은 능력이며 오력은 그 능력의 활동이다.

가)신력(信力):의심을 파하는 것을 말한다.

나)정진력(精進力):해태를 파하는 것을 말한다.

다)염력(念力):그릇된 상념을 파하는 것을 말한다.

라)정력(定力):산란을 파하는 것을 말한다.

마)혜력(慧力):그릇된 집착을 파하는 것을 말한다.

6)7각지(七覺支):깨달음에 이르는 일곱 가지 갈래이다.

가)택법각지(擇法覺支):지혜로 모든 법을 살펴서 선한 것을 골라내고, 악한 것을 버리는 것을 말한다.

나)정진각지(精進覺支):가지가지의 수행을 할 때에 쓸데없는 고행은 그만두고, 바른 도에 전력하여 게으르지 않는 것을 말한다.

다)희각지(喜覺支):참된 법을 얻어서 기뻐하는 것을 말한다.

라)제각지(除覺支):그릇된 견해나 번뇌를 끊어버릴 때에 능히 참되고 거짓됨을 알아서 올바른 선근을 기르는 것을 말한다.

마)사각지(捨覺支):바깥 경계에 집착하던 마음을 여읠 적에 거짓되고 참되지 못한 것을 추억하는 마음을 버리는 것을 말한다.

사)정각지(定覺支):정각지는 정에 들어서 번뇌 망상을 일으키지 않는 것을 말한다.

아)염각지(念覺支):불도를 수행함에 있어서 잘 생각하여 정, 혜가 고르게 하는 것을 말한다.

만일 마음이 혼침하면 택법각지, 정진각지, 희각지로 마음을 일깨우고, 마음이 들떠서 흔들리면 제각지, 사각지, 정각지로 마음을 고요하게 한다.

7)8정도(八正道):괴로움의 소멸에 이르는 여덟 가지 바른 길을 말한다.

가)정견(正見):바른 견해로 연기와 사제에 대한 지혜를 말한다.

여기에는 4정견 즉 3계의 진상에 대한 올바른 네 가지의 견해인 고(苦) 공(空) 무상(無相) 무아(無我)가 있다.

나)정사유(正思惟):바른 생각을 하는 것으로 번뇌에서 벗어나는 생각, 노여움이 없는 생각, 남에게 해를 끼치지 않는 생각 등이 있다.

다)정어(正語):바른 말을 행하는 것으로 거짓말, 남을 헐뜯는 말, 거친 말, 쓸데없는 잡담 등을 삼가 함을 말한다.

라)정업(正業):바른 행위를 하는 것으로 살생이나 도둑질 등 문란한 행위를 하지 않음을 말한다.

마)정명(正命):바른 생활을 하여야 하는 것으로 정당한 방법으로 적당한 의식주를 구하는 생활을 하는 것을 말한다.

바)정정진(正精進):바른 노력을 하여야 하는 것으로 이미 생긴 악은 없애려고 노력하고, 아직 생기지 않은 악은 미리 방지하고, 아직 생기지 않은 선은 생기도록 노력하고, 이미 생긴 선은 더욱 커지도록 노력함을 말한다.

사)정념(正念):바른 마음 챙김으로 신체, 느낌이나 감정, 마음, 모든 현상을 있는 그대로 통찰하여 마음 챙김을 하는 것을 말한다.

아)정정(正定):바른 집중을 하여야 하는 것으로 마음을 하나의 대상에 집중, 통일시킴으로써 마음을 가라앉힘을 말한다.

사념처를 수행하면 능히 사정근을 일으킬 수 있고, 사정근은 사여의족을 일으키고, 사여의족은 오근을 낳으며, 오근은 오력을 낳으며, 오력은 칠각지를 낳으며, 칠각지는 팔정도에 들어간다.

비유하면, 법성은 법계를 대지라 하고 사념처의 관은 종자가 되어 사정근이 싹을 내는 것과 같고, 오근은 뿌리를 내리는 것과 같으며, 오력이 줄기와 잎을 증장시키는 것과 같으며, 칠각지가 꽃을 피게 하는 것과 같고, 팔정도는 열매를 맺는 것과 같다.

또, 처음은 스승을 따라 법을 받고 마음을 단속하여 억념하는 것을 사념처라고 할 수 있는데, 이 법을 구하기 위해 부지런히 하여 이것을 행하는 것을 사정근이라 이름 할 수 있으며, 한 마음 속에서 수행하는 것을 사여의족이라 이름 할 수 있다.

오선근이 생김을 오근이라 할 수 있으며, 오근의 증장을 오력이라 할 수 있고, 도의 작용을 분별하는 것을 칠각지라 할 수 있다.

보살이 이 염혜지에 머물고는 몸이란 소견(身見)이 머리가 되어 '나'란 고집, 사람이란 고집, 중생이란 고집, 오래 산다는 고집, 오온 십팔계 십이처로 일으킨 집착과, 나오고 빠지고 하는 것을 생각하고 관찰하여 다스리는 것, 나의 소유라는 것, 집착하는 곳에 대하여, 이런 모든 것을 다 여읜다.

이 보살은 일으킨 방편과 지혜로 도(道)와 도를 돕는 부분을 닦아 모으고는 윤택한 마음, 부드럽고 연한 마음, 조화롭고 순한 마음, 이익하고 안락케 하는 마음, 잡되고 물들지 않는 마음, 상상(上上)의 수승한 법을 구하는 마음, 수승한 지혜를 구하는 마음, 일체 세간을 구호하는 마음, 높은 덕을 공경하고 가르치는 명령을 어기지 않는 마음, 들은 법을 따라서 잘 수행하는 마음을 얻는다.

염혜지에서 십바라밀 중에서 정진바라밀이 치우쳐 많다. 보살이 이지에 머물러서는 흔히 야마천왕이 되며 방편으로 중생들의 몸이란 소견 등의 의혹을 제하여 바른 소견에 머물게 하며, 보시하고 좋은 말을 하고 이로운 행을 하고 일을 함께 한다.

보살은 이와 같이 모든 하는 일에 대하여, 모두 부처님을 생각하고 법을 생각하고 선지식님들을 생각함을 떠나지 말아야 하며, 또 갖가지 지혜와 온갖 지혜의 지혜를 구족하려는 생각을 떠나지 말아야 한다.

(5)난승지(難勝地)

5지의 난승지는 끊기 어려운 미세한 번뇌를 소멸시키는 단계로 수혹을 끊고 진지(眞智), 속지(俗智)를 조화하는 지위를 말한다.

보살이 4지에서 행할 것을 이미 원만히 하고, 5지에 들어가려면 열 가지 평등하고 청정한 마음으로 들어가야 한다.

과거의 불법에 평등하고 청정한 마음, 미래의 불법에 평등하고 청정한 마음, 현재의 불법에 평등하고 청정한 마음, 계율에 평등하고 청정한 마음, 마음에 평등하고 청정한 마음, 소견과 의혹을 끊는데 평등하고 청정한 마음, 도이고 도 아닌 것을 가리는 지혜에 평등하고 청정한 마음, 수행하는 지견(智見)에 평등하고 청정한 마음, 모든 보리의 부분법을 상상(上上)으로 관찰하는데 평등하고 청정한 마음, 일체 중생을 교화하는데 평등하고 청정한 마음이다.

보살은 이것은 고라고 하는 성인의 참된 이치며, 이것은 고를 모아 이루다는 성인의 참된 이치이며, 이것은 고가 멸한다는 성인의 참된 이치이며, 이것은 고를 멸하는 길이라는 성인의 참된 이치임을 실상대로 알게 되어, 세속의 이치를 잘 알고, 제일가는 뜻이란 이치를 잘 알고, 형상의 이치를 잘 알고, 차별한 이치를 잘 알고, 성립하는 이치를 잘 알고, 사물의 이치를 잘 알고, 생기는 이치를 잘 알고, 다하여 생기지 않는 이치를 잘 알고, 도에 들어가는 지혜의 이치를 잘 알고, 모든 보살의 지위가 차례로 성숙하는 이치를 잘 알고, 내지 여래의 지혜가 성취하는 이치를 잘 알게 된다.

보살이 이와 같은 여러 가지 이치를 아는 지혜를 얻고는, 모든 하염있는 법이 허망하고 거짓으로 어리석은 사람을 속이는 줄을 실상대로 알고는 중생들에게 대비심이 점점 더하여 대자의 광명을 내게 된다.

보살이 이러한 지혜의 힘을 얻고는 일체 중생을 버리지 아니하고 부처님 지혜를 항상 구하여, 모든 하염있는 법의 지난 적과 오는 적을 실상대로 관찰하여, 지난 적의 무명으로부터 사랑함이 있으므로 나는 일이 있으며, 생사에 헤매면서 5온이란 집에서 헤어나지 못하고 고통무더기가 증장하며, 나도 없고 오래 사는 이도 없고 길러주는 이도 없으며, 다시 뒷갈래의 몸을 자주자주 받을 이도 없어, 나와 내 것을 여읜 줄을 알고, 지난 적과 같이 오는 적도 그와 같아서 아무 것도 없으며, 허망하게 탐하고 집착함을 끊어버리면 벗어 나게 되어, 있거나 없거나를 모두 사실대로 안다.

'또, 이 범부들이 어리석고 지혜가 없으니 매우 딱하도다.
무수한 몸이 이미 없어졌고, 지금 없어지고, 장차 없어질 것이며, 이렇게 끝까지 없어지건마는, 몸에 대하여 싫증은 내지 않고, 기계적으로 받는 고통만 더욱 증장하여 생사에 헤매면서 돌아올 줄을 모르고, 5온의 굴택에서 벗어나기를 구하지 아니하며, 네 마리 독사(인간의 신체가 지, 수, 화, 풍의 4대로 구성된 것을 비유)가 무서운 줄을 알지 못하고, 교만과 잘못된 소견의 화살을 뽑지 못하며, 3독의 불을 끄지 못하고, 무명의 어둠을 깨뜨리지 못하고, 애욕의 바다를 말리지 못하고, 열 가지 힘을 가진 대도사를 구할 줄 모르고, 마군 같은 생각의 숲속에 들어가서 나고 죽는 바다에서 깨닫고 관찰하는 파도에 휩쓸리는구나.

또, 이 중생들이 이런 고통을 받으며 고독하고 곤궁하지 마는, 구할 이도 없고 의지할 데도 없고 섬도 없고 집도 없고 인도할 이도 없고 눈도 없어서, 무명에 덮이고 어둠에 싸였으니, 내가 저 일체 중생을 위하여 복과 지혜로 도를 돕는 법을 수행하되, 혼자서 발심하고 동무를 구하지 아니할 것이며, 여러 중생으로 하여금 이 공덕을 의지하여 필경까지 청정하며, 내지 여래의 열 가지 힘과 걸림없는 지혜를 얻게 하리라.' 라고 생각하여야 한다.

보살이 난승지에 머물면, 생각하는 이(모든 법을 잊지 않으므로), 지혜 있는 이(잘 결정하므로), 지취가 있는 이(경의 이치를 알아서 차례로 연합하므로), 부끄러움을 아는 이(스스로 보호하고 남을 보호하므로), 굳은 이(계행을 버리지 않으므로), 깨달은 이(옳은 곳 그른 곳을 관찰하므로), 슬기를 따르는 이(다른 것을 따르지 않으므로), 지혜를 따르는 이(이치에 맞고 맞지 않는 말을 잘 알기 때문에), 신통 있는 이(선정을 닦으므로), 교묘한 방편이 있는 이(세상을 따라 행하므로), 만족함이 없는 이(복덕을 잘 모으므로), 쉬지 않는 이(항상 지혜를 구하므로), 고달프지 않는 이(대자비를 모으므로), 남을 위하여 부지런히 수행하는 이(일체 중생을 열반에 들게 하려고 하므로), 부지런히 구하고 게으르지 않는 이(여래의 힘과 두려움 없음과 함께하지 않는 법을 구하므로), 뜻을 내고 능히 행하는 이(부처님 세계를 장엄함을 성취하려 하므로), 여러 가지 선한 업을 부지런히 닦는 이(상호를 구족하려 하므로), 항상 수행하는 이(부처님의 몸과 말과 뜻을 장엄하기를 구하므로), 법을 크게 존중하고 존경하는 이(일체 보살과 법사에게서 가르치는 대로 행하므로), 마음에 장애가 없는 이(큰 방편으로 세간에 항상 다니므로), 다른 마음을 밤낮으로 여의는 이(일체 중생을 교화하기를 항상 좋아하므로)라 이름 한다.

보살이 이렇게 부지런히 행할 때에 보시함으로 중생을 교화하며, 색신을 나타내어 중생을 교화하며, 법을 연설하여 중생을 교화하며, 보살의 행을 보여서 중생을 교화하며, 여래의 큰 위엄을 나타내어 중생을 교화하며, 나고 죽는 허물을 보여서 중생을 교화하며, 여래의 지혜와 이익을 칭찬하여 중생을 교화하며, 큰 신통력을 나타내어 중생을 교화하며, 여러 가지 방편의 행으로 중생을 교화한다.

보살이 중생을 이익케 하기 위하여 세간의 기예를 모두 익힐 필요가 있다. 이른바 산수와 그림과 서적과 인장과 지대, 수대, 화대, 풍대와 가지가지 언론을 모두 통달하며, 약과 방문을 잘 알아서 여러 가지 병과 간질과 미친 증세와 소갈병들을 치료하며, 귀신이 집히고 도깨비에 놀라고 모든 방자와 저주를 능히 제멸하며, 문장과 글씨와 시와 노래와 춤과 풍악과 연예와 웃음거리와 고담과 재담 따위를 모두 잘 하며, 도성과 성시와 촌락과 가옥과 원림과 샘과 못과 내와 풀과 나무와 꽃과 약초들을 계획하고 가꾸는데 모두 묘리가 있고, 금 은 마니 진주 유리 보패 옥 보석 산호 등의 있는 데를 다 알고 파내어 사람들께 보이며, 일월성신이나, 새가 울고 천둥하고 지진하고 길하고 흉한 것이나, 상과 신수가 좋고 나쁜 것을 잘 관찰하여 조금도 틀리지 않게 하여야 한다.

계행을 가지고 선정에 들고, 신통의 도술과 네 가지 무량심과 네 가지 무색정과 그 외의 여러 가지 세간일로써 중생을 해롭히지 않고 이익하는 일이면 모두 일러 보이어 위 없는 불법에 머물게 하여야 한다.
출가하고는 또 법을 듣고 다라니를 얻어서 듣고 지니는 법사가 된다.

난승지에서는 십바라밀 중에서 선정바라밀이 치우쳐 많다. 보살이 이 지에 머물러서는 흔히 도솔타천왕이 되며, 중생들에게 하는 일이 자재하여 모든 외도들의 삿뙨 소견을 굴복하고, 중생들로 하여금 진실한 이치에 머물게 하며, 보시하고 좋은 말을 하고 이로운 행을 하고 일을 함께 한다.

보살은 이와 같이 모든 하는 일에 대하여, 모두 부처님을 생각하고 법을 생각하고 선지식님들을 생각함을 떠나지 말아야 하며, 또 갖가지 지혜와 온갖 지혜의 지혜를 구족하려는 생각을 떠나지 말아야 한다.

(6) 현전지(現前地)

6지의 현전지는 연기에 대한 지혜가 바로 눈앞에 나타나는 단계로 수혹을 끊고 최승지를 내어 무위진여의 모양이 나타나는 지위이다.

보살이 5지를 구족하고 6지에 들려면, 열 가지 평등한 법을 관찰하여야 한다. 일체 법이 형상이 없으므로 평등하고, 자체가 없으므로 평등하고, 나는 일이 없으므로 평등하고, 성장함이 없으므로 평등하고, 본래부터 청정하므로 평등하고, 희롱의 말이 없으므로 평등하고, 취하고 버림이 없으므로 평등하고, 고요하므로 평등하고, 요술 같고 꿈 같고 그림자 같고 메아리 같고 물 속에 달 같고 거울 속에 영상 같고 아지랑이 같고 화현과 같으므로 평등하며, 있고 없음이 둘이 아니므로 평등함을 관찰하여야 한다.

보살이 이렇게 일체 법을 관찰하여 제 성품이 청정하고, 따라 순종하며 어김이 없으면 6지의 현전지에 들어가지만, 밝고 이로운 수순인(隨順忍)은 얻었으나 무생법인은 아직 얻지 못한다.

보살은 세간에 태어나는 것이 모두 '나'에 집착한 탓이니, 만일 '나'를 여의면 날 곳이 없으리라고 생각하고, 또 범부는 지혜가 없어 '나'에 집착하여 항상 있는 것 없는 것을 구하며, 바르게 생각하지 못하고 허망한 행을 일으키어 사특한 도를 행하므로, 죄 받을 업과 복 받을 업과 변동하지 않는 업이 쌓이고 증장하며, 여러 가지 행에 마음의 종자를 심고 번뇌도 있고 취함도 있으므로, 다시 오는 생의 나고 늙고 죽음을 일으키게 된다. 이른바 업은 밭이 되고, 식은 종자가 되는데, 무명이 덮이고, 애정의 물이 축여주고 '나'라는 교만이 물을 대어주므로 소견이 증장하여 이름과 물질(名色)이란 싹이 난다고 받아들이게 된다.

보살은 '삼계에 있는 것이 오직 한 마음뿐인데, 여래가 이것을 분별하여 12가지라 말하였으니, 다 한 마음을 의지하여 이렇게 세운 것이로다.'라고 생각하여서, 무명을 연하여 행(行)이 있게 되고, 행을 연하여 식(識)이 있게 되고, 식을 연하여 명색(名色)이 있게 되고, 명색을 연하여 육처(六處)가 있게 되고, 육처를 연하여 촉(觸)이 있게 되고, 촉을 연하여 수(受)가 있게 되고, 수를 연하여 애(愛)가 있게 되고, 애를 연하여 취(取)가 있게 되고, 취를 연하여 유(有)가 있게 되고, 유를 연하여 생(生)이 있게 되고, 생을 연하여 노(老), 사(死), 우(憂), 비(悲), 뇌(惱), 고(苦)가 있게 되고, 그리하여 커다란 하나의 괴로운 온(蘊)의 집(集, 發生)이 있게 되는 순관(順觀)을 하고, 반대로 하는 역관(逆觀)을 하여야 한다.

보살이 이렇게 순하고 역하여 모든 연기를 관찰하여, 이른바 12인연이 계속하는 연고라고, 한 마음에 포섭되는 연고라고, 자기의 업이 다른 연고라고, 서로 여의지 않는 연고라고, 세 길이 끊어지지 않는 연고라고, 과거와 현재와 미래를 관찰하는 연고라고, 세 가지 괴로움이 모이는 연고라고, 인연으로 나고 없어지는 연고라고, 얽매어 속박됨을 내고 멸하는 연고라고, 아무 것도 없고 다함을 관하는(無所有盡觀) 연고라고 이해하고 생각하게 된다.

이 보살에게는 이러한 열 가지 모양으로 연기를 관찰하여 내가 없고 사람이 없고 수명이 없고, 제 성품이 공하고 짓는 이가 없고 받는 이가 없음이 이해되어서는 곧 공한 해탈문(空解脫門)이 앞에 나타나게 된다. 모든 인연이 다 제 성품이 멸함을 관찰하여, 필경까지 해탈하고 조그만 법도 서로 내는(相生) 것이 없으면, 곧 모양 없는 해탈문(相解脫門)이 앞에 나타나게 된다. 이와 같이 공하고 모양 없는 데 들어가서는, 원하는 것이 없고, 다만 대비가 으뜸이 되어 중생을 교화할 뿐이니, 곧 원이 없는 해탈문(願解脫門)이 앞에 나타나게 된다.

보살이 이와 같이 세 해탈문을 닦으면, 남이라 나라는 생각을 여의고, 짓는 이라 받는 이라는 생각을 여의고, 있다 없다하는 생각을 여의게 된다.

보살은 '모든 하염있는 법이 화합하면 생겨나고(轉), 화합하지 않으면 생겨나지 못하며, 연이 모이면 생겨나고, 연이 모이지 않으면 생기지 못하도다. 내가 하염있는 법이 이렇게 허물이 많은 줄을 알았으니, 마땅히 이 화합하는 인연을 끊을 것이나 중생을 성취하기 위하므로, 끝까지 여러 행을 멸하지 않으리라.' 라고 생각하여야 한다.

보살이 이렇게 하염있는 법이 허물이 많고 제 성품이 없어서 나지도 않고 멸하지도 않음을 관찰하고는 대비심을 항상 일으키어 중생을 버리지 아니하면, 곧 광명이 앞에 나타나게 되는데, 이름이 장애가 없는 지혜의 광명이다.

이러한 지혜의 광명을 성취하고는, 비록 보리의 부분인 인연을 닦더라도 하염있는 가운데 머물지 아니하며, 비록 하염있는 법의 성품이 적멸함을 관찰하더라도 적멸한 가운데도 머물지 아니하는데, 보리의 부분 법이 아직 원만치 못한 까닭임을 이해하여야 한다.

이 보살은 이 현전지에 머물고는 들어감이 공한(入空) 삼매와, 제 성품이 공한 삼매와, 제일가는 이치의 공한(第一義空) 삼매와, 첫째 공(第一空) 삼매와, 크게 공한(大空) 삼매와, 화합이 공한(合空) 삼매와, 일어남이 공한(起空) 삼매와, 실상과 같이 분별하지 않음이 공한(如實不分別空) 삼매와, 떠나지 않음이 공한(不捨離空) 삼매와, 떠남과 떠나지 않음이 공한(離不離空) 삼매를 얻는다.

이 보살은 이 현전지에 머물고는 다시 닦아서 파괴하지 못할 마음을 만족하여, 결정한 마음, 순전하게 선한 마음, 매우 깊은 마음, 퇴전하지 않는 마음, 쉬지 않는 마음, 광대한 마음, 그지없는 마음, 지혜를 구하는 마음, 방편지혜와 서로 응하는 마음이 모두 원만하게 된다.

이 보살은 이 열 가지 마음으로 부처님의 보리를 따르고 다른 논리를 두려워하지 않으며, 지혜의 지위에 들어가, 2승을 여의고 부처님 지혜에 나아가며, 여러 번뇌의 마군이 능히 저해하지 못하고, 보살의 지혜 광명에 머물며, 공하고 모양없고 원이 없는 법 가운데서 잘 닦아 익히며, 방편의 지혜와 서로 응하며, 보리의 부분법을 항상 행하고 버리지 않아야 한다.

이 보살은 십바라밀 중에서 반야바라밀이 치우쳐 많고, 마치 달빛이 중생의 몸에 비치어 서늘하게 함을, 네 가지 바람둘레로도 깨뜨릴 수 없는 것과 같이, 이 지에 있는 보살의 선근도 그와 같아서, 한량없는 백천억 나유타 중생의 번뇌불을 능히 멸하거니와, 네 가지 마군의 도술로는 깨뜨리지 못하게 된다.

보살이 이 지에 머물러서는 선화천(善化天)왕이 되며, 하는 일이 자재하여 모든 성문의 문난으로는 굴복할 수 없으며, 중생들로 하여금 나라는 교만을 제하고 연기에 깊이 들어가게 하며, 사섭법을 행하고, 모든 짓는 업이 모두 부처님 생각을 떠나지 아니하며, 갖가지 지혜와 온갖 지혜를 구족하려는 생각을 떠나지 않아야 한다.

'내가 중생들 가운데 머리가 되고 나은 이가 되고, 내지 온갖 지혜와 지혜의 의지함이 되리라.' 라고 생각하여야 한다.

(7) 원행지(遠行地)

7지의 원행지는 수혹(修惑)을 끊고 대비심을 일으켜, 2승의 오(悟)를 초월하여 광대무변한 진리 세계에 이르는 지위로 12인연과를 증득하는 보배구슬을 꿰는 단계이다.

6지 공부가 되면 공무변처(空無邊處) 선정을 이해하기 시작하며, 7지에서 식무변처(識無邊處) 선정, 무소유처(無所有處) 선정, 비상비비상처(非想非非想處) 선정과 삼해탈문(三解脫門)인 공(空)해탈문, 무상(無相)해탈문, 무원(無願)해탈문을 이해하게 된다.

보살이 7지에 들어가려면, 다음의 열 가지 방편지혜를 닦아야 한다.

1)공하고 모양없고 원이 없는 삼매를 닦지마는 자비한 마음으로 중생을 버리지 않으며,

2)부처님의 평등한 법을 얻었지마는 항상 부처님께 공양하기를 좋아하고,

3)공함을 관찰하는 지혜의 문에 들었지마는 복덕을 부지런히 모으며,

4)3계를 멀리 떠났지마는 그래도 3계를 장엄하며,

5)모든 번뇌의 불꽃을 끝까지 멸하였지마는 일체 중생을 위하여 탐하고 성내고 어리석은 번뇌의 불꽃을 일으키며,

6)모든 법이 요술 같고 꿈 같고 그림자 같고 메아리 같고 아지랑이 같고 변화와 같고 물 가운데 달 같고 거울 속에 영상 같아서 성품이 둘이 없는 줄 알지마는 마음을 따라 한량없이 차별한 업을 지으며,

7)비록 일체 국토가 허공과 같은 줄 알지마는 청정하고 묘한 행으로 부처님 국토를 장엄하며,

8)부처님의 법신은 본 성품이 몸이 없는 줄 알지마는 상(相)과 호(好)로

몸을 장엄하며,

9)부처님의 음성은 성품이 적멸하여 말할 수 없는 줄을 알지마는 일체 중생을 따라서 여러가지 음성을 내며,

10)부처님을 따라서 3세가 오직 한 생각인 줄을 알지마는 중생들의 뜻으로 이해하는 분별을 따라서 여러 가지 모양, 여러 가지 시기, 여러 가지 겁으로써 모든 행을 닦아야 한다.

또, 생각마다 대비로 머리를 삼고 부처님 법을 수행하여 부처님 지혜에 향하는 까닭에, 다음의 열 가지 바라밀을 생각마다 일으키어 편안히 머물고 동하지 않으며, 한 생각도 쉬거나 폐하지 아니하고, 가고 서고 앉고 눕거나 내지 꿈에라도 번뇌와 업장으로 더불어 서로 응하지 않아야 한다.

1)자기에게 있는 선근을 부처님 지혜를 구하기 위하여 중생에게 주는 보시바라밀을 생각하고,

2)일체 번뇌의 뜨거움을 멸하는 지계바라밀을 생각하고,

3)자비로 머리를 삼아 중생을 해롭게 하지 않는 인욕바라밀을 생각하고,

4)훌륭하고 선한 법을 구하여 만족함이 없는 정진바라밀을 생각하고,

5)온갖 지혜의 길이 항상 앞에 나타나서 잠깐도 산란하지 않는 선정바라밀을 생각하고,

6)모든 법이 나지도 않고 멸하지도 않음을 능히 인정하는 반야바라밀을 생각하고,

7)한량없는 지혜를 능히 내는 방편바라밀을 생각하고,

8)상상품의 수승한 지혜를 구하는 원바라밀을 생각하고,
9)모든 이단의 언론과 마군들이 능히 깨뜨릴 수 없는 역바라밀을 생각하고,
10)일체 법을 실제와 같이 아는 지혜바라밀을 생각하여야 한다.

보살이 4무색계정과 삼해탈문 삼매의 지혜를 얻고는 큰 방편으로써, 비록 생사를 나타내지마는 항상 열반에 머물며, 권속들이 둘러 앉았지마는 항상 멀리 여의기를 좋아하고, 원력으로써 3계에 태어나지마는 세상 법에 물들지 아니하며, 항상 적멸하지마는 방편의 힘으로 도로 치성하며, 비록 불사르지마는 타지 아니하며, 부처님의 지혜를 따르지마는 성문이나 벽지불의 지위에 들어가며, 부처님 경계의 장을 얻었지마는 일부러 마군의 경계에 머물며, 마군의 도를 초월하였지마는 지금에 마군의 법을 행하며, 외도의 행과 같이하지마는 부처님의 법을 버리지 아니하며, 일부러 모든 세간을 따르지마는 출세간법을 행하며, 일체 장엄하는 일이 하늘, 용, 야차, 건달바, 아수라, 가루라, 긴나라, 마후라가, 사람, 사람 아닌 이와, 제석, 범천왕, 사천왕이 가진 것보다 지나가지마는 법을 좋아하는 마음을 버리지 않아야 한다.

보살이 7지에서는 십바라밀 중에서 방편바라밀이 치우쳐 많으며, 자기 지혜의 힘으로 관찰하게 되기에 모든 2승들의 위에 지나가게 되고, 보살이 7지에 머물러서는 흔히 자재천왕이 되며, 중생들에게 증한 지혜의 법(證智法)을 말하여 증득하여 들어가게 하며, 4섭법으로 중생을 거두어들여야 한다.

'내가 중생들 가운데 머리가 되고 나은 이가 되고, 내지 온갖 지혜와 지혜의 의지함이 되리라.' 라고 생각하여야 한다.

보살이 7지 말에 몸으로 짓는 한량없는 업의 모양없는 행을 잘 깨끗이 하며, 말로 짓는 한량없는 업의 모양없는 행을 깨끗이 하며, 뜻으로 짓는 한량없는 업의 모양없는 행을 깨끗이 하므로, 무생법인(無生法忍)의 광명을 얻어서 8지에 들게 된다.

4. 제3단계

완성된 일심으로 무심을 이루고, 금강삼매에 주하여 멸수상정을 완성하며, 백색삼매(白色三昧)로 진공(眞空)의 대원경지(大圓鏡智)를 완성하여 성불한 대보살이 되는 단계이다. 부처님 음성을 듣고, 그 들은 음성을 본인에게 체득시키는 '이근원통(耳根圓通)' 의 수행이 본격적으로 이루어지는 과정이다.

이 단계에서 4종의 자재가 이루어진다.
4종자재(四種自在)란 네 가지 자유자재한 것으로 보살이 수행하는 지위 중 8지의 부동지 이상에 이를 때에 얻는 네 가지 지혜를 말한다.
무분별자재(無分別自在)는 8지의 보살은 억지로 생각하지 않더라도 무슨 일이든지 할 수 있는 것이고, 찰토(刹土)자재는 8지 보살은 여러 세계에 마음대로 가서 나는 것이고, 지(智)자재는 9지의 보살은 온갖 것을 아는 지혜를 얻어 마음대로 교화하는 것이고, 업(業)자재는 10지의 보살은 번뇌 악업에 얽매임이 없는 것을 말한다.

제3단계 초에 반야가 나타나고, 반야가 늘어나면서 이에 따라 혜안(慧眼:밖의 경계를 관할 수 있는 능력)이 증장된다. 제3단계에서 미세한 근본번뇌, 수번뇌의 모든 번뇌가 모두 제도되어 소멸하고 다시는 번뇌가 없게 된다.

(1)부동지(不動地)

8지의 부동지는 수혹을 끊고 이미 전진여(全眞如)를 얻었으므로, 모든 것에 집착하지 않는 지혜가 끊임없이 일어나 결코 번뇌에 동요하지 않는 단계이다.

모든 마음과 뜻과 식으로 분별하는 생각을 여의었으며, 집착함이 없으며, 허공과 같으며, 일체 법에 들어가 허공의 성품과 같아졌기에 광명세계에 들어가 부처님을 친견할 수 있는데, 부처님을 친견하고 무생법인(無生法忍)을 얻어서 8지에 든다.

부동지에 든 보살은 8해탈과 3명을 이해한다.
팔해탈(八解脫)은 8종의 관념에 의해 오욕을 등지고 탐착하는 마음을 저버리므로 팔배사(八背捨)라고 하고, 또 이것으로 말미암아 3계의 번뇌를 끊고 참된 아라한과를 증득하므로 해탈이라 한다.

1)초배사는 내유색상관외색(內有色想觀外色:안으로 색(色)에 대한 상념이 있어서 밖의 색을 관찰함)이라 한다.

이는 안으로 색욕을 탐하는 생각이 있으므로 이 탐심을 없애기 위하여 밖의 부정(不淨)인 퍼렇게 어혈든(靑瘀血) 빛 등을 관하여 탐심을 일어나지 못하게 하는 것을 말한다.

2)이배사는 내무색상관외색(內無色想觀外色:안으로 색의 상념은 없지만 아직 밖의 색을 관찰함)이라 한다.

이는 안으로 색욕을 탐내는 생각은 이미 없어졌으나, 이것을 더욱 굳게 하기 위하여 밖의 부정인 퍼렇게 어혈든 빛 등을 관하여 탐심을 다시 일으키지 않게 하는 것을 말한다.

3)삼배사는 청해탈신작증구족주(淸解脫身作證具足住:탐착심을 버려 맑혀진 몸에 깨달음을 증득함)라 한다.

이는 깨끗한 색을 관하여 탐심을 일으키지 못하게 함을 청해탈이라 하고, 이 청해탈을 몸 안에 증득하여 구족원만하며, 정(定)에 들어 있음을 신작증구족주라 하여, 모든 것을 '깨끗' 하다고 인정하는 것을 말한다.

4)사배사는 공무변처해탈(空無邊處解脫:일체 색의 상념을 지나 대상이 있다는 상념을 없애고, 가지가지 모양을 생각하지 않는 까닭에 무량허공처(無量虛空處)에 들게 됨)이라 한다.

이는 형상에 대한 생각을 완전히 버리고 허공은 무한하다고 주시하는 선정에 들어가는 곳으로, '물질적인 것' 이라는 생각을 완전히 초월해서 저항감을 소멸시키고, '다른 것' 이라는 생각을 일으키지 않음으로써 모든 것을 무변한 허공으로 보는 것을 말한다.

5)오배사는 식무변처해탈(識無邊處解脫:일체의 허공처를 벗어나 무변식처(無邊識處)에 들게 됨)이라 한다.

이는 허공은 무한하다고 주시하는 선정을 버리고 마음의 작용은 무한하다고 주시하는 선정에 들어가는 곳으로, 모든 알음알이를 없애는 것을 말한다.

6)육배사는 무소유처해탈(無所有處解脫:일체의 식처를 벗어나 무소유처(無所有處)에 들게 됨)이라 한다.

이는 마음의 작용은 무한하다고 주시하는 선정을 버리고 존재하는 것은 없다고 주시하는 선정에 들어가는 곳으로, 아무것도 존재하지 않음으로 보는 것을 말한다.

7)칠배사는 비상비비상처해탈(非想非非想處解脫:일체의 무소유처를 벗어나 비유상비무상처(非有想非無想處)에 들게 됨)이라 한다.

이는 존재하는 것은 없다고 주시하는 선정을 버리고 생각이 있는 것도 아니고 생각이 없는 것도 아닌 경지의 선정에 들어가는 것을 말한다.

8)팔배사는 멸수상정해탈신작증구족주(滅受想定解脫身作證具足住:일체의 비유상비무상처를 벗어나 멸수상정(滅受想定)에 들게 됨)라 한다.

이는 표상(表想)도 감수(感受)도 소멸하는 경지로 진여는 성자가 멸진정(滅盡定:성자가 心想을 죄다 없애고 적정하기를 바라서 닦는 선정)에 들어가 상수(想受), 곧 외계의 사물을 마음에 받아들이고 그 위에 상상(想像)을 더하는 정신작용과 고락(苦樂)을 느끼는 정신작용을 멸할 때 나타나는 선정을 말한다.

그러나 팔해탈이 이해되었다는 것이지 전부 체득(体得)된 것은 아니다. 그러기에 8지의 보살은 체득의 경지가 색계 초선천의 주인인 대범천왕의 지위라는 것을 명심하여야 한다.

3명(三明)은 숙명명(宿命明), 천안명(天眼明), 누진명(漏盡明)을 말한다. 숙명명은 자기와 남의 지난 세상에 생활하던 상태를 아는 것이고, 천안명은 자기와 다른 이의 다음 생활 상태를 아는 것이고, 누진명은 지금 세상의 고통을 알아 번뇌를 끊는 지혜를 말한다.
그러나 3명이 심화 증진되어야 숙명통, 천안통, 누진통이 됨을 이해하여야 한다.

보살이 무생법인을 얻으면, 깊이 행하는 보살이 되어서, 알기 어려우며, 차별이 없으며, 일체 모양과 일체 생각과 일체 집착을 여의며, 한량이 없고 끝이 없으며, 일체 성문과 벽지불이 미칠 수 없으며, 모든 시끄러움을 여의어서 적멸(寂滅)이 앞에 나타나게 되어 모든 동하는 마음과 기억하는 분별이 모두 쉬는 멸진정(滅盡定)에 들게 된다. 이 무생법인을 얻은 보살은 부처님 법에 순종하는 데 안주하여 마음을 편안히 하여야 한다.

이 보살은 일체 공들여 작용하는 행(功用行)을 버리고 공들여 작용함이 없는 법(無功用行法)에 들어가서, 몸과 입과 뜻으로 하는 업과 생각과 일이 모두 쉬고 과보의 행에 머문다. 마치 범천에 태어나면 욕계의 번뇌가 앞에 나타나지 않듯이, 부동지에 머무는 것도 그와 같아서 모든 마음과 뜻과 식으로 하는 행이 앞에 나타나지 않는다.

이 지의 보살은 본래의 원력으로 여러 부처님 세존이 그 앞에 나타나 여래의 지혜를 주어서 법의 흐르는 문에 들어가게 하고, 다음과 같은 말을 들을 수 있다.

'선남자여, 여래의 열 가지 힘과, 두려움 없음과, 열여덟 가지 함께하지 않는 부처님 법은 그대가 아직 얻지 못하였으니 그대는 이 법을 성취하기 위하여 부지런히 정진할 것이요, 이 인의 문에서 방일하지 말라.

그대는 비록 이 고요한 해탈을 얻었지마는, 범부들은 능히 증득하지 못하였으므로 여러 가지 번뇌가 앞에 나타나기도 하고, 여러 가지 깨닫고 관찰함이 항상 침노하노니, 그대는 이런 중생들을 불쌍하게 생각하라. 그대는 본래에 세운 서원을 기억하고 일체 중생을 모두 이익케 하여 부사의한 지혜의 문에 들어가게 하라. 이 모든 법의 성품은 부처님이 세상에 나셨거나 나지 않았거나 간에 항상 있어 다르지 아니하며, 부처님이 이 법을 얻었다고 해서 여래라 이름 하는 것이 아니니, 일체 2승도 이 분별없는 법을 능히 얻느니라.

그대는 나의 몸이 한량없고 지혜가 한량없고 국토가 한량없고 방편이 한량없고 광명이 한량없고 음성이 한량없음을 보나니, 그대는 이제 이 일을 성취하도록 하라.

그대는 이제 다만 한 가지 법에 밝음(法明)을 얻었나니 일체 법의 남이 없고 분별이 없는 것이니라. 여래의 법에 밝음은 한량없는 데 들어가서 한량없이 작용하고 한량없이 굴러가며, 생각으로는 알 수 없나니, 마땅히 수행하여 이 법을 성취하라.

그대는 시방의 한량없는 국토와 한량없는 중생과 한량없는 법의 가지가지로 차별한 것을 보나니, 모두 사실과 같이 그런 일을 통달하라.' 라고 들을 수 있다.

이 보살은 알아야 한다. 부처님 세존께서 이렇게 한량없이 지혜를 일으키는 문을 주어서, 한량없고 끝이없이 차별한 지혜의 업을 일으키게 하거니와, 만일 부처님이 이 보살에게 지혜를 일으키는 문을 주지 아니하였으면, 그 때에 구경의 열반에 들어서 중생을 이익하는 업을 버렸을 것이언만, 여러 부처님이 이렇게 한량없고 끝이없이 지혜를 일으키는 문을 주었으므로, 7지까지의 보살은 상상조차도 할 수 없는 일인 것이다.

8지의 보살은 중생들의 몸과 마음과 믿음과 아는 일이 가지가지로 차별함을 따라서 그 부처님의 대중 가운데서 몸을 나타내게 되는데, 사문 대중, 바라문(고대 인도 4성 중 제1의 승려 계급, 브라만) 대중, 찰제리(제2의 왕족 귀족 무사 계급, 크샤트리아) 대중, 비사(제3의 상공업에 종사하는 평민 계급, 바이샤) 대중, 수타(제4의 노예 계급, 수드라) 대중, 거사 대중, 4천왕 대중, 33천 대중, 야마천 대중, 도솔천 대중, 화락천 대중, 타화자재천 대중, 마군의 대중, 범천 대중, 아가니타천(색구경천) 대중, 각각 그들의 대중 가운데서 그들의 종류를 따라서 형상을 나타내고, 성문, 벽지불, 보살, 여래의 몸으로 제도할 이에게는 각각의 그들의 몸의 형상에 따라서 형상을 나타낸다.
이는 모든 부처님 국토에서 중생들의 믿고 좋아하는 차별을 따라서 이렇게 몸을 나타내게 되는 것이다.

이 보살은 각각의 몸의 형상에 따라서 몸의 형상을 나타내어, 각각 그들의 몸과 지혜에 대하여 알고는, 목숨에 자유롭고 마음에 자유롭고 재물에 자유롭고 업에 자유롭고 나는데 자유롭고 서원에 자유롭고 아는데 자유롭고 뜻대로 하는데 자유롭고 지혜에 자유롭고 법에 자유로움을 얻어서 헤아릴 수 없는 지혜로운 이, 한량없이 지혜로운 이, 넓고 크게 지혜로운 이, 깨뜨릴 수 없이 지혜로운 이가 된다.

이 보살은 허물없는 몸의 업과 허물없는 말의 업과 허물없는 뜻의 업을 얻으며, 몸과 말과 뜻으로 짓는 업이 지혜를 따라 행하며, 반야바라밀다가 늘어나고, 가엾이 여기는 마음이 머리가 되어 공교한 방편으로 잘 분별하며 큰 서원을 일으키고 부처님의 힘으로 보호함이 되어, 중생을 이익할 지혜를 부지런히 닦으며, 그지없이 차별한 세계에 널리 머문다.

보살이 8지에 머물러서는 몸과 말과 뜻의 업으로 하는 일이 모두 온갖 부처의 법을 쌓아 모은다.
번뇌가 행하지 않기에 잘 머무른 깊은 마음의 힘을 얻고,
도를 여의지 않기에 훌륭한 마음의 힘을 얻고,
중생을 이익하기를 버리지 않기에 잘 머무른 대비의 힘을 얻고,
세간을 구호하기에 대자의 힘을 얻고,
법을 잊지 않기에 잘 머무른 다라니의 힘을 얻고,
모든 법을 관찰하여 분별하기에 잘 머무른 변재의 힘을 얻고,
그지없는 세계에 널리 머무르기에 잘 머무른 신통의 힘을 얻고,
모든 보살의 지을 것을 버리지 않기에 잘 머무른 큰 서원의 힘을 얻고,
모든 불법을 성취하기에 잘 머무른 바라밀다의 힘을 얻고,

갖가지 지혜와 온갖 지혜의 지혜가 앞에 나타나기에 여래의 호념하시는 힘을 얻게 된다.

이 보살의 지위를 깨뜨릴 수 없기에 지혜의 지(智地)를 부동지라 하고,
지혜가 물러나지 않기에 굴러가지 않는 지라 하고,
일체 세간에서는 헤아릴 수 없기에 얻기 어려운 지라 하고,
모든 허물을 여의기에 동진지(童眞地)라 하고,
따라 즐거워함이 자유롭기에 내는 지(生地)라 하고,
다시 지를 것이 없기에 이루어진 지라 하고,
지혜가 결정하기에 한껏 간 지(究竟地)라 하고,
소원을 따라 성취하기에 변화하는 지라 하고,
다른 이가 동하지 못하기에 힘으로 유지하는 지(力持地)라 하고,
이미 성취하였기에 힘의 작용이 없는 지(無功用地)라 한다.

보살이 8지의 지혜를 이루고는 부처님의 경계에 들어가며, 부처님의 공덕을 비쳐보며, 부처님의 위의를 따르며, 부처님의 경지가 앞에 나타나며, 항상 여래의 호념하심이 되며, 범천과 제석천과 4천왕과 금강역사가 항상 따라 모시고 호위하며, 여러 큰 삼매를 떠나지 아니하며, 한량없는 여러 가지 몸의 차별함을 나타내며, 낱낱 몸마다 큰 세력이 있으며, 과보로 신통을 얻으며, 삼매에 자유로우며, 교화할 중생이 있는 데를 따라서 바른 깨달음(正覺)을 이룬다.

보살이 이 부동지에 머물고는 삼매의 힘으로써 한량없는 부처님을 항상 뵈오며, 항상 떠나지 않고는 받들어 섬기며, 공양하여야 한다.

이 보살은 십바라밀 중에서 서원바라밀이 더욱 늘고, 8지에 머물러서는 대범천왕이 되어 일천 세계를 주관하며, 중생들로 하여금 번뇌의 불길을 멸하여 서늘하게 하고, 가장 훌륭하고 자유롭게 이치를 말하여 성문이나 벽지불에게 보살의 바라밀을 일러주며, 만일 세계의 차별을 힐난하는 이가 있더라도 능히 굽힐 수 없다.

4섭법으로 중생을 인도하고, 부처님 생각함과 갖가지 지혜와 온갖 지혜의 지혜를 생각함을 떠나지 않으며, '내가 중생들 가운데 머리가 되고 나은 이가 되며, 내지 온갖 지혜의 의지함이 되리라.' 라고 생각하여야 한다.

(2)선혜지(善慧地)

9지의 선혜지는 기류(機類)에 대하여 교화의 가부를 알아 걸림 없는 지혜로써 공교하게 두루 가르침을 설법하는 단계이다.
자신이 스스로 걸림이 없이 자재한 지혜를 얻음과 함께 남의 마음 속을 자재하게 아는 능력이 있는 심자재지(心自在地)라고도 한다.

보살이 8지에서 한량없는 지혜로 생각하며 관찰하고는, 다시 더 좋은 적멸한 해탈을 구하며, 또 여래의 지혜를 닦으며, 여래의 비밀한 법에 들어가며, 부사의한 큰 지혜의 성품을 관찰하며, 다라니와 삼매의 문을 깨끗이 하며, 광대한 신통을 갖추며, 차별한 세계에 들어가며, 힘과 두려움 없음과 함께하지 않는 법을 닦으며, 부처님들을 따라 법륜을 굴리며, 크게 가엾이 여기는 본래의 원력을 버리지 아니하려고 9지에 들어간다.

보살이 선혜지에 머물러서는 선과 악이 둘이 아닌 법의 행과, 새고(漏) 새지 않는(無漏) 법의 행과, 세간과 출세간의 법의 행과, 헤아리고 헤아릴 수 없는 법의 행과, 결정하고 결정하지 못하는 법의 행과, 성문과 독각의 법의 행과, 보살행의 법의 행과, 여래지(如來地)의 법의 행과, 함이 있는(有爲) 법의 행과 함이 없는(無爲) 법의 행을 사실대로 안다.

9지의 보살은 중생들의 마음의 빽빽한 숲과, 번뇌의 빽빽한 숲과, 업의 빽빽한 숲과, 근기의 빽빽한 숲과, 지혜의 빽빽한 숲과, 근성의 빽빽한 숲과, 욕망의 빽빽한 숲과, 따라다니며 자게 하는(隨眠) 빽빽한 숲과, 태어나는 빽빽한 숲과, 버릇(習氣)이 계속하는 빽빽한 숲과, 세 종류의 차별의 빽빽한 숲을 사실대로 안다.

보살이 9지에 머물러서는 큰 법사가 되고 법사의 행을 갖추어서 여래의 법장(法藏)을 잘 수호하고, 한량없는 공교한 지혜로 네 가지 걸림 없는 변재를 일으키고 보살의 말로써 법을 설하여야 한다. 이를 사무애변(四無礙辯)이라 한다.
사무애변(四無礙辯)은 사무애지(四無礙智), 사무애해(四無礙解)라고도 하는데, 마음의 방면으로는 지(智) 또는 해(解)라고 하고, 입의 방면으로는 변(辯)이라 한다.

1)법무애(法無礙)는 온갖 교법에 통달한 것을 말한다.

모든 법의 제 모양을 알고, 모든 법의 제 성품을 알고, 지금 있는 법의 차별을 알고, 법의 차별을 알고, 법의 지혜로 차별함이 다르지 않음을 알고, 모든 법이 한 모양이어서 무너지지 않음을 알고, 일승의 평등한 성품을 알고, 보살의 행인 지혜행과 법행과 지혜로 따라 증득함을 알고, 모든 여래께서 한 생각에 바른 생각을 이룸을 알고, 일체 여래의 말씀과 힘과 두려울 것 없음과 함께하지 않는 부처님 법과 대자비와 변재와 방편과 법륜을 굴리는 온갖 지혜의 지혜로 증득함을 안다.

2)의무애(義無礙)는 온갖 교법의 요의(要義)를 아는 것을 말한다.

모든 법의 차별한 지혜를 알고, 모든 법의 나고 사라짐을 알고, 지나간 법과 오는 법의 차별을 알고, 이치의 차별을 알고, 견주는 지혜로 차별함이 실상과 같음을 알고, 5온과 18계와 4제와 12인연이 교묘함을 알고, 여러 승의 차별한 성품을 알고, 10지의 나누어진 위치(分位)와 뜻이 차별함을 알고, 여러 때와 여러 곳들이 각각 차별함을 알고, 여래께서 8만 4천인 중생의 마음과 행과 근기와 이해를 따르는 차별한 음성을 안다.

3)사무애(辭無礙)는 여러 가지 말을 알아 통달치 못함이 없는 것을 말한다.

그릇되지 않게 말하고, 온갖 법을 안돈하여 세우고 끊어지지 않게 말하고, 지나간 법과 오는 법과 지금 법을 그릇되지 않게 말하고, 그들의 말을 따라 말하고, 세상 지혜로 차별하게 말하고, 모든 세간에서 알기 쉽고 미묘한 음성과 글자로써 말하고, 온갖 승의 차별 없음을 말하고, 10지의 길이 차별 없는 모양을 말하고, 바른 각(覺)을 이루는 차별을 말하고, 일체 중생의 차별을 따라 여래의 음성으로써 차별하게 말한다.

4)요설무애(樂說無礙)는 온갖 교법을 알아 기류(機類)가 듣기 좋아하는 것을 말하는데 자재한 것을 말한다.

끊어짐이 없이 말하고, 안돈하여 세움을 따라 파괴할 수 없고 그지없이 말하고, 모든 세상에서 그지없는 법을 분명하게 말하고, 그들의 좋아함을 따라 말하고, 첫째가는 지혜(第一義智)로 공교하게 말하고, 더욱 수승하고 그지없는 법에 밝은 지혜로 말하고, 낱낱 승마다 그지없는 법을 말하고, 낱낱 지의 그지없는 행의 모양을 말하고, 낱낱 글귀의 한량없는 겁에 말하여도 다하지 못하고, 중생의 믿음과 이해를 따라서 여래의 지혜로써 청정한 행을 원만하게 말한다.

대법사는 법을 설할 때 보살 4무소외(四無所畏)와 여래의 방에서 여래의 옷을 입고 여래의 자리에 앉아 법을 설하여야 하고, 4안락행에 머물러야 한다.

보살 4무소외란 보살이 설법할 적에 두려운 생각이 없는 지력(智力)의 네 가지를 말한다.

1)능지무외(能持無畏)는 교법을 듣고 명구문(名句文)과 그 의리(義理)를 잊지 아니하여 남에게 가르치면서 두려워하지 않는 것을 말하고,

2)지근무외(知根無畏)는 대기(對機)의 근성이 예리하고, 우둔함을 알고, 알맞은 법을 말해주어 두려워하지 않는 것을 말하고,

3)결의무외(決疑無畏)는 다른 이의 의심을 판결하여 적당한 대답을 하여 두려워하지 않는 것을 말하고,

4)답보무외(答報無畏)는 여러 가지 문난(問難)에 대하여 자유자재하게 응답하여 두려워하지 않는 것을 말한다.

대법사는 여래의 사도(使徒)로서 여래가 보낸 바이며 여래의 일을 행함이니, 무릇 대중 가운데에서 널리 사람을 위하여 설법하여야 한다.
법을 설할 때에는 여래의 방에서, 여래의 옷을 입고, 여래의 자리에서 행하여야 한다. 이는 특히 희론(戲論)을 막기 위함이기도 하다.
여래의 방이란, 일체 중생을 감싸는 대자비심이다.
여래의 옷이란, 부드럽고 화평한 인욕심이다.
여래의 자리란, 일체 법이 공하다(一切法皆空)는 도리이다.
이 가운데에 안주한 연후에 게으름을 내지 않는 마음으로 여러 보살들과 사부대중을 위하여 법을 설하여야 한다.

대법사는 보살다운 행과 품위가 있어야 하므로 4안락행(四安樂行)에 머물러야 한다.
4안락행이란 몸과 입 마음 그리고 서원의 네 가지에 안락하기 위하여 지켜야 하는 행동지침이다.
1)신안락행(身安樂行)은 대법사 보살은 스스로 마음을 잘 다스리고, 열 가지 좋지 못한 일을 피하여 늘 몸을 안락하게 하여 좌선에 힘써야 함을 말한다. 보살은 인욕의 경지에 머물러 부드럽게 화(和)하여 잘 수순(隨順)하며, 갑자기 성질내서 졸렬하게 휘둘러 치지 아니하고, 마음이 놀라지 않으며, 또다시 법에 행한다 하는 바 상(相)이 없어야 하고, 온갖 사물의 여실상(如實相)을 관(觀)하되, 그것에도 집착하여 행하지도

말고 분별하지도 말아야 한다.

피해야 할 좋지 못한 열 가지 일은 다음과 같다.

가)권세가 있는 사람

나)삿된 사람과 삿된 법

다)흉하고 험난한 놀이

라)백정, 사냥꾼 등과 같이 바람직하지 않은 직업을 가진 사람

마)이승(二乘)의 무리

바)이성의 몸에 대하여 욕망을 품는 생각

사)성적으로 온전치 못한 사람(남성은 오종불능 남자, 여성은 오종
  불녀)

아)위태로운 상황에 처할 만한 일

자)남이 꾸짖거나 혐오할 일

차)나이 어린 제자나 사미를 두는 일

2)구안락행(口安樂行)은 언어 행위에 있어서 다음의 사항을 지키면 안락심을 잘 닦음으로써 듣는 이들의 뜻을 거스르지 않게 되고, 곧 안락함을 얻어 그 마음을 닦아서 갈무리 할 수 있음을 말한다.

가)입으로 설하거나 경을 읽을 때, 남의 허물과 경전의 허물을 즐겨 말하지 말아야 한다.

나)다른 법사를 가볍게 여겨 업신여기지 말아야 한다.

다)다른 사람의 좋고 나쁘고 잘하고 잘못함을 말하지 말아야 한다.

라)성문승 사람들의 이름을 들어 그 허물을 말하지 말아야 하고, 좋은 점을 찬탄도 하지 말아야 하고, 원망하고 싫어하는 마음도 내지 말고 어려운 물음이 있으면 소승법으로 답하지 말고, 대승법으로 해설해서

일체종지를 얻게 해야 한다.

　3)의안락행(意安樂行)은 마음에 일어나는 것에 있어서 다음의 사항을 잘 지키면 항상 안락함을 얻어 그 마음을 닦아서 갈무리 할 수 있음을 말한다.

　가)질투와 아첨과 속이려는 생각을 품지 말아야 한다.

　나)불도 배우는 이를 가벼이 여겨 욕하거나 그의 잘잘못을 찾지 말아야 한다.

　다)이승(二乘)과 보살도를 구하는 이를 뇌란케 하여, 그로 하여금 의혹케 하고 후회하게 하면서 그 사람에게 말하되, '너희는 도에서 거리가 매우 멀어 끝내 일체종지를 얻지 못하리라. 왜냐하면, 너희는 방일한 사람인지라, 도 닦는 데 게으르기 때문이다.' 라고 하지 말아야 한다.

　라)모든 법을 희론(戱論)하여 말다툼하는 일이 없게 하여야 한다.

　마)마땅히 일체 중생에게는 대비상(大悲相)을 일으키고, 모든 여래께는 자부(慈父)라는 생각을 일으켜야 한다.

　바)모든 보살에게는 큰 스승이라는 생각을 일으키고, 시방의 모든 대보살에게는 항상 깊은 마음으로 공경하고 예경하여야 한다.

　사)일체 중생에게 평등하게 설법하되, 법에 순응하기에 따라 많이도 하지 말고 적게도 하지 말며, 깊이 법을 사랑하는 사람에게도 더 많이 설하는 일 없게 하여야 한다.

　4)서원안락행(誓願安樂行)은 일불승보살도의 진리를 듣지도 못하고 믿지도 않고 이해하지도 못하는 중생에 대하여 자비심을 내어 자신이 아뇩다라삼먁삼보리를 증득하면 반드시 신통력과 지혜의 힘으로 모두 이끌어 일불승보살도의 진실한 도를 깨닫게 할 것이라고, 항상 즐겨 자신

을 위한 실천행을 닦아 안락함에 머무름을 말한다.

즉, 재가인(在家人)이나 출가인에게는 대자심(大慈心)을 나타내고, 보살승이 아닌 사람(성문, 연각)에게도 대비심(大悲心)을 내어 '이런 사람은 크게 실격한 것이니, 여래께서 방편으로 근기 따라 설법하심을 듣지도 못하고, 알지도 깨닫지도 묻지도 믿지도 이해하지도 못하나니, 이 사람이 비록 일불승보살도의 진리를 묻지도 믿지도 이해하지도 못할지나, 내가 아뇩다라삼먁삼보리를 얻게 될 때, 어디에 있을지라도 신통력과 지혜력으로 이끌어 이 법 가운데에 머무르게 하리라.' 라고 마땅히 생각여야 한다.

보살이 9지에 머물면 뜻 다라니와 지혜 다라니와 광명이 비치는 다라니와 선한 지혜의 다라니와 여러 재물 다라니와 위덕(威德) 다라니와 걸림없는 문 다라니와 그지없는 다라니와 가지가지 이치 다라니와 이러한 백만 아승지 다라니 문을 얻어 모두 원만하고, 백만 아승지의 공교한 음성과 변재의 문으로 법을 연설하게 된다.

이 보살은 십바라밀 중에는 역바라밀이 가장 승하고, 밤낮으로 부지런히 정근하고 다른 생각이 없으며, 각종 다라니를 성취하고, 2천세계의 주인인 대범천왕이 되어 잘 통치하며 자유롭게 이익하게 하고, 능히 광명을 내어 중생의 마음에 비치어 번뇌의 어두움을 모두 없어지게 하고, 모든 성문과 연각과 보살들을 위하여 바라밀 행을 분별하여 연설하며, 중생의 마음을 따라 문난하더라도 굽힐 수 없다.

4섭법으로 중생을 인도하고, 부처님 생각함과 갖가지 지혜와 온갖 지혜의 지혜를 생각함을 떠나지 않으며, '내가 모든 중생들 가운데 머리가 되고 나은 이가 되며, 내지 온갖 지혜와 지혜의 의지함이 되리라.' 라고 생각하여야 한다.

(3)법운지(法雲地)

10지의 법운지는 수혹을 끊고 끝없는 공덕을 구비하고서, 지혜의 구름이 널리 진리의 비를 내리듯 부처의 가르침을 널리 중생에게 설하는 등, 사람에 대하여 이익 되는 일을 행하여 대자운(大慈雲)이 되는 지위를 말한다. 9지의 보살은 보살 10력을 얻어 9지에서 벗어나(出) 10지에 들어(入)간다.

보살 10력이란 보살이 갖추고 있는 열 가지 능력을 말한다.
1)직심력(直心力)은 모든 현상에 물들지 않는 능력을 말하고,
2)심심력(深心力)은 부처의 가르침을 깨뜨리지 않는 능력을 말하고,
3)방편력(方便力)은 중생을 구제하기 위해 그 소질에 따라 모든 수단과 방법을 행하는 능력을 말하고,
4)지혜력(智慧力)은 중생의 마음과 행위를 아는 능력을 말하고,
5)원력(願力)은 중생의 소원을 이루게 해 주는 능력을 말하고,
6)행력(行力)은 끊임없이 실천하는 능력을 말하고,
7)승력(乘力)은 중생에게 가르침을 설하여 깨달음에 이르게 하는 능력을 말하고,

8)유희신통력(遊戲神通力)은 자유자재로 중생을 구제하는 능력을 말하고,

9)보리력(菩提力)은 깨달을 수 있는 능력을 말하고,

10)전법륜력(轉法輪力)은 번뇌를 부수는 가르침을 설할 수 있는 능력을 말한다.

　보살이 10지에 들어 갈 수 있음은 초지에서 9지에 이르면서,

지혜로 관찰하여 깨닫고는 잘 생각하여 닦으며,

흰 법을 만족하고 그지없는 도를 돕는 법을 모으며,

큰 복덕과 지혜를 증장하고,

크게 가엾이 여기는 마음을 널리 행하여,

세계의 차별함을 알며,

중생 세계의 빽빽한 숲에 들어가며,

여래가 행하시는 곳에 들어가며,

여래의 적멸한 행을 따라 순종하며,

여래의 힘과 두려움 없음과 함께하지 않는 부처님 법을 항상 관찰하였기에 가능한 것이다.

　보살이 10지에 들어가서는 곧,

보살의 때를 여의는 삼매를 얻으며,

법계의 차별한 삼매와,

도량을 장엄하는 삼매와,

온갖 꽃빛 삼매와,

해장(海藏)삼매와,

해인(海印)삼매와,

허공이 넓고 큰 삼매와,

모든 법의 제 성품을 관찰하는 삼매와,

일체 중생의 마음과 행동을 아는 삼매와,

모든 부처님이 앞에 나타나는 삼매에 들어간다.

보살이 이 모든 삼매에 들어가고 일어날 적에 다 선하고 공교함을 얻으며, 모든 삼매의 짓는 일이 차별함도 잘 알고, 그 마지막 삼매를 이름하여 온갖 지혜와 수승한 직책을 받는 지위라 한다.

'이 삼매가 앞에 나타날 때에 큰 보배 연꽃이 홀연히 솟아나고, 이 보살이 큰 연꽃 자리에 앉을 적에 한량없는 보살로 권속을 삼으며, 그 권속 보살들도 각각 다른 연꽃에 앉는다.

이 큰 보살과 권속들이 꽃자리에 앉을 적에 놓는 광명과 말과 음성이 시방 법계에 두루 가득하여 모든 세계가 한꺼번에 진동하여, 나쁜 갈래는 고통이 쉬고 국토가 깨끗하여져서 함께 수행하는 보살이 모두 와서 모이며, 인간과 천상의 풍류에서 한꺼번에 소리를 내니 모든 중생들이 모두 안락함을 얻고, 부사의한 공양거리로 모든 부처님께 공양하여, 여러 부처님 대중들이 다 나타나시게 된다.

이 큰 보살이 연꽃 자리에 앉을 적에,

두 발 바닥으로 백만 아승지 광명을 놓아 시방의 여러 큰 지옥에 비치어 지옥 중생들의 고통을 멸하며,

두 무릎으로 백만 아승지 광명을 놓아 시방의 여러 축생 갈래에 비치어 축생들의 고통을 멸하며,

배꼽으로서 백만 아승지 광명을 놓아 시방의 염라왕 세계에 비치어 중생들의 고통을 멸하며,

좌우 옆구리로 백만 아승지 광명을 놓아 시방의 모든 인간에게 비치어 중생들의 고통을 멸하며,

두 손바닥으로 백만 아승지 광명을 놓아 시방의 모든 천상과 아수라들의 궁전에 비치며,

두 어깨로 백만 아승지 광명을 놓아 시방의 모든 성문들에게 비치며,

목덜미로 백만 아승지 광명을 놓아 시방의 벽지불들의 몸에 비치며,

입으로 백만 아승지 광명을 놓아 시방의 처음으로 발심한 보살과 내지 9지 보살의 몸에 비치며,

두 눈썹 사이로 백만 아승지 광명을 놓아 시방에서 직책을 받은 보살들께 비치어 마군의 궁전들을 나타나지 못하게 하며,

정수리로 백만 아승지 삼천대천세계 티끌 수 같은 광명을 놓아 시방 일체 세계에 있는 모든 부처님의 도량에 모인 대중에게 비치어 오른쪽으로 열 바퀴를 돌고는 허공에 머물러서 광명 그물이 되는데, 그 이름이 치성한 광명이다. 이 광명이 여러 가지 공양거리를 내어 부처님께 공양하고는 다시 시방의 모든 세계에 있는 모든 부처님의 도량마다 모인 대중들을 열 바퀴 돌고, 그리고 여래의 발바닥으로 들어간다.

그 때 여러 부처님과 보살들이, 아무 세계의 아무 보살이 이런 광대한 행을 능히 행하고 직책을 받는 지위에 이른 줄 알며, 시방에 있던 한량없는 보살과, 9지의 보살들까지 모두 와서 둘러싸고 공경하고 공양하며

한결같은 마음으로 관찰하며, 한창 관찰할 적에 그 보살들이 각각 10천 삼매를 얻는다. 이러한 때에 시방에 있는 직책을 받은 보살들이, 모두 가슴에 있는 금강으로 장엄한 공덕 모양에서 큰 광명을 놓는데, 그 이름이 마군과 원수를 파괴함이다.

백만 아승지 광명으로 권속을 삼고 시방을 두루 비치어 한량없는 신통 변화를 나타내고, 이런 일을 마치고는 이 보살들의 가슴에 있는 금강으로 장엄한 공덕 모양으로 들어가며, 그 광명이 들어간 후에는 이 보살들의 지혜가 세력을 더하여 백천 곱절을 지나게 된다.

그 때 시방의 모든 부처님들이 양미간으로부터 청정한 광명이 나오니 이름이 온갖 지혜를 더함이다.

무수한 광명으로 권속을 삼아 시방의 일체 세계에 비추면서 오른쪽으로 열 바퀴 돌고, 여래의 광대하게 자재함을 나타내며, 한량없는 백천억 나유타 보살들을 깨우치고, 모든 부처님 세계를 두루 진동하여, 모든 나쁜 갈래의 고통을 없애고, 모든 마군의 궁전을 가리우며, 모든 부처님들이 보리를 얻으신 도량에 있는 대중들의 장엄한 위덕을 보인다.

이와 같이 온 허공과 법계에 가득한 모든 세계를 두루 비추고는 이 보살들의 회상에 돌아와서 오른쪽으로 두루 돌면서 가지가지로 장엄한 일을 나타낸다. 이런 일을 나타내고는 큰 보살의 정수리로 들어가니, 그 권속 광명들도 각각 보살들의 정수리로 들어간다.

이러는 동안에 이 보살들이 전에 얻지 못하였던 백만 가지 삼매를 얻으며, 그 이름이 직책을 받는 지위를 얻음이다. 부처님의 경계에 들어가서 열 가지 힘을 구족하고 부처님 가운데 섞이게 된다.'

이것을 이름 하여 보살이 큰 지혜의 직책을 받았다 하며, 보살이 이 지혜의 직책을 받으므로, 한량없는 백천억 나유타나 되는 행하기 어려운 행을 능히 행하며, 한량없는 지혜 공덕을 증장하면 법운지(法雲地)에 머무른다 한다.

보살이 이 법운지에 머물면, 사실대로 욕심세계의 모임과 형상세계의 모임과 형상 없는 세계의 모임과 세계의 모임과 법계의 모임과 함이 있는 세계의 모임과 함이 없는 세계의 모임과 중생계의 모임과 인식계의 모임과 열반계의 모임을 알며, 이 보살이 사실대로 모든 소견과 번뇌의 행이 모임을 알며, 세계가 이루어지고 헐림의 모임을 알며, 성문의 행이 모임과 벽지불의 행이 모임과 보살의 행이 모임과, 여래의 힘과 두려움 없음과 형상 몸(色身)과 법의 몸(法身)이 모임과, 갖가지 지혜와 온갖 지혜의 지혜가 모임과, 보리를 얻어 법륜을 굴림을 보이는 것이 모임과, 온갖 법에 들어가 분별하고 결정하는 지혜가 모임을 안다.

이 보살이 이러한 상상품의 깨달은 지혜로써, 중생의 업으로 변화함과 번뇌로 변화함과 여러 소견으로 변화함과 세계로 변화함과 법계로 변화함과 성문으로 변화함과 벽지불로 변화함과 보살로 변화함과 여래로 변화함과 일체 분별 있고 분별 없게 변화함을 사실대로 안다.

또 부처님의 가지와 법의 가지와 승의 가지와 업의 가지와 번뇌의 가지와 시절의 가지와 원력의 가지와 공양의 가지와 행의 가지와 겁의 가지와 지혜의 가지를 사실대로 안다.

또 부처님 여래들의 미세한 데 들어가는 지혜를 사실대로 알므로, 이른바 수행함이 미세한 지혜와 목숨을 마침이 미세한 지혜와 태어남이 미세한 지혜와 집 떠남이 미세한 지혜와 신통 나툼이 미세한 지혜와 바른 깨달음을 이룸이 미세한 지혜와 법륜 굴림이 미세한 지혜와 목숨을 유지함이 미세한 지혜와 열반에 듦이 미세한 지혜와 교법이 세상에 머묾이 미세한 지혜를 모두 사실대로 안다.

또 여래의 비밀한 곳에 들어가니, 이른바 몸의 비밀과 말의 비밀과 마음의 비밀과 때와 때 아님을 생각하는 비밀과 보살에게 수기하는 비밀과 중생을 거두어주는 비밀과 가지가지 승의 비밀과 일체 중생의 근성과 행이 차별한 비밀과 업으로 짓는 비밀과 보리를 얻는 행의 비밀을 사실대로 안다.

또 부처님들이 겁에 들어가는 지혜를 알므로, 이른바 한 겁이 아승지 겁에 들어가고 아승지 겁이 한 겁에 들어감과, 수 있는 겁이 수 없는 겁에 들어가고 수 없는 겁이 수 있는 겁에 들어감과, 한 찰라가 겁에 들어가고 겁이 한 찰라에 들어감과, 겁이 겁 아닌데 들어가고 겁 아닌 것이 겁에 들어감과, 부처님 있는 겁이 부처님 없는 겁에 들어가고 부처님 없는 겁이 부처님 있는 겁에 들어감과, 과거 겁과 미래 겁이 현재 겁에 들어가고 현재 겁이 과거 겁과 미래 겁에 들어감과, 과거 겁이 미래 겁에 들어가고 미래 겁이 과거 겁에 들어감과, 오랜 겁이 짧은 겁에 들어가고 짧은 겁이 오랜 겁에 들어가는 따위를 사실대로 안다.

또 여래께서 들어가는 지혜를 알므로, 이른바 터럭같은 범부에 들어가는 지혜와 작은 티끌에 들어가는 지혜와 국토의 몸으로 바로 깨닫는 데 들어가는 지혜와 중생의 몸으로 바로 깨닫는 데 들어가는 지혜와 중생의 마음으로 바로 깨닫는 데 들어가는 지혜와 중생의 행으로 바로 깨닫는 데 들어가는 지혜와 온갖 곳을 따라서 바로 깨닫는 데 들어가는 지혜와 두루 행함을 보이는 데 들어가는 지혜와 순하는 행을 보이는 데 들어가는 지혜와 거슬리는 행을 보이는 데 들어가는 지혜와, 헤아릴 수 있고 헤아릴 수 없는 세간을 알고 알지 못하는 행을 보이는 데 들어가는 지혜와, 성문의 지혜, 벽지불의 지혜, 보살의 행, 여래의 행을 보이는 데 들어가는 지혜를 모두 사실대로 안다.

보살이 법운지에 머물러서는, 곧 보살의 부사의한 해탈과 걸림없는 해탈과 깨끗하게 관찰하는 해탈과 두루 밝게 비치는 해탈과 여래장 해탈과 따라 순종하여 걸림없는 바퀴 해탈과 세 세상을 통달하는 해탈과 법계장 해탈과 해탈한 광명의 바퀴 해탈과 남음 없는 경계의 해탈을 으뜸으로 하여 한량없는 백천 아승지 해탈문이 있는데, 모두 이 법운지에서 얻으며, 이와 같이 내지 한량없는 백천 아승지 삼매문과 한량없는 백천 아승지 다라니문과 한량없는 백천 신통문을 모두 성취한다.

이 보살이 이러한 지혜를 통달하고는 한량없는 보리를 따라서 공교하게 생각하는 힘을 성취하여, 한량없이 크고 넓은 그릇이 되었으므로, 시방의 한량없는 부처님들이 가지신 한량없는 큰 법의 광명과 큰 법의 비침과 큰 법의 비를, 잠깐동안에 모두 능히 견디고 능히 받고 능히 거두고 능히 유지할 수 있다.

　이 지의 보살이 자기의 원력으로 크게 자비한 구름을 일으키고 큰 법
의 우레를 진동하며 6통과 3명과 두려움 없음으로 번개가 되고 복덕과
지혜는 빽빽한 구름이 되며, 여러 가지 몸을 나타내어 가고 오며 두루
돌아다니면서, 잠깐동안에 시방으로 백천억 나유타 세계의 티끌 수 국
토에 두루하여 큰 법문을 연설하여 마군과 원수들을 꺾어 굴복하며, 이
보다 더 지나가는 한량없는 백천억 나유타 세계의 티끌 수 국토에서,
중생들의 좋아하는 마음을 따라서 단아슬 비를 퍼 부어 일체 번뇌의 불
을 멸한다.

　또 한 세계에서, 도솔천 하늘에서 내려오며, 내지 열반에 드시도록 제
도를 받을 중생들의 마음을 따라서 불사를 나타내며, 두 세계, 세 세계,
내지 한량없는 백천억 나유타 세계의 티끌 수 국토에서도 그와 같다.

　또 지혜가 밝게 통달하고 신통이 자재하므로, 그 생각을 따라서, 세계
를 크게도 작게도 변화시키며, 한 세계에 모양 변화 없이 모든 세계를
넣기도 하며, 생각을 따라서 말할 수 없는 세계에 있는 중생들을 한 세
계에 두기도 하며, 한 세계에 있는 중생들을 말할 수 없는 세계에 두더
라도 그 중생들에게는 시끄럽거나 해로움이 없다.
　또 생각을 따라서 한 털구멍에 모든 부처님 경계와 장엄한 일을 나타
내기도 하며, 중생의 마음을 따라서 형상 몸을 나타내는데 장엄이 구족
하며, 혹은 자기의 몸에 부처님 몸을 나타내고, 혹은 부처님 몸에 자기

의 몸을 나타내고, 혹은 부처님 몸에 자기의 국토를 나타내고, 혹은 자기의 국토에 부처님 몸을 나타내기도 한다.

법운지의 이 보살의 지혜광명은 여래의 몸의 업, 말의 업, 뜻의 업과 다르지 않고, 보살의 여러 삼매의 힘을 버리지도 않으면서, 수 없는 겁 동안에 모든 부처님을 받들어 섬기며 공양하되, 낱낱 겁마다 갖가지 공양거리로 공양하고, 모든 부처님의 신통의 힘으로 가피하여 지혜의 광명이 더욱 증장하고 훌륭하며, 온 법계에서 묻는 문난을 잘 해석하여 설법한다. 또 중생으로 하여금 서늘함을 얻게 하며, 온갖 지혜의 지혜에 머물게 하는 것이어서, 모든 성문이나 벽지불이나 9지의 보살의 지혜광명으로는 모두 미치지 못한다.

이 보살이 십바라밀다 중에는 지혜바라밀이 가장 승하고, 이 보살이 법운지에 머물러서는 마혜수라천왕(대자재천왕)이 되어 법에 자재하며, 성문이나 독각이나 모든 보살의 바라밀 행을 주며, 법계 가운데 있는 문난으로는 능히 굽힐 이가 없다.

또 4섭법으로 중생을 인도하고, 여러 가지 짓는 업이 부처님 생각함과 갖가지 지혜와 온갖 지혜의 지혜를 구족하도록 생각함을 떠나지 않으며, '내가 모든 중생들 가운데 머리가 되고 나은 이가 되며, 내지 온갖 지혜와 지혜의 의지함이 되리라.' 라고 생각하여야 한다.

법운지의 보살은 수능엄삼매를 증득한다. 수능엄삼매(首楞嚴三昧)는 모든 번뇌의 마군을 부수는 삼매이다.

수능엄이란 건상(健相), 견고(堅固), 용건(勇健), 건행(健行)이라 한다. 대개 10지 보살을 건사(健士)로 하고서 그들이 닦는 정(定)인데, 이 정(定)은 장군이 군대를 이끌어 적을 무찔러 항복받는 것처럼 번뇌의 마군을 파멸(破滅)하는 것과 같고, 만일 보살이 수능엄삼매를 얻지 못하면 깊은 행(深行)인 보살이라 할 수 없다.

보살이 이 정에 머물면 일거수 일투족 마다 그리고 한 생각 생각 마다 6바라밀이 있고, 보살이 만일 이 삼매를 얻고자 하면 마땅히 범부 법을 수행하여야 하며, 만일 범부 법을 보면 불법은 합하지도 흩어지지도 않게 된다(범부 법과 불법이 둘이 없음을 통달하면, 실로 이 법은 합함도 흩어짐도 없다). 이를 수능엄삼매를 닦아 모은 것이라 한다.

수능엄삼매에서는 열 가지 법행(法行)이 있어야 복전(福田)이라 할 수 있다.

1)공(空), 무상(無相), 무원(無願) 해탈문에 머무르면서 법의 자리(法位)에 들어가지 않고,

2)사제(四諦)를 보고 알면서도 도과(道科)를 증득하지 않고,

3)해탈을 행하면서 보살행을 버리지 않고,

4)능히 삼명(三明)을 일으키면서 삼계(三界)에서 행하고,

5)능히 성문의 형색과 위의를 나타내면서 음성을 따르지 않고, 다른 이로부터 법을 구하고,

6)벽지불의 형색과 위의를 나타내면서 걸림이 없는 변재로써 설법하고,

7)항상 선정에 있으면서 능히 일체 행을 나타내고,

8)정도(正道)를 떠나지 않으면서 사도(邪道)에 들어감을 나타내고,

9)깊이 염애(染愛)를 탐하면서 모든 애욕과 일체 번뇌를 떠나고,

10)열반에 들면서 나고 죽음에서 무너트리지 않고 버리지 않음이 있어야 한다.

보살이 만일 능히 모든 법이 공하여 장애한 바 없음을 관찰하고 생각이 멸진(滅盡)하여, 미워함과 사랑함을 떠나면, 이를 이 삼매 닦는 것이라 한다. 여러 보살이 10지에 머무름을 얻고, 일생보처로서 부처님의 바른 지위를 받은 이는 모두 다 수능엄삼매를 득하였다. 보살이 능히 수능엄삼매를 통달한다면, 일체 도행을 통달할 것이며, 성문승과 벽지불승과 불의 대승을 모두 통달할 것이다.

이 삼매를 얻은 보살이 여러 가지 몸을 나투어 중생을 교화하고, 이 보살을 보고 듣는 중생은 모두 해탈을 얻는다.

법운지에서 직책을 받은 보살은 시방의 부처님들이,

1)눌러서 빼앗을 수 없는 몸을 주고,

2)걸림없이 말하기 좋아하는 변재를 주고,

3)분별을 잘하는 청정한 지혜를 주고,

4)잘 기억하여 잊지 않는 힘을 주고,

5)잘 결정하여 환희 아는 지혜를 주고,

6)온갖 곳에 이르러 깨달아 아는 지혜를 주고,

7)도를 이루어 자재하는 힘을 주고,

8)여래의 두려움 없는 것을 주고,

9)온갖 지혜를 가진 사람이 모든 법문을 관찰하여 분별하는 변재의 지

혜를 주고,

10)일체 여래의 가장 묘한 몸과 말과 뜻으로 구족하게 장엄함을 준다.

법운지에서 직책을 받은 보살은 대선지법에 머무르면서, 10종 방편으로 중생을 제도한다.

대선지법(大善地法)이란 온갖 선심(善心)을 따라 일어나는 열한 가지 정신작용을 말한다.

1)신(信)은 우리의 심왕(心王), 심소(心所)로 하여금 대경을 올바르게 인식케 하여, 마음에 의혹이 없게 하는 정신작용이다.

2)불방일(不放逸)은 나쁜 짓을 막고 마음을 한 경계에 집중하여 모든 착한 일을 닦는 정신작용이다.

3)경안(輕安)은 착한 마음과 상응하여 일어나서 일을 잘 감당하여 몸이 편안하고 경쾌하여 지는 작용이다.

4)사(捨)는 마음이 침울하지도 않고, 부동(浮動)하지도 않은 중용을 얻은 정신작용이다.

5)참(慚)은 자기를 반성한 결과로 범한 죄를 부끄러워하는 마음이다.

6)괴(愧)는 허물을 부끄럽게 여기는 심리작용이다.

7)무탐(無貪)은 어떠한 경계에서도 탐착하지 않는 정신작용이다.

8)무진(無瞋)은 어떠한 경계에 대해서도 성내지 않는 정신작용이다.

9)무치(無癡)는 모든 법의 사리를 밝히 아는 것이다.

10)불해(不害)는 남에게 이롭지 않은 일을 하지 않으며, 또 손해 시키거나 번거롭게 하지 않는 정신작용이다.

11)근(勤)은 악을 끊고 선을 닦는데 마음을 용맹케 하는 정신작용이다.

10종방편(十種方便)이란 중생을 제도하는 미묘한 열 가지 지혜를 말한다.

1)보시방편(布施方便)으로, 아낌없이 몸 목숨 재물을 주고 갚음을 바라지 않는 것을 말한다.

2)지계방편(持戒方便)으로, 계율을 지키고 수행을 하되, 마음에 집착하지 아니하는 것을 말한다.

3)인욕방편(忍辱方便)으로, 어떤 괴로움이라도 달게 받는 것을 말한다.

4)정진방편(精進方便)으로, 몸과 마음을 굳게 먹어 용맹심을 일으키고 게으르지 아니하는 것을 말한다.

5)선정방편(禪定方便)으로, 온갖 번뇌와 번뇌로부터 생기는 5욕(欲)을 여의고, 날카로운 뜻으로 해탈하는 법을 수습(修習)하는 것을 말한다.

6)지혜방편(智慧方便)으로, 우치(愚癡)의 번뇌를 여의고, 온갖 공덕을 쌓아 진지(眞智)의 개발(開發)에 노력하는 것을 말한다.

7)대자방편(大慈方便)으로, 평등한 대자심을 일으켜, 일체 중생을 이익케 하는 것을 말한다.

8)대비방편(大悲方便)으로, 만유의 자성이 없음을 알고, 평등한 대비심으로 중생을 대신하여 고통을 받는 것을 말한다.

9)각오방편(覺悟方便)으로, 걸림없는 자재한 지혜로써 중생의 자성을 알아 의혹이 없게 하는 것을 말한다.

10)전불퇴법륜방편(轉不退法輪方便)으로, 진실한 교(敎)를 말하여 중생을 교화하고, 가르침과 같이 수학하며 지혜를 연구하여 수행의 계위(階位)에서 물러나지 않게 하는 것을 말한다.

그러나 법운지의 직책을 받은 보살이 이러한 지혜에 편안히 머물렀지만, 부처님 세존이 다시 그에게 3세의 지혜, 법계에 차별한 지혜, 일체 세계에 두루 하는 지혜, 일체 세계를 비추는 지혜, 일체 중생을 인자하게 생각하는 지혜를 말하여, 온갖 지혜의 지혜를 얻도록 말한다.

그러므로 법운지에서 직책을 받은 보살은 10정, 10인, 10통을 온전히 체득하여야 성불에 이르게 된다. 10정, 10인, 10통을 통칭하여 금강삼매를 닦는다고 할 수 있으며, 완성된 반야바라밀다에 의(依)하여, 금강삼매를 닦고 닦으면 멸수상정이 완성되어 진공의 대원경지가 열리게 된다.

10정(十定)은 열 가지의 큰 삼매를 말한다.

1)보광대삼매(普光大三昧)는 널리 광명을 놓아 시방(十方)을 두루 비치는 삼매이다.

2)묘광대삼매(妙光大三昧)는 묘한 광명 큰 삼매이다.

3)차제편왕제불국토대삼매(次第遍往諸佛國土大三昧)는 여러 부처님 국토에 차례로 가는 신통한 큰 삼매이다.

4)청정심심행대삼매(淸淨深心行大三昧)는 청정하고 깊은 마음의 행인 큰 삼매이다.

5)과거장엄장대삼매(過去莊嚴藏大三昧)는 과거의 장엄한 갈무리를 아는 큰 삼매이다.

6)지광명장대삼매(智光明藏大三昧)는 지혜 광명의 갈무리인 큰 삼매이다.

7)료지일체세계불장엄대삼매(了知一切世界佛莊嚴大三昧)는 모든 세계

의 부처님 장엄을 아는 큰 삼매이다.

8)중생차별신대삼매(衆生差別身大三昧)는 일체 중생의 차별한 몸 큰 삼매이다.

9)법계자재대삼매(法界自在大三昧)는 법계에 자유자재하는 큰 삼매이다.

10)무애륜대삼매(無礙輪大三昧)는 걸림 없는 바퀴인 큰 삼매이다.

10인(十忍)은 보살이 무명번뇌를 끊고, 온갖 법이 본래 적연(寂然)한 줄을 깨달을 때에 생기는 열 가지 안주심(安住心)을 말한다.

1)음성인(音聲忍)은 음향인(音響忍)이라고도 한다. 여러 부처님 네가 설법하는 소리에 의하여, 진리를 깨닫고 안주하는 것이다.

2)순인(順忍)은 지혜로 온갖 법을 생각하고 관찰하여, 진리에 수순(隨順)하는 것이다.

3)무생인(無生忍)은 불생불멸하는 진여법성(眞如法性)을 증득하여 결정 안주하고, 온갖 법의 형상을 여의는 것이다.

4)여환인(如幻忍)은 온갖 법은 인연으로 생기는 것으로 그 성품이 적멸한 것이 마치 환(幻)과 같은 줄을 알고 안주하는 것이다.

5)여염인(如焰忍)은 물(物), 심(心)의 현상은 다 아지랑이와 같이 잠시적 존재로 본성이 공적한 것이라 알고 안주하는 것이다.

6)여몽인(如夢忍)은 범부의 망심(妄心)은 꿈속의 경계와 같이, 진실성이 없는 줄 알고 안주하는 것이다.

7)여향인(如響忍)은 범부의 귀에 들리는 언어 음성은 인연으로 생긴 것이니, 메아리와 같이 진실성이 없는 줄 알고 안주하는 것이다.

8)여영인(如影忍)은 범부의 몸은 5온이 모여 생긴 일시적인 집합체로

서 진실성이 없는 것이, 마치 그림자와 같은 줄 알고 안주하는 것이다.

9)여화인(如化忍)은 온갖 법은 생멸 변화하는 것으로 있는 듯하다가도 없고, 없는 듯하다가도 있어서 마치 변화하는 사상(事象)과 같아서 그 실체가 없는 줄 알고 안주하는 것이다.

10)여공인(如空忍)은 세간, 출세간의 온갖 법은 허공과 같아서 붙잡을 수 있는 실체가 없는 줄 알고 안주하는 것이다.

10통은 보살의 열 가지 특별한 능력을 말한다.

1)선지타심지신통(善知他心智神通)은 남의 속을 잘 아는 지혜의 신통을 말한다.

2)무애천안지신통(無礙天眼智神通)은 걸림 없는 하늘 눈 지혜의 신통을 말한다.

3)지과거제겁숙주지신통(知過去際劫宿住智神通)은 지나간 일을 아는 지혜의 신통을 말한다.

4)지진미래제겁지신통(知盡未來際劫智神通)은 오는 세월이 끝날 때까지의 겁을 아는 지혜의 신통을 말한다.

5)무애청정천이지신통(無礙淸淨天耳智神通)은 걸림 없이 청정한 하늘 귀로 듣는 지혜의 신통을 말한다.

6)무체성무동작왕일체불찰지신통(無體性無動作往一切佛刹智新通)은 자체 성품이 없고 동작이 없고 모든 부처님 세계에 이르는 지혜의 신통을 말한다.

7)선분별일체언사지신통(善分別一切言辭智神通)은 모든 말을 잘 분별하는 지혜의 신통을 말한다.

8)무수색신지신통(無數色身智神通)은 무수한 육신을 성취하는 지혜의 신통을 말한다.

9)일체법신통(一切法神通)은 온갖 법을 아는 지혜의 신통을 말한다.

10)일체법멸진삼매지통(一切法滅盡三昧智通)은 온갖 법이 사라져 없어지는 삼매에 들어가는 지혜의 신통을 말한다.

5.등각의 대보살

등각위(等覺位)는 보살 제 십지의 뒤 묘각위의 앞에 있는 자리이다.
이 계위에 오른 이를 등정각(等正覺)을 이루었다고 한다.
보살이 제십 법운지 후에 다시 대원력으로 백겁을 머물러 천 삼매를 닦아 금강삼매에 들며, 다시 천겁을 머물러 부처의 위의와 신통을 배우며, 또다시 만겁을 머물러 성불하고 부처의 신통을 나타내어 중생을 교화하는 것을 등정각이라 한다.

등각의 대보살은 성불자이므로 모든 부처님들과 같이 몸을 무너뜨릴 수 없고, 목숨을 끊을 수 없고, 세간의 독약으로 중독 할 수 없고, 온갖 세계의 수재 화재 풍재가 몸을 해할 수 없다.
또 모든 마군, 하늘, 용, 야차, 건달바, 아수라, 가루라, 긴나라, 마후라가, 사람, 사람 아닌 것, 비사사, 나찰 따위가 그들의 힘을 다하여 수미산 같고 철위산 같은 큰 금강을 삼천대천세계에 한꺼번에 내리더라도 성불자의 마음을 놀라게 할 수 없고, 내지 한 터럭도 건드릴 수 없어서 가거나 서거나 앉거나 누움이 변동되지 않으며, 성불자 계신 곳에서 사방으로 멀거나 가깝거나 내리지 못하게 하면 내릴 수 없고, 설사 막지 아니하여 내리더라도 손상하지 못한다.

 또 어떤 중생이 성불자의 가피를 입었거나 심부름을 하더라도 해할 수 없다.

 등각 대보살은 멸수상정을 온전히 체득하여 진공의 대원경지를 이루어 4덕이 있으며, 7변과 4기답의 형식을 갖추며, 6신통을 온전히 구비하고 있고, 사자분신삼매로 타수용신법을 운용하여 무연자비를 행한다.

(1)진공(眞空)의 대원경지(大圓鏡智)

 보살이 수행하여 7지 말에서 부처님 친견하고 무생법인 이루어 8지에 들어가는데, 이를 내아공(內我空)의 완성이라 한다.

 또 8지에서 9지를 거쳐 10지에 이르러 해장삼매와 해인삼매를 증득하고, 멸진정이 체득되는 수능엄삼매를 달통하면 반야바라밀다가 온전히 구비된다. 이를 외법공(外法空)의 완성이라 한다.

 온전히 구비된 반야바라밀다에 의(依)하며 무색계의 비상비비상처지에 주(住)하여 금강삼매법을 완전히 달통하면 백색삼매(白色三昧)가 이루어지는데, 이를 진공(眞空)이라 한다.

 진공이 되면 삼라만상의 모든 진리가 맑고 투명한 큰 거울에 비치듯, 명료하게 드러나는 대원경지(大圓鏡智)가 따른다.

진공의 대원경지에서는 4덕(德)에 주하게 된다.

4덕은 범부의 4전도(顚倒)를 벗어난 상, 락, 아, 정의 진리이체(眞理理体)이다.

1)상은 상주(常住)의 뜻으로 시간과 공간을 초월하여 생멸변화가 없는 덕이 있다.

2)락은 안락(安樂)의 뜻으로 생멸변화가 없는 세계에는 생사의 고뇌가 없고, 무위안락(無爲安樂)한 덕이 있다.

3)아는 망아(妄我)를 여읜 진아(眞我)를 말하고, 8대자재(大自在)의 덕을 갖춘 대아(大我)가 있다.

4)정은 청정(淸淨)의 뜻으로 혹(惑) 업(業)의 고통을 여의고, 잠연청정(湛然淸淨)의 과덕(果德)이 있다.

(2)7변(七辯)과 4기답(四記答)

7변은 부처님, 대보살의 교묘한 일곱 가지 변재를 말한다.

1)첩변(捷辯)으로, 말을 더듬지 않고 순편하게 빨리 대답함을 말한다.

2)신변(迅辯)으로, 사리를 통달하여 물음에 유창하게 잘 대답하는 것을 말한다.

3)응변(應辯)으로, 때와 근기에 알맞게 적당히 말하는 것을 말한다.

4)무소류변(無疎謬辯)으로, 진리에 계합하여 잘못됨이 없는 것을 말한다.

5)무단진변(無斷盡辯)으로, 한 법에 일체 법을 말하되 계속하여 끊어짐이 없는 변재를 말한다.

6)다풍의미변(多豊義味辯)으로, 한 마디 말이라도 깊고 묘한 뜻을 포함

하여 법미(法味)가 풍부한 변재를 말한다.

7)최상묘변(最上妙辯)으로, 음성이 맑고 아름다워 사방에 잘 들리어 공경하는 마음을 일으키게 하는 변재를 말한다.

4기답은 부처님, 대보살이 여러 가지 질문에 대하여 해답하는 네 가지 형식을 말한다.

1)일향기(一向記)로, 묻는 것이 불, 대보살이 생각하는 바와 합치하는 경우에, 다만 그렇다고 대답하는 것을 말한다.

2)분별기(分別記)로, 묻는 것을 분해하고, 맞고 안 맞는 것을 분별하여, 그렇다 아니다를 대답하는 것을 말한다.

3)반문기(反問記)로, 바로 대답하지 않고, 도리어 묻던가, 반문해서 물은 이를 반성시키는 것과 같은 형식을 말한다.

4)사치기(捨置記)로, 대답할 가치가 없다고 생각하거나, 대답할 일이 아니라고 생각할 때에, 내버려 두고 대답하지 않는 것을 말한다.

(3)6신통(六神通)

타심통, 천안통, 천이통, 신족통, 숙명통, 누진통의 여섯 가지의 신통력을 말한다.

타심통(他心通)은 사람뿐만 아니라 어느 중생이라도 그 생각하는 바를 다 아는 능력을 말한다.

천안통(天眼通)은 원근(遠近)과 대소(大小)에 걸림 없이 무엇이나 밝게 보는 능력을 말한다.

천이통(天耳通)은 원근(遠近)과 고저(高低)를 가릴 것 없이 무슨 소리나 잘 듣는 것을 말한다.

신족통(神足通)은 공간(空間)에 걸림 없이 왕래하며 그 몸을 마음대로 변화할 수 있는 능력으로써, 자기 수행보다 낮은 단계의 신들을 자유자재로 부릴 수 있는 능력을 말한다.

숙명통(宿命通)은 자기뿐 아니라 육도(六道) 모든 중생의 선생(先生), 금생(今生), 후생(後生)의 온갖 생애를 다 아는 능력을 말한다.

누진통(漏盡通)은 번뇌 망상을 완전히 끊어지게 할 수 있는 능력을 말한다.

(4)사자분신삼매(師子奮迅三昧)

사자분신삼매는 사자가 분신하면 그 동작이 민첩한 것처럼 여래가 대위력을 나타내는 선정을 비유로 나타낸 것으로, 사자가 격분하여 힘차고 신속하게 날뛰듯, 큰 위력을 나타내는 부처님이나 대보살이 증득하고 있는 삼매를 말한다,

이 정에는 두 가지 특징이 있다.
1)선정을 장애하는 무지의 번뇌를 분제(奮除)하는 것과,
2)입(入), 출(出)하는 것이 빨라서 드는 것은 욕계의 악불선법(惡不善法)을 여의고, 색계의 초선에 들어가며, 차례로 2, 3, 4선, 공, 식, 무소유, 비상비비상처, 멸수상정에 분신하여 들어가는 것, 출은 반대로 하여 초선 내지는 산심위(散心位)에 분신하여 나가는 것이다.

가)산심위라는 것은 욕계오취지(欲界五趣地:욕계 안에 있는 지옥, 아귀, 축생, 인간, 천상의 5취)의 선정이다.

욕계정(欲界定:욕계에 속한 선정)이라고도 하는데, 욕계는 산심(散心)의 땅이므로 선정이 없지마는 소분(小分)의 정심(定心)이 있으므로 그것을 욕계정이라 한다. 이 정심은 계속되지 않고, 속히 없어지는 것이므로 전광정(電光定) 또는 미지정(未至定)이라고도 한다.

나)색계의 초선은 이생희락지(離生喜樂地:색계의 초선천, 욕계를 떠남으로 말미암아 희수(喜受), 낙수(樂受)의 느낌을 내는 곳)의 선정이다.

유심유사정(有尋有伺定:개괄적으로 사유하는 마음작용(尋)과 세밀하게 고찰하는 마음작용(伺)이 있는 삼매)이라 한다.

욕계를 떠남으로써 생기는 기쁨과 즐거움을 느끼는 경지로, 정신이 통일되어 안정을 얻었으나, 오히려 사려분별하는 심, 사와 정을 즐기는 작용이 있는 정신 상태이다.

다)2선은 정생희락지(定生喜樂地:색계의 2선천, 정에서 즐거움을 내는 곳)의 선정이다.

무심유사정(無尋有伺定:개괄적으로 사유하는 마음작용은 소멸되고, 오직 세밀하게 고찰하는 마음작용이 있는 삼매)이라 한다.

선정으로 생기는 기쁨과 즐거움을 느끼는 경지로, 사려분별의 작용을 여의고 희(喜), 락(樂)의 정(情)만 있는 정신 상태이다.

라)3선은 이희묘락지(離喜妙樂地:색계의 3선천, 2선의 희락을 여의고 마음이 안정하여 묘한 즐거움이 있는 곳)의 선정이다.

무심무사정(無尋無伺定:개괄적으로 사유하는 마음작용과 세밀하게 고찰하는 마음작용도 소멸된 상태)이라 한다.

2선천의 희가 성하던 것을 여의고, 마음을 거두어 승묘한 낙을 얻는 하늘이며, 탐닉적 희락을 버리고, 다만 그 경지(境地)만을 기뻐하는 정신 상태이다.

마)4선은 사념청정지(捨念淸淨地:색계의 4선천, 앞의 즐거움을 여의고 청정평등한 사수(捨受)의 생각에 안주하는 곳)의 선정이다.

사념법사정(捨念法事定:마음이 평온하고 생각이 청정하여, 그 고요함과 함께 지혜가 있어 능히 자세하게 생각하는 뜻으로 정려(靜慮)라 함)이라 한다.

심사인 사려분별과 수(受)인 희락의 정(情)과 정(定)인 경지의 열락 등을 버리고, 마음이 평정등정(平靜等正)한 모양, 곧 사수(捨受)에 주(住)하는 정신 상태로, 일심(一心)의 경지이다.

바)공무변처지선정은 공무변처지(空無邊處地:무색계에서 색의 속박을 싫어하는 마음에 색상(色想)을 버리고 한없는 허공을 반연하는 선정을 닦는 곳)의 선정이다.

사)식무변처지선정은 식무변처지(識無邊處地:다시 공인 생각을 버리고 심식(心識)이 끝없이 확대되는 관상(觀想)에 머물러 선정을 닦는 곳)의 선정이다.

아)무소유처지선정은 무소유처지(無所有處地:다시 한 걸음 나아가 식상(識想)을 버리고 심무소유(心無所有)라고 관하는 선정을 닦는 곳)의 선정이다. 무소유처지선정이 완성되면 무심(無心)의 경지이다.

자)비상비비상처선정은 비상비비상처지(非想非非想處地:앞의 식무변처지는 식이 한없이 확대됨을 관함으로 유상(有想)이고, 다음 무소유처지는 식의 비존재를 관함으로 무상(無想)인데, 그 유상을 버림으로 비상이라 하고, 그 무상을 여의므로 비비상이라 하는 곳)의 선정이다.

차)멸수상정(滅受想定)은 표상(表想)도 감수(感受)도 소멸하는 경지로, 진여의 성자가 멸진정(滅盡定)에 들어가 상수(想受), 곧 외계의 사물을 마음에 받아들이고 그 위에 상상(想像)을 더하는 정신작용과 고락(苦樂)을 느끼는 정신작용을 멸할 때 나타나는 선정을 말한다.

멸진정은 성자가 심상(心想)을 죄다 없애고 적정하기를 바라서 닦는 선정이다. 무소유처의 경지에 이른 성자가 모든 마음작용을 소멸시켜 비상비비상처(생각이 있는 것도 아니고 생각이 없는 것도 아닌 경지)의 경지에 이르기 위해 닦는 선정으로, 멸진정이 이루어지면 이를 무심(無心:모든 번뇌와 망상이 소멸되어 분별이 끊어져 집착하지 않는 마음 즉 마음작용이 소멸된 상태)이라 한다. 념(念)은 주관인 마음이 객관인 대경을 마음에 분명히 기억하여 두고 잊지 않는 정신으로 지나간 일을 기억할 뿐 아니라 현재의 순간에도 행하여져서 마음으로 객관대상을 분별할 때 반드시 존재하는 것을 말한다.

멸수상정은 모든 동(動)하는 마음과 기억(記憶)하는 분별이 쉬게 된다. 그래서 이를 무념무심(無念無心)이라고 한다.

등각의 대보살은 법안(法眼:시방의 안, 밖을 정밀하게 관하여 훤하게 알 수 있는 능력으로, 현재의 人, 天을 훤히 아는 능력)을 갖추신 보신불로서, '관세음보살보문품'에서의 관세음보살님과 비슷한 의(意), 언(言), 행(行)이 갖추어 진다.

6.묘각의 부처님

묘각위(妙覺位)는 극묘대각(極妙大覺)의 뜻으로 각행(覺行)이 원만하게 된 구경의 불과(佛果)를 이룬 경지를 말한다.

등정각에서 다시 일품의 무명을 끊어야 이 묘각을 얻는다.

이 자리에서 일체의 번뇌가 다 끊어져 지혜가 원만해져서 열반의 이치를 깨닫는다. 부처님은 법안을 구족하시고, 법신 반야 해탈의 3덕을 원만하게 하신 대열반의 구경각(究竟覺)이시다.

대보살 후 무량의처삼매와 법화삼매에 들어 부처님의 능력을 완비하게 되어 불안(佛眼:현재 人, 天뿐만 아니라 과거 미래를 통틀어 아는 것)을 구족하게 된다.

부처님에게는 사무소외, 10력, 18공, 18불공법이 계시다.

(1)사무소외(四無所畏)

사무소외는 부처님이 설법하실 적에 두려운 생각이 없으시는 지력(智力)의 네 가지를 말한다.

1)정등각무외(正等覺無畏)로, 일체 모든 법을 평등하게 깨달아, 다른 이의 힐난(詰難)을 두려워 하지 않으신다.

2)누영진무외(漏永盡無畏)로, 온갖 번뇌를 다 끊었노라고 하시어, 외난(外難)을 두려워하지 않으신다.

3)설장법무외(說障法無畏)로, 보리를 장애하는 것을 말하시되 악법(惡

法)은 장애되는 것이라고 말하시어, 다른 이의 비난을 두려워하지 않으신다.

4)설출도무외(說出道無畏)로, 고통 세계를 벗어나는 요긴한 길을 표시해서, 다른 이의 비난을 두려워하지 않으신다.

(2)10력(十力)

10력은 부처님만이 갖추고 계시는 열 가지 지혜의 능력을 말한다.

1)처비처지력(處非處智力)으로, 이치에 맞는 것과 맞지 않는 것을 분명히 구별하는 능력이 있으시다.

2)업이숙지력(業異熟智力)으로, 선악의 행위와 그 과보를 아는 능력이 있으시다.

3)정려해탈등지등지지력(靜慮解脫等持等至智力)으로, 모든 선정에 능숙하시다.

4)근상하지력(根上下智力)으로, 중생의 능력이나 소질의 우열을 아는 능력이 있으시다.

5)종종승해지력(種種勝解智力)으로, 중생의 여러 가지 뛰어난 판단을 아는 능력이 있으시다.

6)종종계지력(種種界智力)으로, 중생의 여러 가지 근성을 아는 능력이 있으시다.

7)변취행지력(遍趣行智力)으로, 어떠한 수행으로 어떠한 상태에 이르게 되는지를 아는 능력이 있으시다.

8)숙주수념지력(宿住隨念智力)으로, 중생의 전생을 기억하는 능력이

있으시다.

9)사생지력(死生智力)으로, 중생이 죽어 어디에 태어나는지를 아는 능력이 있으시다.

10)누진지력(漏盡智力)으로, 번뇌를 모두 소멸시키는 능력이 있으시다.

(3)18공(十八空)

18공은 부처님의 무량 진공을 열여덟 가지로 나눈 것을 말한다.

1)내공(內空)으로, 육내입처(六內入處)인 안, 이, 비, 설, 신, 의 6근의 분별작용이 끊어진 상태이시다.

2)외공(外空)으로, 육외입처(六外入處)인 색, 성, 향, 미, 촉, 법의 6경에 대한 분별이 끊어진 상태이시다.

3)내외공(內外空)으로, 육내입처의 분별 작용도 끊어지고, 육외입처에 대한 분별도 끊어진 상태이시다.

4)공공(空空)으로, 공에 대한 집착이나 분별이 끊어진 상태이시다.

5)대공(大空)으로, 시방세계(十方世界)에 대한 분별이 끊어진 상태이시다.

6)제일의공(第一義空)으로, 분별을 끊고, 대상을 있는 그대로 파악하는 상태이시다.

7)유위공(有爲空)으로, 여러 인연으로 모이고 흩어지는 현상에 대한 분별이 끊어진 상태이시다.

8)무위공(無爲空)으로, 온갖 분별과 번뇌가 끊어진 열반의 상태, 분별과 망상이 소멸된 열반의 상태이시다.

9)필경공(畢竟空)으로, 모든 현상에 대한 분별이 완전히 끊어진 상태이시다.

10)무시공(無始空)으로, 시작을 알 수 없는 아주 먼 과거부터 존재하는 현상에 대한 분별이 끊어진 상태이시다.

11)산공(散空)으로, 일시적으로 모였다가 흩어져 파괴되는 현상에 대한 분별이 끊어진 상태이시다.

12)성공(性空)으로, 모든 현상의 본성에 대한 분별이 끊어진 상태이시다.

13)자상공(自相空)으로, 대상의 고유한 특성에 대한 분별이 끊어진 상태이시다.

14)제법공(諸法空)으로, 모든 현상에 대한 분별이 끊어진 상태이시다.

15)불가득공(不可得空)으로, 인식 작용이 끊어진 상태이시다.

16)무법공(無法空)으로, 과거와 미래의 현상에 대한 분별이 끊어진 상태이시다.

17)유법공(有法空)으로, 현재의 현상에 대한 분별이 끊어진 상태이시다.

18)무법유법공(無法有法空)으로, 과거와 미래와 현재의 모든 현상에 대한 분별이 끊어진 상태이시다.

(4)18불공법(十八不共法)

18불공법은 부처님만이 갖추고 계시는 열여덟 가지 특성을 말한다.

1)신무실(身無失)로, 부처님께서 무량겁 이후 계, 정, 혜와 자비 등으로 항상 수행하신 공덕으로 신업(身業)에 과실이 없으시다.

2)구무실(口無失)로, 무량한 지혜와 변재를 갖추고 설법하셔서 중생의

근기에 맞으므로 깨달음을 얻게 되어 구업(口業)에 과실이 없으시다.

3)의무실(意無失)로, 깊은 선정을 닦으셔서 마음이 산란하지 않으시고 안온하시어 의업(意業)에 과실이 없으시다.

4)무이상(無異想)으로, 모든 중생을 평등하게 제도하시어 꺼리심이 없으시다.

5)무부정심(無不定心)으로, 항상 깊고 뛰어난 선정을 떠나시는 일이 없으시다.

6)무부지이사(無不知已捨)로, 알지 못한 것을 그냥 버림 없이 모두를 포용하시어서 버리지 않으신다.

7)욕무감(欲無滅)으로, 항상 일체중생을 제도하고자 하시어 조금도 싫어함이 없으시다.

8)정진무감(精進無滅)으로, 항상 중생을 제도하고자 정진하시는 데 쉼이 없으시다.

9)념무감(念無滅)으로, 삼세제불의 법을 완전히 갖추셔서 퇴전함이 없으신 것, 진리를 생각하시는 마음이 감퇴함이 없으시다.

10)혜무감(慧無滅)으로, 완전한 지혜를 얻으시어 이를 따라 설하셔서 다함이 없으시다.

11)해탈무감(解脫無滅)으로, 온갖 집착을 여의시고 완전한 해탈을 증득하시어 계신다.

12)해탈지견무감(解脫知見無滅)으로, 해탈에서 나오는 지견이 밝으셔서 걸림이 없으시다.

13)일체신업수지혜행(一切身業隨智慧行)으로, 중생제도를 위해 지혜의 힘으로 신업을 나타내시는 일 즉 온갖 신체적 행위가 다 지혜에서

나타내신다.

14)일체구업수지혜행(一切口業隨智慧行)으로, 중생을 제도하기 위해 지혜의 힘으로 구업을 나타내시는 일 즉 온갖 설법이 다 지혜에서 나오신다.

15)일체의업수지혜행(一切意業隨智慧行)으로, 온갖 의업이 지혜에 근거를 두고 계시는 것 즉 마음의 작용이 다 지혜에서 나오신다.

16)지혜지견과거세무애무장(智慧知見過去世無礙無障)으로, 지혜로 과거세의 일을 비추어 보시어 막힘이 없으시다.

17)지혜지견미래세무애무장(智慧知見未來世無礙無障)으로, 지혜로 미래세 일체의 일을 비추어 보시어 막힘이 없으시다.

18)지혜지견현재세무애무장(智慧知見現在世無礙無障)으로, 현재의 일을 지혜로 비추어 보시어 막힘이 없으시다.

부록

[1]삼계
[2]보살 52위
[3]반야심경

삼계(三界)

삼계는 중생들이 나고 사는 곳으로 윤회가 있는 세계를 말한다.
삼계는 욕계(欲界), 색계(色界), 무색계(無色界)가 있다.

욕계

욕계는 지옥, 아귀, 축생, 아수라, 인간, 육욕천의 총칭으로, 이런 세계
는 식욕, 수면욕, 음욕 등이 있으므로 욕계라 한다.

1.지옥(地獄)
8한(八寒), 8열(八熱) 등의 고통 받는 곳으로 지하에 있다.

2.아귀(餓鬼)
항상 밥을 구하는 귀신들이 사는 곳으로 인계(人界)와 있는 곳을 같이
한다.

3.축생(畜生)
금수(禽獸)가 사는 곳으로 인계와 있는 곳을 같이 한다.

4.아수라(阿修羅)

항상 진심을 품고 대력신(大力神)이 사는 곳으로 심산유곡을 의처로 한다.

5.인간(人間)

인류의 사는 곳으로 남섬부주 등의 사대주가 있다.

6.욕계 육천

(1)사천왕천(四天王天):수미의 4주를 수호하는 신으로 수미산 중턱 4층 급을 주처로 하는 신, 모두 도리천의 주인 제석천의 명을 받아 4천하를 돌아다니면서 사람들의 동작을 살펴 이를 보고하는 신들이다.

　1)지국천왕(持國天王):건달바, 부단나 2신을 지배하여 동주(東洲)를 수호하며, 다른 주도 겸한다.

　2)증장천왕(增長天王):구반다, 폐려다 2신을 지배하여 남주를 수호하며, 다른 주도 겸한다.

　3)광목천왕(廣目天王):용, 비사사 2신을 지배하여 서주를 수호하며, 다른 주까지도 겸한다.

　4)다문천왕(多聞天王):야차, 나찰 2신을 지배하여 북주를 수호하며, 다른 주도 겸하여 수호한다.

(2)도리천(忉利天):남섬부주 위의 수미산 꼭대기에 있다.

　중앙에 선견성(善見城)이라는 큰 성이 있고, 이 성 안에 제석천(帝釋天)이 있고, 사방에는 각기 8성이 있는데 그 권속 되는 하늘 사람들이 살고 있다. 사방 8성인 32성에 선견성을 더하여 33이 된다. 이 33천은 반달의 3재일 마다 성 밖에 있는 선법당에 모여서 법답고 법답지 못한 일을 평론한다고 한다. 이 하늘의 중생은 음욕을 할 때에는 변하여 인간과 같이 되지만, 다만 풍기(風氣)를 누설하기만 하면 열뇌(熱惱)가 없어진다고 한다.

(3)야마천(夜摩天):염마천(焰摩天), 선시천(善時天), 시분천(時分天)이라고도 한다. 이 천 이상은 지상의 지거천(地居天)이 아니고 지상의 위인 공거천(空居天)이다.

시간을 따라 쾌락을 받는 하늘이다. 처음 난 때가 인간의 7세 아이와 같고 얼굴이 원만하여 의복은 저절로 마련된다고 한다.

(4)도솔천(兜率天):상족(上足), 묘족(妙足), 희족(喜足), 지족(知足)이라고도 한다. 7보로 된 궁전이 있고 한량없는 하늘 사람들이 살고 있다. 여기에는 내, 외 2원이 있다. 외원은 천중의 욕락처이고, 내원은 미륵보살의 정토라 한다.

미륵은 여기에 있으면서 설법하여 남섬부주에 하생하여 성불할 시기를 기다리고 있다. 이 하늘은 아래에 있는 사왕천, 도리천, 야마천이 욕정에 잠겨 있고, 위에 있는 화락천, 타화자재천이 들뜬 마음이 많은데 대하여, 잠기지도 들뜨지도 않으면서 5욕락에 만족한 마음을 내므로, 미륵 등의 보처보살이 있다고 한다.

(5)화락천(化樂天):화자재천(化自在天), 낙변화천(樂變化天)이라고도 한다. 이 하늘에 나면 자기의 대경을 변화하여 오락(五樂)의 경계로 삼게 되므로 이렇게 이름 한다.

몸에서 항상 광명을 놓으며, 수명은 8천세, 인간의 8백세가 이 하늘의 1일 1야, 또 서로 마주 보고 웃으면 성교의 목적이 이루어지며, 아이는 남녀의 무릎 위에서 화생하고, 그 크기는 인간의 12세쯤 되는 아이만하다고 한다.

⑹타화자재천(他化自在天):욕계의 가장 높은데 있는 하늘, 욕계천의 임금인 마왕이 있는 곳으로, 이 하늘은 남이 변해 나타내는 낙사(樂事)를 자유로 자기의 쾌락으로 삼는 까닭에 타화자재천이라 한다.

 이 하늘의 남녀는 서로 마주 보는 것만으로 음행이 만족하고, 아들을 낳으려는 생각만 내면 아들이 무릎 위에 나타난다고 한다. 수명은 1만 6천세, 이 하늘의 1주야는 인간의 1천 6백 년에 해당한다.

색계

색계는 욕계의 위에 있으며, 욕계와 같은 음욕, 식욕 등의 탐욕은 여의었으나, 아직 무색계와 같이 완전히 물질을 여의어 순 정신적인 것은 되지 못한 중간의 물적인 세계로 초선천, 이선천, 삼선천, 사선천이 있다.

색계초선천(色界初禪天)

1. 범중천(梵衆天):대범왕이 영솔하는 하늘 사람이 살므로 범중천이라 한다.
2. 범보천(梵普天):초선천 주인인 대범천왕을 돕고 있는 신하들, 천왕이 어디를 갈 적엔 반드시 이 천중들이 앞에 가면서 천왕의 이익을 생각한다고 한다.
3. 대범천(大梵天):대범천왕이 있는 하늘로서, 대범천왕은 초선천 중의 화려한 고루 누각에 있으면서 사바세계를 차지한 천왕을 말한다.

색계이선천(色界二禪天)

1.소광천(少光天):광명을 놓는 것이 적은 하늘을 말한다.

2.무량광천(無量光天):이 하늘에 나면 몸으로 광명을 놓는 것이 한량없다는 뜻으로 이같이 이름 한다.

3.극광정천(極光淨天):광명이 뛰어나 가늠하기 어려워서 이렇게 명명한다. 편광천(遍光天), 광음천(光音天)이라고도 한다.

색계삼선천(色界三禪天)

1.소정천(少淨天):이 하늘의 의식을 즐겁고 청정하다는 뜻으로 정이라 하고, 제 선천 중에서 가장 저열한 뜻으로 소라 한다.

2.무량정천(無量淨天):마음에 낙수(樂受:즐거운 감각)가 있으며, 그 아래 소정천에 견주면, 그보다 승묘하여 헤아릴 수 없음을 가리킨 명칭이다.

3.변정천(遍淨天):이 하늘에는 맑고 깨끗하며 쾌락이 가득 찼다는 뜻으로 변정이라 한다.

색계사선천(色界四禪天)

1.무운천(無雲天):이 하늘 이상에서는 신들(諸天)이 구름이 밀집해 있듯이 웅성대는 일이 없기 때문에 이렇게 명명한다.

2.복생천(福生天):이 하늘에는 수승한 복력으로 태어나므로 이렇게 이름 한다.

3.광과천(廣果天):범부가 얻는 과보 가운데 가장 훌륭한 사람이 태어나므로 이렇게 이름 한다.

4.무상천(無想天):광과천 가운데 있는 하늘을 말한다. 이 하늘에
　태어나면 모든 생각이 없으므로 이렇게 이름 한다.

5.무번천(無煩天):이 하늘은 욕계의 괴로움과 색계의 즐거움을 모두
　여의고, 몸과 마음을 번거롭게 하는 일이 없으므로 이같이 이름 한다.

6.무열천(無熱天):이 하늘의 심경(心境)은 의(依)도 없고 처(處)도 없고
　청량자재(淸凉自在)하여 열뇌(熱惱)가 없으므로 이같이 이름 한다.

7.선현천(善現天):천중(天衆)의 선묘(善妙)한 과보가 나타나므로
　이렇게 이름 한다.

8.선견천(善見天):장애함이 없어 시방(十方)을 보는 것이 자유자재한
　하늘이다.

9.색구경천(色究竟天):색계의 맨 위에 있는 하늘 사람과 그 의처,
　이 하늘의 왕을 대자재천왕이라 하고 마혜수라라고도 한다.

무색계

무색계는 색계 위에 있어 물질을 여의고 순 정신(精神)적인 존재인 세
계로, 색계가 색신에 얽매어 자유를 얻지 못함을 싫어하고 더 나아가서
들어가는 세계이다.
이 세계에는 온갖 형색은 없고 수(受), 상(想), 행(行), 식(識)의 4온(蘊)
만 있다. 여기에는 공무변처지, 식무변처지, 무소유처지, 비상비비상처
지의 4천이 있다.

1.공무변처지(空無邊處地):물질인 이 몸을 싫어하고 가 없는 허공의 자

재함을 기뻐하며, 공이 가 없다는 이치를 알고 수행하여 태어나는 데이므로 공무변처라 한다.

2.식무변처지(識無邊處地):식지천(識知天), 식처천(識處天)이라고도 한다. 앞의 지에 대한 공이 무변함을 싫어하여 마음을 돌려 식을 반연하며, 식과 상응하여 마음이 고정되어 움직이지 아니하고, 3세(世)의 식이 다 정중에 나타나 청정하고 적정(寂靜)한 과보를 말한다.

3.무소유처지(無所有處地):공은 끝이 없다고 관하여 공을 파한 사람이 다시 식이 3세에 걸쳐 끝이 없는 것을 싫어하고 소연(所緣)이 모두 소유가 없다고 관하여 어렵게 수행한 힘으로 낳는 곳이므로 이렇게 이름 한다.

4.비상비비상처지(非想非非想處地):이 하늘은 3계의 맨 위에 있으므로 유정천(有頂天)이라고도 한다.
이 하늘에 나는 이는 하지와 같은 거칠은 생각이 없으므로 비상(非想) 또는 비유상(非有想)이다.
그러나 세밀한 생각이 없지 아니하므로 비비상(非非想) 또는 비무상(非無想)이라 한다.
비유이므로 외도들은 진열반처(眞涅槃處)라 하고, 비무상이므로 불교에서는 이것도 생사하는 곳이라 한다.

보살 52위

금강삼매경, 화엄경, 보살영락본업경, 법망경 등에서 보살로서 수행의 과위(果位)가 52단계가 있음을 말한다.

10신(十信)의 10위, 십주(十住)의 10위, 십행(十行)의 10위, 십회향(十廻向)의 10위, 십지(十地)의 10위, 등각위(等覺位), 묘각위(妙覺位)의 52단계이다.

특히 41위에서 50위까지를 따로 초지, 1지, 2지, 3지, 4지, 5지, 6지, 7지, 8지, 9지, 10지라고 한다.

십신(十信)

십 신심, 십 심이라고 하며, 최초에 닦아야 할 10가지 마음을 말한다.

1.신심(信心):한 마음으로 결정하여 즐겁게 성취하는 지위로서, 어떻게 믿을 것인가를 아는 마음이다.

2.염심(念心):항상 육념(六念 :佛, 法, 僧, 戒, 施, 天)을 닦는 지위로서, 부처를 어떻게 념하여 간직할 것인가를 아는 마음이다.

3.정진심(精進心):대승경전을 듣고 선업을 부지런히 수습하여 끊어짐이 없는 지위로서, 믿음을 향하여 어떻게 정진할 것인가를 아는 마음이다.

4.정심(定心):마음을 한 곳에 안주하게 하여, 모든 거짓됨과

　경솔함과 분별하는 생각을 멀리 떠나는 지위로서, 마음을 어떻게

　안정시킬 것인가를 아는 마음이다.

5.혜심(慧心):대승경전을 듣고서 사량하고 관찰하여 모든 법이

　실체가 없어서 자성이 공적함을 아는 지위로서, 지혜를 어떻게

　닦을 것인가를 아는 마음이다.

6.계심(戒心):보살의 계율을 받아 지녀서 행위와 말과 뜻이 깨끗해져서

　모든 허물을 범하지 않으며, 범하는 경우가 있으면 후회하여 없애는

　지위로서, 스스로 해서는 안 될 행동을 아는 마음이다.

7.회향심(廻向心):닦은 선근을 보리에 회향하여 자기에게 두려고

　하지 않으며, 중생에게 회향 보시하여 오로지 자기 것으로 삼지

　않으며, 실제를 구하는 것에 회향하여 명상에 집착하지 않는

　지위로서, 실천 방향을 잡는 방법을 아는 마음이다.

8.호법심(護法心):자기 마음을 잘 지켜서 번뇌를 일으키지 않는

　지위로서, 진리를 지키는 방법을 아는 마음이다.

9.사심(捨心):몸과 재물을 아끼지 않고 얻은 것을 남에게 주는

　지위로서, 버리는 것을 아는 마음이다.

10.원심(願心):수시로 깨끗한 서원을 닦아 익히는 지위로서,

　소원하는 방법을 아는 마음이다.

십주(十住)

마음을 진실의 공리(空理)에 안주하는 것을 말한다.

1.발심주(發心住):10신의 종가입공관(從假入空觀)의 관법이 완성되어

진무루지(眞無漏智)를 내고, 마음이 진제(眞諦)의 이치에 안주하는
지위로서, 믿음이 완성되어 십주심을 일으키는 경지이다.

2.치지주(治地住):항상 공관을 닦아 심지를 청정하게 다스리는
지위로서, 마음을 잘 다스리는 경지이다.

3.수행주(修行住):만선(萬善) 만행(萬行)을 닦는 지위로서,
시방 어느 곳에서나 중생과 같이 하는 경지이다.

4.생귀주(生貴住):정히 부처님의 기분을 받아 여래 종에 들어가는
지위로서, 여래의 가문에 태어날 수 있는 경지이다.

5.구족방편주(具足方便住):부처님과 같이 자리이타의 방편 행을
갖추어 상모(相貌)가 결함이 없는 지위로서, 부처처럼 자리이타의
방편을 갖추는 경지이다.

6.정심주(正心住):용모가 부처님과 같을 뿐만 아니라 마음도 똑같은
지위로서, 부처님을 닮아가는 경지이다.

7.불퇴주(不退住):몸과 마음이 한데 이루어 날마다 더욱 자라나고
물러서지 않는 지위로서, 몸과 마음이 하나 되어 날로 성장하는
경지이다.

8.동진주(童眞住):그릇된 소견이 생기지 않고, 보리심을 파하지 않는
것이 마치 동자가 천진하여 애욕이 없는 것과 같아서 부처님의
10신(身) 영상(靈相)이 일시에 갖추어지는 지위로서, 부처님 법에
젖는 경지이다.

9.법왕자주(法王子住):부처님의 가르침을 따라 지해(智解)가 생겨,
다음 세상에 부처님의 지위를 이을 지위로서, 부처님이 될 가능성이
생겨나는 경지이다.

10.관정주(灌頂住):보살이 이미 불자가 되어 부처님의 사업을
    감당할만하므로 부처님이 지수(智水)로써 정수리에 붓는 것이,
    마치 인도에서 왕자가 자라면 국왕이 손수 바닷물을 정수리에
    부어 국왕이 되게 하는 것과 같으므로 관정주라 부르는 지위로서,
    부처님을 닮아가는 경지이다.

십행(十行)

열 가지 이타 행을 말하고, 이 십행을 행하면 불과(佛果)에 나아가기 때
문에 '행' 이라 한다.

1.환희행(歡喜行):보살이 한량없는 여래의 묘한 덕으로 시방에
    수순하는 지위로서, 큰 시주가 되어 일체를 버리고 언제나 후회 없이
    베풀어 다른 사람을 환희케 하는 경지이다.

2.요익행(饒益行):일체 중생을 이롭게 하는 지위로서, 계행을 잘
    지키면서 색, 성, 향, 미, 촉, 법에 집착하지 않으며, 다른 이에게
    시끄럽게 하지 않는 경지이다.

3.무진한행(無瞋恨行):인욕을 닦아 진노를 버리며, 자기를 낮추고
    남을 공경하여 자타를 해치지 않고, 원망에 대하여 잘 참는
    지위로서, 인욕을 감내함이 강성한 경지이다.

4.무진행(無盡行):보살이 대정진을 행하고 일체 중생을 제도할 것을
    발심하여 대열반에 이르도록 게으름이 없는 지위로서, 모든 번뇌와
    습기를 없애려고 게으름 없이 정진 대분발하는 경지이다.

5.이치란행(離癡亂行):항상 정념에 주하여 산란하지 아니하여
    일체법에 치란함이 없는 지위로서,

정념으로 산란을 막아 어리석은 난잡함이 없는 경지이다.

6. 선현행(善現行): 세 가지 업이 적멸하여 속박되거나 집착함이
없으면서도 중생 교화를 버리지 않는 지위로서, 삼업을 없애어
집착과 속박됨이 없어서 일체 중생을 불법에 안주케 하는 경지이다.

7. 무착행(無着行): 모든 한량없는 세상을 거치면서 부처에 공양하고
불법을 구하면서도 싫증을 내지 않고, 또한 제법을 적멸한 것으로
보므로 모든 것에 집착하는 것이 없는 지위로서, 공, 유 2견에
집착하지 않아 중생의 자비와 선근을 증장케 하는 경지이다.

8. 존중행(尊重行): 선근, 지혜 등의 법을 존중하고 모두 성취하여
그 때문에 더욱 자리 행과 이타 행을 닦는 지위로서, 얻기 어렵고
굴복하기 어려운 선근을 성취하여 중생과 더불어 불도에 더욱
깊게 들어가는 경지이다.

9. 선법행(善法行): 네 가지 막힘없는 다라니문 등의 법을 얻어서,
여러 가지 남을 교화하는 선법을 성취하여 정법을 수호하고 부처
종자를 끊어지지 않게 하는 지위로서, 여러 가지 선법을 설하여
부처 마음이 끊어지지 않게 하는 경지이다.

10. 진실행(眞實行): 제일의제의 말을 성취하여 말과 같이 잘 행하며,
행하는 것과 같이 말하여 말과 행동이 상응하고 색심이 모두
순응하는 지위로서, 언행일치를 썩 이루는 경지이다.

십행을 닦는 목적에는 네 가지가 있다.
첫째는 유위(有爲)를 싫어하므로 모든 행을 닦는 것이고,
둘째는 보리를 구하고 부처의 덕을 만족하게 하기 위하여 제행을 닦는

것이고,

셋째는 현재와 미래세 중에서 중생을 구제하기 위하여 제행을 닦는 것이고,

넷째는 실제를 구하고 법여(法如)를 증득하기 위하여 제행을 닦는
것이다.

십회향(十廻向)

대비심으로 모든 중생을 구호함을 말한다. 자리이타의 공덕을 다시 불, 보리, 중생에게 되돌려 주는 경지이다. 세 곳으로의 회향을 말한다. 대비심을 중생에게 베풀어 교화하기 위하여서는 아래로는 중생에게 회향하고, 위로는 보리를 구하기 위하여서는 보리에 회향하고, 회향하는 사람이나 이치가 고요함으로 진여의 실제에 회향하여서 그지없는 수행의 바다로 보현 법계의 공덕을 성취하는 일이다.

1. 구호일체중생리중생상회향(救護一切衆生離衆生相廻向):육바라밀과
   사섭법을 행하여 일체 중생을 구호하여 원친을 평등하게 하는
   지위로서, 무상(無相)의 마음으로 육도(六道)에 육도(六度)를
   수행하여 일체 중생을 구호하면서 중생의 상을 떠나는 경지이다.
2. 불괴회향(不壞廻向):삼보에서 허물어지지 않는 믿음을 얻어 이
   선근을 돌이켜서 중생들로 하여금 좋은 이익을 얻게 하는 지위로서,
   삼보에서 일체 요동 없고 파괴되지 않는 신심을 얻어, 깊이 제법에
   통달하고 일체법의 공리(空理)를 직관하는 경지이다.
3. 등일체불회향(等一切佛廻向):삼세불이 지은 회향과 똑같이 생사에
   집착하지 않고 보리를 떠나지 않은 체 수행하는 지위로서,
   삼세 부처가 회향한 바와 동등하게 생사에 집착함이 없이 깨달음을

향하고 정진하여 중생을 구제하고자 하는 경지이다.

4. 지일체처회향(至一切處廻向):회향력으로 말미암아 닦는 선근으로써
  일체의 삼보 내지 중생의 처소에 두루 이르기까지 공양의 이익을
  짓는 지위로서, 일체의 삼보와 중생이 있는 곳에 나아가 그들을
  공양하고 유익하게 하는 경지이다.

5. 무진공덕장회향(無盡功德藏廻向):일체의 끝없는 선근을 따라
  기뻐하고 이것을 회향함으로써 불사를 지어 끝없는 공덕의 선근을
  얻는 지위로서, 끊임없는 선근 회향 공덕으로 불사를 행하고
  다함이 없는 공덕을 얻는 경지이다.

6. 수순평등선근회향(隨順平等善根廻向):닦은 보시 등의 선근을
  회향하여 부처의 수호를 입어 일체의 견고한 선근을 잘 이루는
  지위로서, 평등하게 선근을 베풀고 평등하게 중생을 이롭게 하며,
  선악불이를 관하는 경지이다.

7. 수순등관일체중생회향(隨順等觀一切衆生廻向):일체의 선근을
  증장하여 회향함으로써 일체 중생을 이롭게 하는 지위로서,
  일체 중생의 행위를 선악불이의 일상이라고 관하는 경지이다.

8. 여상회향(如相廻向):진여의 상에 따라 이루어지는 여러 가지 선근을
  회향하는 지위로서, 진여의 참된 마음에 따라 이루어진 여러 선근을
  회향하는 경지이다.

9. 무박무착해탈회향(無縛無着解脫廻向):일체법에 집착하거나 막히는
  바가 없어서 해탈의 마음을 얻음으로써 선법을 회향하여 보현의
  행을 행하고 모든 종류의 덕을 갖추는 지위로서,
  일체의 법에 집착과 속박됨이 없이 해탈심을 얻어, 그것으로 선법을

회향하여, 보현의 행을 행하여 일체의 덕을 갖추는 경지이다.

10. 법계무량회향(法界無量廻向) : 일체의 끝없는 선근을 닦아 익혀서
    이것을 회향하여 법계의 차별의 끝없는 공덕을 추구하는 지위로서,
    무량무변의 지혜로 일체 세간을 조견하고 일체 법에 무애 자재하는
    평등 정관을 성취하는 경지이다.

십지(十地)

능히 주지하여 움직이지 아니하며, 온갖 중생을 짊어지고 교화 이익하
는 것이 마치 대지가 만물을 싣고 이를 윤익함과 같으므로 '지'라 한다.

1. 환희지(歡喜地) : 처음으로 참다운 중도지(中道智)를 내어 불성의
   이치를 보고, 견혹(見惑)을 끊으며 능히 자리이타 하여 진실한
   희열이 가득 찬 지위, 환은 몸의 즐거움이고, 희는 마음의 즐거움이다.
   환희지에서는 열 가지 원을 발하게 된다.
     1) 모든 부처님을 공양하겠다는 공양원(供養願)
     2) 모든 부처님이 설한 바 법을 수지하겠다는 수지원(受持願)
     3) 부처님께 법을 설해주기를 원하는 전법륜원(轉法輪願)
     4) 모든 보살행을 수행하겠다는 수행원(修行願)
     5) 중생들을 성숙케 하겠다는 성숙중생원(成熟衆生願)
     6) 모든 부처님을 뵙고 모시겠다는 승사원(承事願)
     7) 국토를 청정케 하겠다는 정토원(淨土願)
     8) 언제나 모든 부처님과 보살들을 떠나지 않겠다는 불리원(不離願)
     9) 언제나 중생을 이익케 하겠다는 이익원(利益願)
     10) 모든 중생과 함께 깨달음을 얻겠다는 정각원(正覺願)

보살의 사섭법 중에는 보시행이 치우쳐 많고, 십바라밀 중에는 보시바라밀이 치우쳐 많다. 보살이 환희지에 머물러서는 흔히 남섬부주의 왕이 되어서 호화롭고 자재하며 바른 법을 보호하고, 크게 보시하는 일로 중생들을 거두어 주어 중생의 간탐하는 허물을 제하며, 항상 크게 보시함이 끝나지 아니하여, 보시하고 좋은 말을 하고 이익케 하고 일을 같이 한다.

2. 이구지(離垢地):수혹(修惑)을 끊고 범계(犯戒)의 더러움을 제하여
   몸을 깨끗하게 하는 지위, 이구는 번뇌의 때를 벗는다는 뜻이다.
   보살이 사섭법 중에는 애어법이 치우쳐 많고, 십바라밀 중에는
   지계바라밀이 치우쳐 많다.
   보살이 이구지에 머물러서는 전륜성왕이 되고, 큰 법주가 되어
   칠보가 구족하고 자재한 힘이 있어, 능히 일체 중생의 아끼고 탐하고
   파계한 허물을 제멸하고, 좋은 방편으로써 그들을 십선도에 머물게
   하며, 큰 시주가 되어 널리 주는 일이 끝나지 아니하며, 보시하고
   좋은 말을 하고 이익케 하고 일을 같이 하고, 이와 같이 모든 하는
   일이 모두 부처님을 생각하고 법을 생각하고 선지식을 생각함을
   떠나지 아니하며, 내지 온갖 지혜와 온갖 지혜의 지혜를 구족하려는
   생각을 떠나지 아니한다.

3. 발광지(發光地):수혹을 끊어 지혜의 광명이 나타나는 지위,
   발광이란 마음에서 지혜 불꽃이 점화되어 밝아졌다는 의미이다.

보살이 사섭법 중에는 이타행이 치우쳐 많고, 십바라밀 중에는 인욕바라밀이 치우쳐 많다. 또 '말씀과 같이 행하는 자가 불법을 얻는다'라고 생각하고, 공한처(空閑處)에 안주하여 4선과 4무색정을 닦으며, 일부 신통력이 생긴다. 보살이 발광지에 머물러서는 33천의 제석천왕이 되며, 방편으로는 중생들로 하여금 탐욕을 버리고, 보시하고 좋은 말을 하고 이로운 행을 하고 일을 함께 한다.

4. 염혜지(焰慧地): 수혹을 끊어 지혜가 더욱 치성하는 지위,
염혜란 번뇌의 장작을 태운 지혜의 불꽃이 활활 타 빛난다는 뜻이다. 보살이 사섭법 중에는 동사섭이 치우쳐 많고, 십바라밀 중에는 정진바라밀이 치우쳐 많다. 이 지위에서는 불퇴전의 마음, 청정한 믿음 등이 무너지지 않으므로 여래의 집에 태어나고, 내신(內身)의 순신관(循身觀), 외신의 순신관 등을 닦아서 세간의 탐착과 근심 걱정을 제거한다. 또한 37조도품을 수행하여 모든 중생을 버리지 않고 대비를 성취하여 수승한 도를 구한다. 신견을 비롯하여 아상, 인상, 중생상, 수자상 등의 그릇된 견해를 단멸한다.
보살이 염혜지에 머물러서는 야마천왕이 되며 방편으로는 중생들의 몸이란 소견 등의 의혹을 제하여 바른 소견에 머물게 하며, 보시하고 좋은 말을 하고 이로운 행을 하고 일을 함께 한다.

5. 난승지(難勝地): 수혹을 끊고 진지(眞智), 속지(俗智)를 조화하는 지위,
난승이란 어떠한 번뇌도 끊고 대낮 같이 밝은 미묘한 지혜는 어둠 속의 범부 생각으로는 이해하기 어렵다는 뜻이다.

보살의 십바라밀 중에는 선정바라밀이 치우쳐 많다. 이 지위에서는
보리분법을 잘 닦으며, 모든 부처님의 보호를 받아서 물러서지 않는
마음을 일으킨다. 또한 5지에 머무는 보살은 4제를 알고, 속제와
제일의제를 알며 모든 진리를 안다.

보살이 난승지에 머물러서는 도솔천왕이 되며, 중생들에게 하는
일이 자재하여 모든 외도들의 사뙨 소견을 굴복하고, 중생들로
하여금 진실한 이치에 머물게 하며, 보시하고 좋은 말을 하고
이익한 행을 하고 일을 함께 한다.

6.현전지(現前地):수혹을 끊고 최승지(最勝智)를 내어
　무위진여(無爲眞如)의 모양이 나타나는 지위,
　현전이란 수행의 결과가 눈앞에 나타나는 경지라는 뜻이다.
　보살의 십바라밀 중에는 반야바라밀이 치우쳐 많다. 이 지위에서는
　모든 법의 성품을 관찰하여 모든 법이 평등한 줄 안다. 수순하게
　12인연법을 관하고, 일심에 대하여 이해하게 된다. 보살이 현전지에
　머물러서는 선화천왕이 되며, 하는 일이 자재하여 모든 성문의
　문난으로는 굴복할 수 없으며, 중생들로 하여금 나라는 교만을
　제하고 연기에 깊이 들어가게 하며, 보시하고 좋은 말을 하고
　이익한 행을 하고 일을 함께 한다.

7.원행지(遠行地):수혹을 끊고 대비심을 일으켜 2승의 오(悟)를
　초월하여 광대무변한 진리 세계에 이르는 지위,
　원행이란 세간과 2승의 도를 초월하여 지혜의 바다 깊이 광대무변한

진리 세계에 들어간다는 뜻이다.

보살의 십바라밀 중에는 방편바라밀이 치우쳐 많다.

이 지위에서는 무량한 중생의 성품에 들어가며, 무량한 부처님이
중생을 교화하는 법에 들어가며, 무량한 세간의 성품에 들어가고
내지 모든 부처님이 한량없이 설하신 바 대승의 교법에 들어간다.

보살이 원행지에 머물러서는 자재천왕이 되며, 중생들에게 중한
지혜의 법을 말하여 증득하여 들어가게 하며, 보시하고 좋은 말을
하고 이익한 행을 하고 일을 함께 한다.

8. 부동지(不動地): 수혹을 끊고 이미 전진여(全眞如)를 얻었으므로
   다시 동요되지 않는 지위, 부동이라 함은 중도에 안주하는 전진여를
   얻어 확고한 지혜의 경지에 올라 더 이상 뒷걸음치는 일이 없다는
   뜻이다.

   보살의 십바라밀 중에는 서원바라밀이 더욱 는다. 이 지위에서는
   몸과 말과 뜻으로 짓는 모든 일은 불법을 모으는 것이다. 보살이
   부동지에 머물러서는 대범천왕이 되어 일천 세계를 주관하며, 가장
   훌륭하고 자유롭게 여러 이치를 말하여 성문이나 벽지불에게 보살의
   바라밀을 일러주며, 만일 차별을 힐난하는 이가 있더라도 능히
   굽히지 못한다. 보시하고 좋은 말을 하고 이익한 행을 하고 일을
   함께 한다.

9. 선혜지(善慧地): 수혹을 끊어 부처님의 10력(力)을 얻고, 기류(機類)에
   대하여 교화의 가부를 알아 공교하게 설법하는 지위,

선혜는 가장 수승한 반야 지혜를 이룬다는 뜻이다.

보살의 십바라밀 중에는 역바라밀이 가장 승하다. 이 지위에서는
대법사가 되어서 모든 부처님의 법장을 수호하고 무량한 지혜
방편과 4무애지를 써서 보살의 설법을 일으킨다. 보살이 선혜지에
머물러서는 이천 세계의 대범천왕이 되어 잘 통치하며 자유롭게
이익하고, 모든 성문과 연각과 보살들을 위하여 바라밀행을
분별하여 연설하며, 중생의 마음을 따라 문난하더라도 능히 굽힐 수
없다. 보시하고 좋은 말을 하고 이익한 행을 하고 일을 함께 한다.

10.법운지(法雲地):수혹을 끊고 끝없는 공덕을 구비하고서 사람에
대하여 이익 되는 일을 행하여 대자운(大慈雲)이 되는 지위,
법운이란 무량무변의 법의 비를 만드는 구름과 같은 설법으로
깡마른 중생의 마음을 촉촉이 적셔준다는 뜻이다.
보살의 십바라밀 중에는 지혜바라밀이 가장 승하다. 이 지위에서는
부처님의 지위에 가까이 왔으므로, 해인삼매 등 백천만 아승기의
삼매가 나타난다. 보살이 선혜지에 머물러서는 마혜수라천왕이 되어
법에 자재하며, 중생들에게 성문이나 연각이나 모든 보살의
바라밀행을 주며, 법계 가운데 있는 문난으로는 능히 굽힐 이가
없다. 보시하고 좋은 말을 하고 이익한 행을 하고 일을 함께 한다.

등각위(等覺位)

보살 제 십지의 뒤 묘각위의 앞에 있는 자리이다. 이 계위에 오른 이를
등정각(等正覺)을 이루었다고 한다.

보살이 제 십 법운지 후에 대원력으로 백겁을 머물러 천 삼매를 닦아 금강삼매에 들며, 다시 천겁을 머물러 부처의 위의와 신통을 배우며, 또다시 만겁을 머물러 성불하고 부처의 신통을 나타내어 중생을 교화 하는 것을 등정각이라 한다.

묘각위(妙覺位)

극묘대각(極妙大覺)의 뜻으로 각행(覺行)이 원만하게 된 구경의 불과(佛果)를 이룬 경지를 말한다.

등정각에서 다시 일품의 무명을 끊어야 이 묘각을 얻는다, 이 자리에서 는 일체의 번뇌가 다 끊어져 지혜가 원만해져서 열반의 이치를 깨닫는 다.

열반경에서는 10지 보살도 오히려 자성을 밝게 보지 못한다고 하였다. 등각은 모든 진리를 모두 아나, 얇은 흰색 천을 통하여 보는 것과 같이 희미하게나마 보는 상태라고 하고, 오직 아뇩다라삼먁삼보리를 이룬 구경각만이 부처님 지위에 오른다고 한다.

반야심경

마하반야바라밀다심경(摩訶般若波羅蜜多心經)

관자재보살(觀自在菩薩) 행심반야바라밀다시(行深般若波羅蜜多時) 조견오온개공(照見五蘊皆空) 도일체고액(度一切苦厄) 사리자(舍利子) 색불이공(色不異空) 공불이색(空不異色) 색즉시공(色卽是空) 공즉시색(空卽是色) 수상행식(受想行識) 역부여시(亦復如是) 사리자(舍利子) 시제법공상(是諸法空相) 불생불멸(不生不滅) 불구부정(不垢不淨) 부증불감(不增不減) 시고(是故) 공중무색(空中無色) 무수상행식(無受想行識) 무안이비설신의(無眼耳鼻舌身意) 무색성향미촉법(無色聲香味觸法) 무안계(無眼界) 내지(乃至) 무의식계(無意識界) 무무명(無無明) 역무무명진(亦無無明盡) 내지(乃至) 무노사(無老死) 역무노사진(亦無老死盡) 무고집멸도(無苦集滅道) 무지(無智) 역무득(亦無得) 이무소득고(以無所得故) 보리살타(菩提薩埵) 의반야바라밀다고(依般若波羅蜜多故) 심무가애(心無罣碍) 무가애고(無罣碍故) 무유공포(無有恐怖) 원리전도몽상(遠離顚倒夢想) 구경열반(究竟涅槃) 삼세제불(三世諸佛) 의반야바라밀다고(依般若波羅蜜多故) 득아뇩다라삼먁삼보리(得阿耨多羅三藐三菩提) 고지(故知) 반야바라밀다(般若波羅蜜多) 시대신주(是大神呪) 시대명주(是大明呪) 시무상주(是無上呪) 시무등등주(是無

等等呪) 능제일체고(能除一切苦) 진실불허(眞實不虛) 고설(故說)
반야바라밀다주(般若波羅蜜多呪) 즉설주왈(卽說呪曰) 아제(揭諦)
아제(揭諦) 바라아제(波羅揭諦) 바라승아제(波羅僧揭諦) 모지(菩
提) 사바하(娑婆訶)

한글 번역문

관자재보살이 깊은 반야바라밀다를 행할 때에 오온이 모두 공했음을
비추어 보고 모든 괴로움과 액난을 벗어났다.
사리자여, 색은 공함과 다르지 않고 공함은 색과 다르지 않아서 색이
곧 공함이요 공함이 곧 색이니, 수 상 행 식 또한 이와 같다.
사리자여, 이 모든 법의 공한 모습은 생겨나지도 않고 사라지지도 않으
며, 더러운 것도 아니고 깨끗한 것도 아니며, 늘어나지도 않고 줄어들
지도 않는다.
그러므로 공함 가운데에는 색이 없고, 수 상 행 식도 없으며, 눈 귀 코
혀 몸과 뜻의 6근도 없고, 빛깔 소리 냄새 맛 닿아짐 법의 6경도 없고,
안계에서 의식계까지 18계도 없고, 무명에서 늙고 죽음까지 12연기도
없고, 무명에서 늙고 죽음까지 12연기의 다함도 없으며, 고 집 멸 도 4
제도 없고, 아는 지혜도 없고 지혜로 얻는 바도 없다.
이처럼 얻는 바가 없으므로 보살은 반야바라밀다를 의지하므로 마음에
걸림이 없고, 걸림이 없으므로 두려움 없으며 뒤바뀐 헛된 생각 멀리
떠나 끝내 완전한 열반(니르바나)에 이르나니, 과거 현재 미래의 모든

붓다들도 반야바라밀다를 의지하므로 최상의 깨달음을 얻으신다.

그러므로 반야바라밀다는 크게 신비한 주문이며 크게 밝은 주문이며 위없는 주문이며 견줄 수 없는 주문인 줄 알아야 한다.

모든 괴로움을 없애주고 진실하여 헛되지 않나니 이제 반야바라밀다의 주를 말하리라.

아제아제 바라아제 바라승아제 모지사바하.

범본(梵本) 반야심경 번역문

이와 같이 내가 들었다.

어느 때에 바가바(세존)께서는 많은 비구중과 보리살타의 무리들과 함께 라자그리하의 그리다라쿠타산에 계시었다.

그 때 세존은 깊고 깊으며 밝은 깨달음인 삼매 가운데 들어가셨다. 그 때 훌륭한 이 보리살타 '아바로키테스바라(관자재보살)'는 깊은 반야바라밀다를 실천할 때, 존재에는 다섯 가지 쌓임이 있음을 보시고 그 다섯 가지 쌓임이 모두 공했음을 살펴보았다.

그러자 '사리자' 장로는 부처님의 힘을 입어 보리살타 거룩한 이 '아바로키테스바라'에게 이렇게 말했다.

"만약 훌륭한 남자나 여인이 깊고 깊은 반야바라밀다를 실천하려 하면 어떻게 수행해야 합니까?"

이렇게 말하자 보리살타 거룩한 이 '아바로키테스바라'는 장로 '사리자'에게 다음과 같이 말했다.

"사리자여, 만약 훌륭한 남자나 여인이 깊고 깊은 반야바라밀다를 실천하려 하면 다음과 같이 철저히 살펴보아야 한다.

존재는 다섯 가지 쌓임으로 이루어졌으며, 이 다섯 가지 쌓임은 모두 자성이 공한 것이다.

물질은 공한 것이요 공한 것이 물질이니, 물질을 떠나 공한 것이 없고 공한 것을 떠나 따로 물질이 없어서, 물질이라 하는 그것이 바로 공한 것이요 공한 것이라는 그것이 바로 물질이다.

받아들이는 느낌과 구성하는 생각과 지어내는 행과 다르게 알아내는 식 또한 이와 같다.

오 사리자여, 모든 법의 공한 특성은 생겨나지도 않고 사라지지도 않으며, 더러운 것도 아니고 더러움에서 떠나지도 않으며, 줄어지지도 않고 늘어나지도 않는다.

그러므로 사리자여, 공함에는 물질이 없고 느낌이 없고 생각이 없고 행이 없고 식이 없으며, 눈 귀 코 혀 몸 뜻이 없고, 빛깔 소리 냄새 맛 닿아짐 법이 없으며, 눈의 영역에서 의식의 영역까지도 없다.

밝음도 없고 밝지 않음도 없으며, 밝음의 다함도 없고 밝지 않음의 다함도 없으며, 이어 늙고 죽음까지 없고 늙고 죽음의 다함도 없다.

괴로움과 괴로움의 원인과 괴로움이 사라짐과 괴로움을 없애는 길도 없으며, 아는 지혜도 없고 얻음도 얻지 않음도 없다.

얻음이 없으므로 보리살타는 반야바라밀다를 의지하여 마음에 걸림이 없다. 마음에 걸림이 없으므로 두려움이 없고 뒤바뀐 생각 멀리 떠나서 끝내 니르바나를 성취한다.

삼세에 계신 붓다들도 반야바라밀다를 의지하여 최상의 깨달음을 얻으셨다.

그러므로 마땅히 알아야 한다.

반야바라밀다의 진언은 크게 밝은 진언이며, 위없는 진언이며, 비할 수 없는 진언인 바, 모든 괴로움을 없애주며 속임 없이 진실하여 반야바라밀에서 설해진 진언이니 그것은 다음과 같다.

가테가테 파아라가테 파아라상가테 보드히스바하.

사리자여, 깊고 깊은 반야바라밀다를 실천할 때 보리살타는 반드시 이렇게 배워야 한다.”

그 때 바가바(세존)께서 그 삼매로부터 일어나 보리살타 거룩한 이 ‘아바로키테스바라’에게 말씀하셨다.

“그렇고 그렇다, 훌륭한 이여. 깊은 반야바라밀다를 실천할 때에는 이와 같이 행하지 않으면 안 된다.

그대에 의해서 설해진 대로 반야바라밀다를 행하여야 하니, 그렇게 행해가면 모든 여래가 다 함께 기뻐하실 것이다.”

장로 사리자, 보리살타 거룩한 이 아바로키테스바라, 온갖 대중 및 하늘과 사람, 아수라, 건달바 등 모든 세간의 존재들은 바가바(세존)의 말씀을 듣고 기뻐하였다.

이로써 반야바라밀다의 핵심을 말한 경은 끝난다.

반야심경 해설

'마하'는 크다(大)는 의미이며, '반야'는 법의 실다운 이치에 계합한 최상의 지혜를 말한다. 이 반야를 얻어야만 성불하며, 반야를 얻은 이는 부처님이 될 수 있으므로 반야는 모든 부처님의 스승 또는 어머니라 일컫는다.

반야는 법의 여실한 이치에 계합한 평등 절대 무념 무분별일 뿐만 아니라, 반드시 상대차별을 관조하여 중생을 교화하는 힘을 가지고 있는 것이 특징이다.

반야로 관조할 이(理)인 만유는 우리가 실물처럼 보는 것과 같은 존재가 아니고, 다 공하여 모양이 없는 것을 말한다. 그러므로 무연(無緣)의 지혜로써 무상(無相)의 경계를 반연하는 까닭으로 반야무지(般若無知)라고 하며, 반드시 무념무분별(無念無分別)하기 때문에 대지무분별(大智無分別)이어서 정지(正智)라고 한다.

무생법인을 얻어 8지에 주(住)하면 반야라는 것이 눈앞에 나타나게 된다. 이 반야는 수행자 본인에게 속하여 항상 같이 하며, 눈을 뜨고도 볼 수 있고, 눈을 감고도 볼 수 있다.

반야에 대하여,

'비록 고요하여 움직임이 없지만 감응하면 천하의 모든 이치를 통하여 사물에 응하고 인연을 따라 자유자재하여 걸림이 없으니, 세로(시간적)로는 예로부터 지금까지 이르고 또 미래에까지 미치며, 가로(공간적)로는 시방에까지 이르러, 시간적으로 다하지 않음이 없고 공간적으로 넓

지 않음이 없다.'

또 '나에게 하나의 주인옹이 있는데 지금까지 나와 더불어 만나려 하지 않았다. 이것이 끝내 무엇인가를 물으니 한마디로 대답하지 않는다. 그대들은 그것의 모습이 무엇인가를 알아야 한다. 길지도 짧지도 않고 푸른빛도 흰빛도 아니니, 그대들이 만약 그것을 보고자 한다면 눈을 떠도 이것이요 눈을 감아도 이것이다! 나아가 어묵동정(語默動靜)에서 모두 이것 아님이 없다.'

또 '하늘과 땅에 앞서 한 물건이 있어 모양도 없이 본래 고요하여 텅 비었으나, 만물의 주인이 되어 사계절에 따라 시들지 않도다.'

또 '화엄경 십지품'에서는 '항상 여래의 호념하심이 되며, 범천과 제석천과 4천왕과 금강역사가 항상 따라 모시고 호위하며, 여러 큰 삼매를 떠나지 아니하며, 한량없는 여러 가지 몸의 차별을 나타내며, 낱낱 몸마다 큰 세력이 있으며, 과보로 신통을 얻으며, 삼매에 자유로우며, 교화할 중생을 따라서 바른 깨달음(正覺)을 이루게 한다.'라고 표현되어 있다.

반야는 일렁이는 고통의 바다 가운데에 배가 되고, 어둡고 아득한 바다 가운데에 등불이 되는 것이므로 수행자는 반드시 함양하여야만 정법으로 향할 수 있다.

'바라밀'은 도피안(到彼岸), 즉 저 언덕에 이르다는 뜻이고, '다'는 많다는 뜻이며, '심경'은 마음의 핵심 되는 부처님의 말씀이란 뜻이다.

'반야바라밀다'라는 것은 무생법인 얻은 8지의 수행자 앞에 나타난

반야가 늘기 시작하여 10지에서 해장삼매, 해인삼매를 통하여 증장이 현격하고, 완성된 수능엄삼매로 갈무리하며, 갈무리한 많고 많은 반야들을 총칭하여 말한다. 그러므로 반야바라밀다는 수능엄삼매(首楞嚴三昧)를 득한 수행인이 함양하고 있는 수행과(修行果)이기도 하다.

수능엄이란 건상(健相), 견고(堅固), 용건(勇健), 건행(健行)이라 한다.

대개 10지 보살을 건사(健士)로 하고서 그들이 닦는 정(定)인데, 이 정(定)은 장군이 군대를 이끌어 적을 무찔러 항복받는 것처럼 번뇌의 마군을 파멸(破滅)하는 것과 같고, 만일 보살이 수능엄삼매를 얻지 못하면 깊은 행(深行)인 보살이라 할 수 없다.

보살이 이 정에 머물면 일거수 일투족 마다 그리고 한 생각 생각 마다 6바라밀이 있고, 보살이 만일 이 삼매를 얻고자 하면 마땅히 범부 법을 수행하여야 하며, 만일 범부 법과 불법이 둘이 없음을 통달하면, 실로 이 법은 합함도 흩어짐도 없다.

이를 수능엄삼매를 닦아 모은 것이라 한다.

보살이 만일 능히 모든 법이 공하여 장애한 바 없음을 관찰하고 생각이 멸진(滅盡)하여, 미워함과 사랑함을 떠나면, 이를 이 삼매 닦는 것이라 한다. 여러 보살이 10지에 머무름을 얻고, 일생보처로서 부처님의 바른 지위를 받은 이는 모두 다 수능엄삼매를 득하게 된다.

반야바라밀다가 온전히 구비된다는 의미는 멸진정이 체득(体得)된 것이므로 금강보계(金剛寶戒)를 스스로 구족하게 된다.

금강보계란 일심금강계(一心金剛戒) 또는 대승계(大乘戒) 또는 원돈계(圓頓戒)라고도 하는데, 마음에 갖추어 있는 성계(性戒)로서 한 번 얻으면 오래 잃지 않는 것이, 마치 금강보(金鋼寶)를 깨뜨릴 수 없는 것과 같이 심층의 마음에 여여하게 스스로 지계(持戒)하며 존속한다.

만약 금강보계가 원만하지 않다면, 이는 멸진정이 온전히 체득되었다 할 수 없으므로 반야바라밀다가 온전치 못하게 되어, 결국 비상비비상처지에서의 금강삼매법을 온전히 수행키 어렵게 된다.

1. 관자재보살 행심반야바라밀다시
(관자재보살이 깊은 반야바라밀다를 행할 때에)

'관자재보살' 은,

1) 중생의 몸을 받고 태어나서 숙세인연으로 수행하여 발보리심(發菩提心)이 원만한 초지에 들고,

2) 6바라밀을 잘 실천하여 내아공(內我空)을 이루고 부처님 친견하여 무생법인을 받고 8지에 들어,

3) 8지에서부터 이근원통의 수행으로 향하여 반야를 증장시키고, 부처님 교법을 완전히 배워 익히고는 4무애변을 증득하여 9지에 들고,

4) 9지에서 4무애변으로 교법을 설하여 부처님 사도(使徒)인 대법사 역할을 충실히 행하여 보살10력을 얻어 10지에 들고,

5) 10지에서 해장, 해인삼매를 증득하여 부처님 지혜와 복덕의 보고(寶庫)를 이루고서는 수능엄삼매로 반야바라밀다를 온전히 갈무리하고, 더불어 멸진정을 체득(体得)하여 무심의 경지에 이르러 외법공(外法空)을 완성하여 시방의 부처님들로부터 직책을 받은 보살이 되고,

6)직책을 받은 보살이 되고는 무색계의 비상비비상처에 머무르면서 (住) 10종 방편으로 중생을 계도하며, 10정(定)을 행하고 10인(忍)에 안주(安住)하여 10통(通)을 완성하는 금강삼매법을 달통하여 멸수상정(滅受想定)의 체득인 백색삼매(白色三昧)를 이루고,

7)백색삼매를 이루고는 곧 진공(眞空)의 대원경지(大圓鏡智)를 증득하여 대승반야선(大乘般若船)인 대력백우거(大力白牛車)를 이루어, 성불한 대보살로서 사자분신삼매로 중생들을 제도하시고는 승선시키시어 해탈로 인도하시는 보살마하살을 말한다.

'행심 반야바라밀다시'는 완성된 반야바라밀다에 의(依)하여 자유자재로 삼매에 왕래하는 것을 말한다.

2.조견오온개공
(오온이 모두 공했음을 비추어 보고)

'조'는 관조(觀照)이며, '견'은 법안(法眼)으로 보는 것이다. 그러므로 '조견'은 선정에 들어 천안(天眼:몸의 곳 곳 속을 관할 수 있는 능력), 혜안(慧眼:밖의 경계를 관할 수 있는 능력)으로 관하며, 법안(시방의 안팎을 정밀하게 관하여 훤하게 알 수 있는 능력)으로 본다는 의미이다.

'오온'은 색(色:5근, 5경 등 유형의 물질 모두를 말함), 수(受:경에 대하여 사물을 받아들이는 작용), 상(想:경에 대하여 사물을 생각하는 마

음의 작용), 행(行:경에 대하여 탐진 등의 선악에 관한 일체의 마음이 움직이고 의욕하는 작용), 식(識:경에 대하여 사물을 요별하고 식별하는 마음의 본성)의 집성을 말한다.

'개공'은 삼라만상의 물질, 정신 모두가 자성이 없어 공하다는 의미이다. 수행자의 관점에서는 '아'라는 내아가 공하고, '삼라만상'이라는 외법이 공하여져 진공의 대원경지가 되다 즉 청정법신을 이루어 성불하여 등각 대보살이 되다라는 의미이다.

3. 도일체고액
(모든 괴로움과 액난을 벗어났다)

 모든 고 즉 번뇌가 없어지더라는 말씀이다.
 고에는 여덟 가지가 있다.
 1)생고(生苦)로, 과보의 분이 처음 일어날 때의 고통, 곧 태(胎)에 들어가서 태에서 나올 때까지의 고통을 말한다.
 2)노고(老苦)로, 출생해서부터 죽을 때까지의 쇠변하는 동안에 받는 고통을 말한다.
 3)병고(病苦)로, 병들었을 때에 받는 몸과 마음의 고통을 말한다.
 4)사고(死苦)로, 목숨이 마칠 때의 고통 또는 병으로 죽거나 혹은 수재, 화재로 인해서 제 명대로 살지 못하고, 일찍 죽을 때의 고통을 말한다.
 5)애별리고(愛別離苦)로, 사랑하는 사람과 헤어지는 고통을 말한다.

6)원증회고(怨憎會苦)로, 이 세상에는 원망하고 미워하는 사람과도 만나지 않으면 안 되는 고통을 말한다.

7)구부득고(求不得苦)로, 원하여 구해도 좀처럼 사물을 얻을 수 없는 고통을 말한다.

8)오온성고(五蘊盛苦)로, 인간의 신심(身心)을 형성하는 5가지의 요소인 오온(오음이라고도 함) 즉 색(色), 수(受), 상(想), 행(行), 식(識)에서 생기는 심신의 총체적 고통을 말한다.

'액'은 액난으로 재앙, 불행, 어려움을 뜻한다. 또 더 나아가 멍에 즉 장애를 뜻하기도 하여, 액은 일체의 재앙과 장애를 의미하는 것이다.

4.사리자 색불이공 공불이색 색즉시공 공즉시색 수상행식 역부여시

(사리자여, 색은 공함과 다르지 않고 공함은 색과 다르지 않아서 색이 곧 공함이요 공함이 곧 색이니, 수 상 행 식 또한 이와 같다)

'사리자'는 지혜가 출중한 부처님의 상수 제자이다.

범본에 의하면 사리자는 부처님 힘을 입어 관자재보살에게 묻게 된다.

부처님의 힘을 입는다는 의미는 타수용신법의 수용이라고 해석하여야 한다.

부처님의 깨치신 법신에는 자수용신, 타수용신의 두 방면으로 묘한 작용이 있게 된다. 자수용신(自受用身)은 수행을 통하여 얻어진 불과(佛

果)와 자내증(自內證)의 법문을 스스로 수용하고 즐기는 불신을 말하고, 타수용신(他受用身)은 이 깨침의 보과와 뛰어난 법문을 다른 사람에게 수용시키기 위해 지도하고 교화하는 불신이다. 타수용신을 드러낼 때 이를 보신이라고 표하기도 하는데, 보신의 설법은 그 대상이 초지 이상의 보살로서 제일의제(第一義諦)인 매우 깊은 교법이 설해지기 때문에 지전의 보살이나 범부는 설법의 대상이 되지 않는다.

특히 부처님이 삼매로써 설법 대상을 움직여 정확하게 그 뜻에 맞게 타수용신법을 수용시킬 수 있는 수행자는 10지 보살이 아니면 불가능하다고 한다.

또 범본에 의하면 사리자는 관자재보살에게 깊은 반야바라밀다의 실천에 대하여 묻는다. 이는 사리자는 10지에 들어서 수능엄삼매로 반야바라밀다를 갈무리하여 반야바라밀다가 완성된 멸진정의 체득 상태로 해석하여야 한다. 이상을 정리하면 사리자는 무색계의 무소유처지를 벗어나 비상비비상처지에 막 들은 보처 보살의 지위에 이르른 것이다.

그러므로 사리자께서 관자재보살께 질문한 내용의 핵심은 반야바라밀다의 완성 후 어떤 수행을 하여야 하느냐이다. 이에 대하여 관자재보살이 비교적 상세히 설명하는 내용이 반야심경임을 이해하여야 한다.

참고로 무색계의 보살과 성불한 대보살의 차이를 소개한다.

1)이미 세 세상 모든 보살의 가지가지 행과 원을 닦아서 지혜의 경계에 들어 갔으면 부처라 하고, 부처님 계신 데서 보살의 행을 닦아서 쉬지 않으면 보살이라 한다.

2)여래의 모든 힘에 모두 들어갔으면 열 가지 힘이라 하고, 비록 열

가지 힘을 성취하였으나 보살의 행을 닦아서 쉬지 않으면 보살이라 한다.

3)모든 법을 알고 능히 연설하면 온갖 지혜라 하고, 모든 법을 연설하면서도 잘 생각하여 쉬지 않으면 보살이라 한다.

4)모든 법의 두 모양이 없음을 알면 모든 법을 깨달았다 하고, 둘이며 둘이 아닌 모든 법의 차별한 길을 교묘하게 관찰하고 점점 더 승하게 하여 쉬지 않으면 보살이라 한다.

5)넓은 눈의 경계를 이미 분명하게 보았으면 넓은 눈이라 하고, 넓은 눈의 경계를 증득하고 잠깐잠깐마다 증장하여 쉬지 않으면 보살이라 한다.

6)모든 법을 잘 비추어 어둠이 없으면 걸림 없이 보는 이라 하고, 걸림 없이 보는 일을 항상 생각하면 보살이라 한다.

7)모든 부처님의 지혜 눈을 얻었으면 온갖 법을 깨달았다 하고, 여래의 옳게 깨달은 지혜 눈을 관찰하여 방일하지 않으면 보살이라 한다.

8)부처님의 머무는 데 머물러 부처님으로 더불어 둘이 아니면 부처님과 둘이 없이 머문 이라 하고, 부처님의 거두어 주심을 받아 모든 지혜를 닦으면 보살이라 한다.

9)모든 세간의 실제를 항상 관찰하면 실제에 머문 이라 하고, 모든 법의 실제를 항상 관찰하면서도 증득하지도 않고 버리지도 않으면 보살이라 한다.

10)오지도 않고 가지도 않으며 같지도 않고 다르지도 않아서 이런 분별이 아주 쉬었으면 서원을 쉰 이라 하고, 널리 닦아 원만하고도 물러나지 않으면 보살의 원을 쉬지 못한 이라 한다.

또 범본에 의하면 사리자가 묻고, 관자재보살이 답하기 전에 '만약 훌륭한 남자나 여인'이란 표현이 있다. 훌륭한 남자나 여인을 선남자 선여인이라고 표할 수도 있는데, 이는 남녀의 구별 없이 인간은 누구나 무생법인을 얻어 반야를 득하고, 반야바라밀다를 만들 수 있으며, 반야바라밀다에 의하여 성불의 등각 대보살이 될 수 있으며, 반야바라밀다에 의하여 삼세제불의 부처님이 될 수 있음을 의미하는 것으로 중요한 대목이나, 범본에서 한문 번역본이 이루어지면서 생략되었다.

'색'은 몸을 포함한 우주만물의 현상(現象)을 가리키는 말이다. '이'는 다르다 내지는 벗어나다라는 의미이다. '공'은 우주만물을 연하여 생기는 것이고, 연하여 생기는 것은 무성(無性)이므로 공이라고 하며, 우리의 몸을 포함한 우주만물은 그 자성(自性)이 공하다는 의미이다.

'수상행식'은 우리의 마음을 구성하고 있는 요소를 말한 것이다. 이 4온도 근본은 역시 여러 연이 모여서, 즉 6근과 6진이 화합하여 형성된 것이며 본래 스스로의 본체는 없으며, 하나하나가 모두 공과 다르지 않고 모두가 곧 공이다.

5.사리자 시제법공상 불생불멸 불구부정 부증불감
(사리자여, 이 모든 법의 공한 모습은 생겨나지도 않고 사라지지도 않으며, 더러운 것도 아니고 깨끗한 것도 아니며, 늘어나지도 않고 줄어들지도 않는다)

'제법'은 바로 오온을 말하고, 오온의 내용이 12입, 18계, 십이연기, 사제 등이다.

'불생불멸'은 실상인 진리의 본체는 진실하고 항상 하며 변하지 않는 것이고, 만들어서 생기게 할 수 있는 것이 아니며, 부수어 멸하게 할 수 있는 것도 아니라는 의미이다.

'불구부정'은 비록 악연(惡緣)에 자성이 물들어도 본래는 더러운 것이 아니며, 비록 선연(善緣)에 자성이 훈습되어도 일찍이 깨끗한 것이 아니라는 의미이다.

'부증불감'은 실상인 진리의 본체는 본래 스스로 원만한 것이어서 여기에 더한다고 증가하는 것이 아니고, 덜어낸다고 감소하는 것이 아니다.

실상의 이체는 원인이 변하지 않는 까닭에 색이 나타날 때에, 즉 몸이 생긴다고 이를 따라 생기는 것이 아니며, 색이 없어질 때에, 즉 몸이 죽는다고 이를 따라 없어지는 것도 아니다.

원인이 공적한 까닭에 범부가 유루의 악법에 물들어도 이를 따라서 더럽혀지지 않으며, 성인이 무루의 선법을 훈습하여도 이를 인하여 깨끗해지는 것도 아니다. 원인이 원만한 까닭에 중생이 이에 미혹하여도 그 감소하는 것을 보이지 않으며, 모든 부처님께서 이를 증득하여도 역시 그 증가하는 것을 보이지도 않는다.

6.시고공중무색 무수상행식

(그러므로 공함 가운데에는 색이 없고, 수 상 행 식도 없으며)

   진공실상(眞空實相)의 이체는 불생불멸, 불구부정, 부증불감인데, 그
이체에는 지 수 화 풍으로 화합된 물질인 색도 없고, 수 상 행 식으로
구성된 정신도 없다.
   진공실상의 진리에 따르므로 사람의 몸도 기실은 지 수 화 풍으로 화
합된 일시적인 것으로 가변성이 강하여 거의 없는 것과 같은 것이고,
사람의 마음이란 것도 없는 것이 원칙이다.

7.무안이비설신의 무색성향미촉법

(눈 귀 코 혀 몸과 뜻의 6근도 없고, 빛깔 소리 냄새 맛 닿아짐 법의 6경
도 없고)

   '안 이 비 설 신 의'는 6근이며 이는 안근(眼根), 이근(耳根), 비근(鼻
根), 설근(舌根), 신근(身根), 의근(意根)을 말한다. 즉 시각기관, 청각기
관, 후각기관, 미각기관, 촉각기관, 의식분별기관이다. 안근은 색의 경
계(色境)에 대하여 안식(眼識)을 생기게 하고, 이근은 듣는 경계에 대하
여 이식(耳識)을 생기게 하고, 비근은 냄새 맡는 경계에 대하여 비식(鼻
識)이 생기게 하며, 설근은 맛보는 경계에 대하여 설식(舌識)이 생기게
하며, 신근은 감촉하는 경계에 대하여 신식(身識)이 생기게 하며, 의근
은 법의 경계(法境)에 대하여 의식(意識)을 생기게 한다.

'색성향미촉법'은 6진(塵), 또는 6경(境)이다. 진에는 진심을 오염시킨다는 뜻과 항상 생멸하고 변동하므로 동요의 뜻이 포함된다. 경은 육근의 대상이란 의미이다.

색경(色境)은 눈에 보이는 대상, 성경(聲境)은 귀로 듣는 모든 대상, 향경(香境)은 코로 냄새를 맡는 대상, 미경(味境)은 혀로 맛을 보는 대상, 촉경(觸境)은 몸에 닿아서 지각하는 모든 대상, 법경(法境)은 마음(意)이 반연하는 모든 대상을 말한다.

6경은 6적(賊)이라고도 하는데, 이는 육경으로 인하여 육근이 매개체가 되어 항상 자기가 본래 가지고 있는 모든 공덕(功德)과 법재(法財)를 도둑질하기 때문이다.

'무안이...'에서 '무'는 인연이 임시로 화합한 것을 떠난 바깥에 눈 등의 6근은 각각 자성이 없으므로 색 등의 6진을 건립할 수 없음과 눈 등의 6근이 색 등의 6진을 대하는 가운데 허망한 생각과 분별하는 마음을 일으키지 않으면 근과 진의 허망한 모든 작업이 자연적으로 없어지므로 무라고 말한다.

8.무안계 내지 무의식계
(안계에서 의식계까지 18계도 없고)

6근(六根)과 6진(六塵)과 6식(六識)의 18경계가 모두 공한 진공을 의미한다.

여기에서 식에 대하여 살펴본다.

안식 이식 비식 설식 신식의 전5식, 의식의 제6식, 잠재의식의 제7말라식, 심층의 근원의식의 제8아뢰야식으로 분류한다. 제9의 아마라식은 제8식 중 청정무구식에 포함시키기도 하고, 따로 분류하기도 한다.

1)전5식(前五識)은 안, 이, 비, 설, 신의 5근으로 인식하는 능연식(능동적으로 인식)이기 때문에 외부대상에 대하여 좋다(선성), 나쁘다(악성), 좋지도 나쁘지도 않다(무기성:술취한듯 흐리멍텅한 상태)의 3성에 대한 판단을 한다. 전5식의 특성은,

　가)감각기관에 의지해서 외부대상을 감각적 직관적으로 인식한다.

　나)감각기관에 의지하기 때문에 자기의 영역만을 고수한다.

　다)현재 대면하고 있는 대상을 인식하므로 시간적 공간적 한계성을
　　지닌다.

　라)현량지(現量知)로서 대상을 있는 그대로 요별할 뿐 사량 분별이
　　가해지지 않는다.

2)제6식의 의식(意識)은 전5식에 의하여 식별되는 대상을 다시 확인하여 최종적으로 판단하는 마음을 가리킨다.

안식 이식 비식 설식 신식 의식 등이 여기에 속하며, 이 식들이 활동하는 내용은 항상 요별하는 작용을 나타낸다.

요별은 이것저것 구별하여 안다는 뜻으로 중생들이 모든 사물을 관찰할 때 그 사물의 성(性)을 보지 못하고 겉모양(相)만을 보면서 이것저것 구별하는 차별심을 뜻한다. 그러므로 식이라고 하면 항상 대상(경계)을

요하며 그 대상을 인식하는 상대적인 작용이 있음을 뜻한다. 이는 경계가 없는 이치(無境界)와 모습이 없는 진리(無相法)를 깨닫지 못한 마음의 인식을 말한다.

3)제7식의 말라식은 말라(意)로서, 아뢰야식을 끊임없이 자아라고 집착하고, 아뢰야식과 6식 사이에서 매개 역할을 하여 끊임없이 6식이 일어나게 하는 마음작용으로 항상 아치, 아견, 아만, 아애의 네 번뇌와 함께 일어난다.

아뢰야식에 저장된 종자를 이끌어 내어 인식이 이루어지도록 하고, 생각과 생각이 끊임없이 일어나게 하는 마음작용으로 제8식을 소의(所衣)로 하고, 제8식의 견분(見分)을 반연하여 그것으로 자내아라고 사량 집착하며, 모든 미망의 근본이 되는 식이다.

항상 사량(思量)의 작용을 야기한다. 사량이란 무아의 진여성을 망각하고 아집과 법집 등의 전도성을 나타내는 망심의 작용을 항상 발생하는 것을 뜻한다. 그러므로 의는 염오의 번뇌를 야기한다고 해서 염오의 (染汚意)라고 별칭 한다.

이 말라식은 심층심리에 속하는 심체로서 내면세계의 진실성을 망각하여 차별심을 나타내며, 이로 말미암아 인간은 진리에서 이탈하고 죄와 악을 범하게 된다.

4)제8식의 아뢰야식은 아(無), 뢰야(滅盡, 沒失)이므로 아뢰야는 거주지 저장 집착을 뜻한다. 아뢰야식은 멸진 몰실하지 않는 식으로 과거의 인식행위, 경험학습 등에 의하여 형성된 인상(印象), 잠재력 곧 종자를

저장하고 6근의 작용을 가능하게 하는 가장 근원적인 심층의식이다. 아뢰야식은 다음과 같은 작용이 있다.

　가)모든 인식과 행위의 결과가 종자로서 저장되는 저장소 역할을 한다.

　나)윤회의 주체로, 저장되어 있던 등류습기로부터 점차 '5식 의식
　　말라식'이 전변 생기되어 8식의 구조를 갖추게 되는 모체의
　　역할을 한다.

　다)종자와 신체의 작용을 유지하는 근원적인 생명체로, '감각기관
　　신경계 순환계 등의 작용과 신진대사' 등 여러 가지 생리적인
　　기능들이 이 아뢰야식에 의해 유지된다.

　라)종자와 신체를 생리적으로 유지하는 동시에 그것을 인식대상으로
　　하며, 또한 외부적으로 자연계(기세간)도 대상으로 인식작용 한다.
　　꿈에 의한 예측능력 등은 아뢰야식에 의한 것이다.

아뢰야식의 종자는 다음의 여섯 가지 속성을 갖추어야 비로소 종자로
서의 작용이 가능해진다.

　가)고정적으로 지속되는 것이 아니라 순간순간 생기소멸하면서
　　지속하여야 하고,

　나)종자가 현행하여 심리 인식 작용이 이루어지는 순간과 그 결과가
　　종자로서 훈습되는 순간은 동시에 이루어져야 하고,

　다)선악의 종자는 한 부류로 상속하여 전 후 찰나에 성질이 바뀌거나
　　단멸되지 않아야 하고,

　라)선, 악, 무기를 일으킬 힘이 결정되어 있어서 선의 종자에서
　　악의 결과가, 또는 악의 종자에서 선의 결과가 현행되는 경우는
　　결코 없어야 하고,

마)종자가 현행되려면 중연(衆緣:작의, 근, 경 등)과 화합해야 하고,

바)종자는 오직 자기의 결과만을 발생시켜야 한다.

9.무무명 역무무명진 내지 무노사 역무노사진

(무명에서 늙고 죽음까지 12연기도 없고, 무명에서 늙고 죽음까지 12연기의 다함도 없으며)

십이인연법이란 십이연기설(十二緣起說)이라고도 한다.

십이연기설이란 밝지 않은 그 무엇을 무명(無明)이라 하고, 이런 무명을 연하여 행(行)이 있게 된다.

행을 연하여 식(識)이 있게 되고, 식을 연하여 명색(名色)이 있게 되고, 명색을 연하여 육처(六處)가 있게 되고, 육처를 연하여 촉(觸)이 있게 된다. 촉을 연하여 수(受)가 있게 되고, 수를 연하여 애(愛)가 있게 되고, 애를 연하여 취(取)가 있게 되고, 취를 연하여 유(有)가 있게 된다. 유를 연하여 생(生)이 있게 되고, 생을 연하여 노(老), 사(死), 우(憂), 비(悲), 뇌(惱), 고(苦)가 있게 된다. 그리하여 커다란 하나의 괴로운 온(蘊)의 집(集, 發生)이 있게 된다.

이상을 한 마디로 요약하면, 무명이 없어지지 않는 한 고는 그치지 않는다는 것이다.

1)무명은 실재 아닌 것 또는 실재성이 없는 것을 깨닫지 못하고 어리석어, 자기의 실체로 착각한 망상 즉 미혹이라 한다.

무명에는 근본무명(根本無明)과 지말무명(枝末無明)의 두 종류가 있다.

이성(理性)이 공한 것에 밝지 못함을 일러 '이(理)에 미혹한 무명(진공실상의 상을 여읜 이치를 알지 못함)'이라 하니, 이것이 근본무명이다. 현실상(事相)의 가(假)에 밝지 못함을 일러 '사(事)에 미혹한 무명(허망되이 만법이 실제로 있다고 보는 것)'이라 하니, 이것이 지말무명이다.

2)이러한 무명이 있으면 그것을 연하여 행이 있게 된다는 것인데, 행은 결합하려는 작용이란 뜻을 갖고 있다. 따라서 무명으로 인하여 그 무엇이 작용하는 것을 행이라 한다.

3)행에 의하여 그 무엇이 작용되어서 개체가 형성되면, 그곳에 식이 발생한다. 식은 식별한다는 의미이므로 개체가 형성되자 그곳에 인식이 발생한다는 것이다.

4)식을 연하여 명색이 일어나는데, 색은 물질적인 것을 가리키고 명은 비물질적인 것을 가리킨다. 그러므로 명색의 발생은 물질적인 것(形色)과 비물질적인 것이 결합된 상태의 형상이 일어난다는 것이다.

5)이렇게 명색이 있게 되면 그것을 연하여 육처가 일어난다. 육처는 사람과 같은 중생류에게는 여섯 개의 감각기관 즉 눈, 귀, 코, 혀, 몸, 의지를 말하는데, 명색이 감각기관에 전달된다고 볼 수 있다.

6)육처를 연하여 촉이 있게 되는데, 촉은 접촉한다는 의미가 있으므로 감각기관에 전달되어 이 육처에서 각기 대상이 되는 육경(색, 성, 향, 미, 촉, 법)과 육식(보고, 듣고, 냄새 맡고, 맛보고, 신체접촉, 마음의 느낌의 분별)이 화합하여 접촉이 있게 된다.

7)촉에 연하여 수가 발생한다. 수는 감수 작용이라 볼 수 있는데, 그 내용으로는 괴로움, 즐거움, 괴로움도 아니고 즐거움도 아닌 중간 느

껌을 받는다. 접촉에 따른 당연한 느낌 그것을 말한다.

8)수를 연하여 애가 발생한다. 느낌 중에서 즐거움의 대상을 추구하는 맹목적인 욕심인 애가 생긴다. 끝없는 갈애(渴愛)를 이른다.

애는 번뇌 중에서 가장 심한 것이어서 수행에 커다란 장애가 되기에, 무명은 지혜를 가로막는 장애 즉 소지장(所知障)이고 애는 마음을 염착 (染着)시키는 번뇌장(煩惱障)의 대표적인 것이다.

9)애를 연하여 일어나는 취는 취득하여 병합하는 작용이다. 애에 의하여 추구된 대상을 완전히 자기 소유화하는 일이라고 볼 수 있다.

10)취를 연하여 유가 발생한다. 유는 있다라는 의미이므로 생사 존재하는 그 자체가 형성된 것으로 보면 된다.

11)유에 연하여 생이 발생하는데, 생은 생하는 즉 생기는 것이다. 유가 생하는 존재 그 자체의 형성이므로 그 형성에 의하여 생이 있게 되는 것이다.

12)생이 있으므로 노, 사, 우, 비, 뇌, 고가 있게 된다. 생이 있으므로 늙고 죽음이 있는 것이고, 늙고 죽는 생이 있으므로 근심, 슬픔, 번뇌, 괴로움이 있는 것이다.

무명에서 생사의 괴로움이 연기하게 되는 과정을 유전문(流轉門)이라 하고, 무명이 멸에서 생사의 괴로움을 멸하게 되는 과정을 환멸문(還滅門)이라 한다. 또, 과거의 여러 부처님들이 십이연기를 역순으로 관찰해서 깨달음 이루셨다고 한다. 순관(順觀)은 무명에서 노사의 방향으로 관찰하는 것이고, 역관(逆觀)은 노사에서 무명의 방향으로 관찰하는 것이다.

10.무고집멸도

(고 집 멸 도 4제도 없고)

사성제(四聖諦)란 괴로움의 고(苦)성제, 집착의 집(集)성제, 괴로움의 멸인 멸(滅)성제, 괴로움의 멸에 이르는 도(道)성제를 말한다.

1)고성제에는 여덟 가지 괴로움이 있다.

생하고(生), 늙고(老), 아프고(病), 죽고(死), 미운 것과 만나고(怨憎會), 사랑하는 것과 헤어지고(愛別離), 구하는 바를 얻지 못하고(求不得), 모든 것을 취할 수 없는(五取蘊) 괴로움이다.

2)집성제란 여덟 가지 일체의 괴로움은 집착에서 비롯된다는 의미이다.

3)멸성제란 일체의 집착은 무명으로 인하여 생하므로 무명을 멸해야 한다는 의미이다.

4)도성제란 멸에 이르기 위 하여는 도가 있어야 한다는 의미이고, 도가 있기 위하여는 팔정도를 행하여야 한다. 팔정도(八正道)는 일체를 잘 결택하여 바르게 보아야 한다는 정견(正見), 생각할 바와 생각 안할 바를 마음에 잘 분간하는 정사유(正思惟), 거짓말, 이간질, 아첨하는 말, 악담을 하지 않는 정어(正語), 불살생, 불투도, 불음행하는 정업(正業), 정당한 방법으로 적당한 의식주를 구하는 정명(正命), 끊임없이 노력하여 물러섬이 없이 마음을 닦는 정정진(正精進), 바르게 기억하는 정념(正念), 바르게 마음을 한 곳에 집중하는 정정(正定)을 말한다.

부처님은 제자들을 삼전십이행상(三轉十二行相)으로 제도 하셨다.

삼전십이행상이란 사제를 시전(示轉), 권전(勸轉), 증전(證轉)의 세 방면으로 되풀이 하고, 다시 시전, 권전, 증전의 사제 각각에 안(眼), 지(智), 명(明), 각(覺)의 네 단계를 두어, 사제 각각을 열두 가지 양상으로 설한 것을 말한다. '이것은 고이다. 이것은 고의 원인이다. 이것은 고의 소멸이다. 이것은 고의 소멸에 이르는 길이다.'라고 드러낸 것을 시전이라 하고, '고를 알아야 한다. 집을 끊어야 한다. 멸을 증득해야 한다. 도를 닦아야 한다.'라고 권한 것을 권전이라 하고, '나는 이미 고를 알았다. 나는 이미 집을 끊었다. 나는 이미 멸을 증득했다. 나는 이미 도를 닦았다.'라고 부처님이 밝힌 것을 증전이라 한다.

여기에서 다시 사제 각각에 대해, 그것을 주시하는 안, 확실하게 인정하는 지, 명료하게 아는 명, 깨닫는 각의 단계를 두어, 사제 각각에 십이행상이 되고 사제에는 사십팔행상이 있게 된다. 또 안, 지, 명, 각을 고려하지 않고, 사제 각각에 삼전이 있으므로 사제에 십이행상이 있다고도 한다. 상근(上根)은 시전으로써, 중근(中根)은 권전으로써, 하근(下根)은 증전으로써 각각 깨닫는다고 한다. 이 3전은 견도(見道), 수도(修道), 무학도(無學道)에 배대한다.

11. 무지역무득

(아는 지혜도 없고 지혜로 얻는 바도 없다)

공관은 아공(我空)의 이치를 증득하여 이루어지며, 가관은 법공(法空)의 이치를 증득하여 이루어지며, 중관은 진공(眞空)의 이치를 증득하여 이루어진다. 여기에서의 지혜는 법공에서 이루어지는 지(智)이다.

'금강경'에서의 '실제로는 법이 있는 것이 없으므로 여래는 아뇩다라 삼먁삼보리를 증득하였다.' 라는 의미이다.

'무득'은 얻는 것이 없다라는 의미이며, 이는 아공 법공이 이루어지고 또 진공이 온전하다는 뜻이기도 하다.

'대반야경'에서의 '얻는 것이 없는 것이 반야바라밀의 모습이며, 얻는 것이 없는 것이 아뇩다라삼먁삼보리이다.' 라는 의미이다.

삼상(아상, 법상, 비법상)을 모두 없앰을 말하는 것이며, '능엄경'에서 의 '티끌번뇌를 멸하고 깨달음에 합하는 까닭에 진여가 묘하게 깨어 있 는 밝은 성품을 발하게 되는 것이며, 여래장의 본래 묘하고 원만한 마 음은 허공도 아니고 땅도 아니고 물도 아니며 바람도 아니요 불도 아니 다(오온이 공이다). 안 이 비 설 신 의도 아니고 색 성 향 미 촉 법도 아 니고 안식계 내지 의식계도 아니다(12입과 18계가 공하고 세간의 법 모 두가 공이다). 명도 아니고 무명도 아니고 명과 무명이 다하는 것도 아니 고, 노사도 아니고 노사가 다한 것도 아니다(12연기가 공이다). 지혜도 아니고 증득도 아니다(보살의 법도 공하고 출세간법 무두가 공하다).' 라 는 의미이다.

12.이무소득고 보리살타 의반야바라밀다고 심무가애 무가애고 무유공포 원리전도몽상 구경열반

(이처럼 얻는 바가 없으므로 보살은 반야바라밀다를 의지하므로 마음 에 걸림이 없고, 걸림이 없으므로 두려움 없으며 뒤바뀐 헛된 생각 멀

리 떠나 끝내 완전한 열반에 이르나니)

'무소득'이란 해장삼매, 해인삼매를 이루어 멸수상정을 행하여 진공으로 만들었기에, 특별히 법이라고 할 것이 없다라는 의미이다.

'대반야경'에 '반야바라밀다는 허공으로 상을 삼으며, 집착 없음으로써 상을 삼으며, 머무름 없음으로써 상을 삼는다. 반야바라밀다의 깊고 깊은 모습 속에는 모든 법과 상을 얻을 수 없으며, 있는 바도 없는 까닭이다.' 또 '보살마하살은 모든 법을 행하지 않으므로 깊은 반야바라밀다를 수행하여 무소득을 얻는 까닭에 반야바라밀다를 수행하는 것이다.' 라는 의미도 무소득의 정확한 이해를 돕는다.

'의반야바라밀다'는 반야바라밀다에 의하여 즉 반야바라밀다를 스승 삼아 강구하면 반야바라밀다의 자체적인 수승한 묘법이 이루어 진다는 의미이다.

'불유교경(佛遺教經)'에 의하면 세존께서는 반야바라밀다를 스승 삼아, 5근을 제어하며, 마음을 경계하여 다구(多求), 수면(睡眠), 진에(瞋恚), 공고(貢高:공부가 높음에 빠져 있는 것), 첨곡(諂曲:남을 속여 넘기기 위하여 갖은 아양을 부리면서 고분고분하게 비위를 맞추는 짓)을 여의고 팔대인각(八大人覺)을 닦아서 방일에 흐르지 말고, 항상 적정한 곳을 구하여 정진할 것을 유지(遺志)로 당부하셨다.

'가애'에서 가는 그물에 걸린다는 뜻이고, 애는 가로막힌다는 뜻이므로, 가애란 진심(眞心)이 무명에 덮이어 모든 일마다 허망하게 집착하여 경계를 대함에 장애가 생기고 접촉하는 것마다 막힌다는 의미이다.

'공포'에서 공은 겁먹어 두려운 것이고, 포는 무서워 두려운 것이다. 공포란 범부는 오온의 걸림으로 분단생사의 공포가 있으며, 이승인은 편공의 걸림으로, 반야바라밀다를 온전히 구비하여서 금강삼매를 달통하여 진공을 완성하기 이전의 보살은 이변의 걸림으로 변역생사의 공포가 있는 것이다.

범부는 내아에 탐착하니, 몸이 장애가 되고 늙고 병들고 죽는 등의 갖가지 공포가 일어난다. 또 외법에 집착하여, 만법에 장애가 되어 얻으려 노심초사하고 잃을까 근심하는 등의 갖가지 공포가 일어난다. 이 모두가 반야의 지혜가 없어 실상의 이치에 미혹한 것이며, 줄곧 망상의 마음과 번뇌의 마음으로 일을 처리하는 까닭에 갖가지 공포가 일어나는 것이다.

성문 연각은 내아공의 이치는 증득하여 유루의 해탈은 이루어서 거치른 번뇌에서는 벗어났지만, 외법공의 도리에 미치지 못하였으므로 각종 번뇌에 시달리므로 공포가 따르는 것이며, 대보살 전의 보살은 외법공, 진공의 실상에 미(迷)하므로 미세한 번뇌가 남아있어서 아수라왕과 그 권속들, 마왕과 그 권속들의 시달림이 없어지지 않아 공포가 남아있게 된다.

반야바라밀다를 증득하여 반야바라밀다에 의하여 진공을 이룬 대보살은 근본적으로 수능엄삼매를 증득하여 10지의 직책을 받은 보살이므로 각종의 마가 괴롭힐 수가 없다. 또 이러한 보살은 반야의 지혜에 의지하여 순전히 진실한 마음과 청정한 마음으로 일을 처리하는 까닭에 모든 것에 걸림이 없으니, 그런 까닭에 공포를 일으키는 어떤 것도 있을 수가 없다.

'원리전도몽상'에서 '원리'는 벗어나다 즉 영원히 해탈한다라는 뜻이다. '대반야경'에서의 '깊고 깊은 반야바라밀의 영원히 해탈한 상', '모든 번뇌와 육취와 사생과 온, 계, 처 등이 영원한 해탈을 얻은 까닭에 반야바라밀다라고 한다.'라는 의미이다.

'전도'는 뒤바뀜을 말하는데, 범부의 4전도는 생사계에 대하여 그것이 무상(無常), 무락(無樂), 무아(無我), 무정(無淨)인 것을 상, 락, 아 정이라고 망집(妄執)하는 것을 말한다. 세간의 제행무상한 생멸법에 대하여 허망하게 항상한 것이라고 인식하는데, 이를 상도(常倒)라고 한다. 세간의 모든 고통에 대하여 허망하게 즐거움이라고 하는데, 이를 낙도(樂倒)라고 한다. 세간의 모든 법에 대하여 제법무아(諸法無我)라는 것에 밝지 못하여 허망하게 나라고 하는데, 이는 아도(我倒)이다. 세간의 모든 부정법(不淨法)을 상대하여 허망하게 청정한 것이라고 생각하는데, 이를 정도(淨倒)라고 한다.

2승의 4전도는 열반계가 상, 락, 아, 정인 것을 무상, 무락, 무아, 무정이라고 망집하는 것을 말한다. 그러나 대보살은 4전도를 벗어나 4덕(德)을 갖춘다.
1)상은 상주(常住)의 뜻으로, 시간과 공간을 초월하여 생멸변화가 없는 덕이 있다.

2)락은 안락(安樂)의 뜻으로, 생멸변화가 없는 세계에는 생사의 고뇌가 없고, 무위안락(無爲安樂)한 덕이 있다.

3)아는 망아(妄我)를 여읜 진아(眞我)를 말하고, 8대자재(大自在)의 덕을 갖춘 아가 있다. '열반경'에서의 8대자재는 다음과 같다.

　　가)능시일신위다신(能示一身爲多身)은 일신으로 다신을 나타내 보이는 것을 말한다. 여래신은 실제로 미진처럼 많지는 않지만 자재하기 때문에 미진신을 나타낸다.

　　나)시일진신만대천계(示一塵身滿大千界)는 하나의 미진만큼 작은 신으로 삼천대천세계만큼 큰 모습을 나타내는 것을 말한다. 실제로는 크지 않지만 무애하고 자재하기 때문에 삼천대천세계만큼 크다.

　　다)대신경거원도(大身輕擧遠到)는 삼천대천세계에 충만한 신으로 가볍게 허공에 솟구쳐 20항하사 제불세계를 지나가도 장애가 없는 것을 말한다.

　　라)현무량류상거일토(現無量類常居一土)는 여래는 일심에 안주하여 부동하지만 무량한 형류(形類)를 화현하여 각자의 마음으로 그것을 볼 수 있게 하며, 여래신은 한 곳에 상주하면서 다른 곳의 일체 모습까지도 보게끔 하는 것을 말한다.

　　마)제근호유(諸根互有)는 여래는 일근으로 색도 보고 소리도 들으며 냄새도 맡고 맛도 구별하며 촉감도 느끼고 법도 안다. 그러면서 여래는 6근으로 색을 보지도 않고 소리를 듣지도 않으며 냄새를 맡지도 않고 맛을 구별하지도 않으며 촉감을 느끼지도 않고 법을 알지도 않는다. 이처럼 일근이 자재하여 나머지 근도 자재토록

하는 것을 말한다.

바)득일체법무득상(得一切法無得想)은 자재로써 일체법을 획득한다.
　　그러나 마음으로도 또한 획득했다고 생각하지 않는 것을 말한다.

사)설일게의경무량겁(說一偈義經無量劫)은 설법이 자재하고, 여래가
　　연설한 일게의 뜻은 무량겁이 지나도 그 뜻이 끝이 없는 것을 말한다.

아)신변제처유여허공(身遍諸處猶如虛空)은 여래는 일체 모든 곳에
　　허공처럼 변만하고, 허공의 성품은 볼 수 없는 것처럼 여래도
　　또한 그와 같아서 실제로 볼 수가 없지만 자재하므로 일체
　　중생으로 하여금 보게끔 하는 것을 말한다.

4)정은 청정(淸淨)의 뜻으로 혹(惑) 업(業)의 고통을 여의고, 잠연청정
(湛然淸淨)의 과덕(果德)이 있다.

2승의 4도는 그릇된 견해에서 벗어난 유위의 4도라 하고, 대보살은 두
가지의 잘못된 견해에서 벗어났기에 무위의 4도라 한다.

'몽상'은 '대지도론'에서의 '마치 꿈속에서는 실제의 사실이 없는데도
이를 실제라고 하다가, 깨어나면 아무 사실도 없는 것을 알게 되어 오
히려 스스로 웃는 것과 같다.'라는 의미이다. 중생이 미혹한 때에는 허
망하게 만법은 실제로 있다고 인식하다가, 깨달음에 이르게 될 때에는
도를 알아서 만법이 허망한 환상이고 진실한 것이 없다는 것을 알게 되
어 역시 스스로 미소를 짓게 된다.

원리전도몽상하여 대보살이 되면, 그 내용이 '법화경 비유품'의 대력
백우거(大力白牛車)이기도 하다. 대력백우거란 삼계화택(三界火宅:우

리가 거주하는 대우주는 마치 불타는 집과 같이 고통이 끊이지 않는다
는 의미)에서 빠져 나온 성불한 대보살이 함양하고 있는 증과의 내용을
은유적으로 밝힌 내용으로 반야선(般若船)과 같은 의미이며, 한량없는
중생을 태워 극락세계로 인도할 수 있는 큰 수레라는 뜻이다.

　대력백우거의 구체적 내용은
'큰 수레에 금 은 유리 자거 마노 등
여러 보물로 치장하고(보살만행으로 장엄하고),
둘레에는 난간을 만들고(다라니로 악을 막고),
사면(사무애변)에 방울을 달고(교화중생하고),
금 노끈을 늘여 매고(사홍서원으로 얽어 매고),
진주 그물(사무량심)을 그 위에 씌우고(대자대비심으로 덮고),
금으로 된 꽃(사섭법)과
영락(육신통)을 군데군데 늘어뜨리고,
갖가지 비단(자비)으로 둘러치고,
부드러운 깁과 솜으로 자리 만들고(관련훈수),
극히 섬세하고 묘한 모직으로
방석(법화삼매 및 백천삼매)을 해 놓으니, 값이 천억이라,
희고(사념처) 정결(사정근)한 것으로 그 위를 덮고,
살찌고(오근) 힘세며(오력)
몸매 좋은(사여의족) 큰 흰소로(십바라밀)
보배 수레(일불승)에 멍에를 메우고,
많은 하인이(마군 중, 외도, 천인, 2승, 보살)

이를 시위한다.' 이다.

위의 내용 중 관련훈수(觀煉熏修)라는 것은 온갖 관을 닦아 심신이 유연해지고 육신통을 얻으며(관), 정을 단련하여 선정이 이루어지면 삼매에 들고(련), 삼매에서 일체의 삼매와 그 덕이 나와서 정관(正觀)이 바르게 성숙하며(훈), 제 선정 중에서 들어오고 나감(수)이 단계를 초월하여 걸림이 없이, 자재함을 얻는 것을 의미한다. 다른 표현으로는 필법성삼매(畢法性三昧:법성을 아는 삼매)에 잘 들어가 수능엄삼매(首楞嚴三昧:온갖 삼매의 작용을 아는 삼매)에 나아가고 왕삼매(旺三昧:삼매 중에 최고로 중도에 머무는 삼매)에 드는 수행으로, 관련훈수를 닦는다고 한다.

대력백우거는 한 마디로 대승반야선(大乘般若船)이다.

'구경열반'은 대보살로서 일품무명을 완전히 제도하여 상, 락, 아, 정의 4덕은 물론이고, 청정법신, 해탈, 대반야의 대3덕(大三德)을 온전히 구비한 묘각의 부처님이다.

열반은 육취를 벗어나는 것을 말하고, 다른 표현으로 멸도(滅度), 적멸(寂滅), 원적(圓寂)으로 멸도란 번뇌를 없애어 생사를 벗어난다는 의미이고, 적멸은 번뇌가 멸하여 제거되어 이성(理性)에 적정(寂靜)함을 말하며, 원적은 모든 번뇌와 생사를 영원히 끊어버리고 복덕과 지혜를 구족한 것을 의미한다.

청정법신에 따르는 다섯 가지 지혜가 있으므로 소개한다.

1)성소작지(性所作智)는 전5식을 뒤쳐 얻는 지혜로서 오관(五官)으로 자리 이타하는 가지가지 업을 짓는 지혜로, 여래가 나타내는 화신토와

신통력이 다 이 지혜의 작용에 속한다.

자리와 이타의 묘한 업을 성취하는 지혜, 수행하는 사람이 유루의 5식을 전환하여 무루가 될 때 얻어지는 지혜로, 모든 유정의 이익을 위하여 갖가지 신통한 변화를 나타내어 그 본원력에 상응하는 불사를 지어 성취하므로 성소작지라고 한다.

2)묘관찰지(妙觀察智)는 제6식을 뒤쳐 얻는 지혜로서 제법의 모양을 신묘하게 관찰하여 정(正)과 사(邪)를 분별하고, 다른 이를 교화하여 의혹을 끊게 하는 설법단의(說法斷疑)하는 지혜이다.

일체의 모든 법에 통달하여 바르게 기연에 비추어서 설법하는 지혜, 제6식의 유루를 전환하여 무루가 되었을 때에 증득하는 하나의 지혜로서, 모든 법의 상을 관찰하여 기연에 순응하여 모든 중생을 위하여 묘한 법을 설하는 것을 말한다.

3)평등성지(平等性智)는 제7식을 뒤쳐 얻는 지혜로서 차별한 현상계에 있어 피차의 모양을 없애고 자타가 평등이라고 관하는 지혜로, 평등하게 널리 중생을 이익 되게 하며 모든 법이 평등하게 작용하도록 이루는 지혜이다.

제7식의 유루를 전환하여 무루가 되었을 때에 얻는 하나의 지혜로서, 인상과 아상의 차별상을 멸하여 자타가 평등한 이치를 증득하고 동체대비(同體大慈)를 운용하여 무연자비(無緣大悲)를 일으켜서 널리 유정들을 제도하는 것을 말한다.

4)대원경지(大圓鏡智)는 제8식을 뒤쳐 얻는 지혜로서 삼라만상 그대로 나타내어 부족함이 없는 원만 명료한 지혜이다.

유루의 선악업보를 전환하여 만덕이 장엄한 경계를 나타내는 지혜이고, 제8식의 유루를 전환하여 무루가 되었을 때 얻는 하나의 지혜로서, 모든 번뇌가 이미 다하고 실상이 나타나서, 법계에 있는 일체의 유위와 무위의 모든 법이 다 원융무애(圓融無礙)한 것이 마치 크고 둥근 거울과 같아서, 이 광명이 두루 시방을 비추고 만상을 두루 거두어들여 비추지 않는 사물이 없고 미세한 것도 나타나지 않음이 없다.

또 범부의 의보(依報)와 정보(正報)인 유루의 몸과 국토(身土)를 전환하여 참되고 항상한 무루의 장엄한 신토를 이루어 모든 공덕을 구족한 것이 마치 대원경 속에 모든 색상이 나타나는 것과 같아서 대원경지라 한다.

5)법계체성지(法界體性智)는 청정무구(淸淨無垢)한 제9의 아마라식을 뒤쳐 얻는 지혜로서 만유의 체성인 보통의 지체이다.

법계체성지로 3세(三世)를 훤히 알며, 3세의 미세한 무명을 제도한다.

13.삼세제불 의반야바라밀다고 득아뇩다라삼먁삼보리
(과거 현재 미래의 모든 붓다들도 반야바라밀다를 의지하므로 최상의 깨달음을 얻으신다)

과거, 현재, 미래의 모든 부처님께서도 '반야바라밀다'를 만드시고, 만드시고는 그 반야바라밀다에 의(依)하여 수행하며 전법하셨기에 최상의 깨달음 즉 불안을 갖춘 묘각이 되셨다라는 의미이다.

14. 고지반야바라밀다 시대신주 시대명주 시무상주 시무등등주 능제일체고 진실불허

(그러므로 반야바라밀다는 크게 신비한 주문이며 크게 밝은 주문이며 위없는 주문이며 견줄 수 없는 주문인 줄 알아야 한다.

모든 괴로움을 없애주고 진실하여 헛되지 않나니)

'신'은 신묘한 힘의 뜻을 가지고 있으므로, '시대신주'는 반야바라밀다를 수지하면 번뇌의 마구니를 없애고 생사의 고통을 해탈하게 하는 신묘한 힘이 있는 큰 다라니라는 의미이고, '명'은 비추어 밝힌다는 뜻을 가지고 있으므로, '시대명주'는 반야바라밀다를 수지하면 중생들의 어리석음과 우매함을 없애고 무명의 허망함을 비추어 보게 되는 큰 다라니라는 의미이다.

'무상'은 아주 훌륭하다는 뜻을 가지고 있으므로, '시무상주'는 반야바라밀다를 수지하면 위없는 열반으로 나아가는데 세간 출세간에 있어서 어떤 법도 이것을 넘어서지 못하는 다라니라는 의미이며, '무등등'은 어떠한 법도 이와 비교하여 가지런히 같을 수 없다는 의미이다. 그러므로 '시무등등주'는 반야바라밀다를 수지하면 무상보리를 성취하기에 세간과 출세간의 어떤 법도 이와 비교되는 것이 없는 다라니란 의미이다.

'능제일체고'는 반야바라밀다를 수지하면 구경열반에 이를 수 있게 되며, 이르러서는 위없는 불과를 증득하게 되어 영원히 모든 고통을 철저히 없애 버린다는 뜻이다.

'진실불허'는 진실로 구경열반에 이를 수 있으니 간절하게 믿음을 권한다는 의미이다.

15.고설반야바라밀다주 즉설주왈 아제 아제 바라아제 바라승아제 모지사바하

(이제 반야바라밀다의 주를 말하리라. 아제아제 바라아제 바라승아제 모지사바하)

'주(呪)'는 범어로 '다라니'라고 하며, 총지(總持), 진언(眞言), 밀어(密語)란 뜻이다. 총지는 모든 공덕을 총괄하며 무량한 의리를 가진다는 뜻이며, 진언이란 부처님의 진심이 여기에서 나온다는 의미이며, 밀어란 모든 부처님의 비밀하고 불가사의한 말로서 범부나 이승인들은 알 수가 없고 오직 부처님만이 완전히 알 수 있다는 것이다.

'아제'는 건너다(度)의 의미이고, '바라아제'에서 '바라'는 피안에 이르다(到彼岸)란 뜻이어서, 바라아제란 피안으로 건너가 이르다라는 뜻이다.
'바라승아제'에서 승은 무리(衆)를 뜻한다. 그러므로 바라승아제는 무리가 함께 피안으로 건나가 이르다라는 것을 말한다. '모지'는 위없는 불과를 뜻하며, '사바하'는 빨리 성취한다는 뜻이다.

그러므로 '아제아제 바라아제 바라승아제 모지사바하'는 '건너가자! 건너가자! 피안으로 건너가 이르자! 모두 함께 건너가 이르자! 신속하고 빨리 부처님의 위없는 보리를 성취하여 지이다!' 라는 뜻이다.

관음주송

2014년 1월15일 초판 인쇄

2014년 1월25일 초판 발행

지은이 _ 정대순

발행인 _ 정대순

발행처 _ 도서출판 正法

디자인 _ (주)윤일커뮤니케이션(02-2274-0538)

등록 _ 2003년 11월 18일, 제 20-455호

주소 _ 156-030 서울시 동작구 상도동 26-36 202호

전화 _ 010-8498-6558

mail : jds1331@naver.com

ISBN 978-89-6941-000-9 부가기호 03220